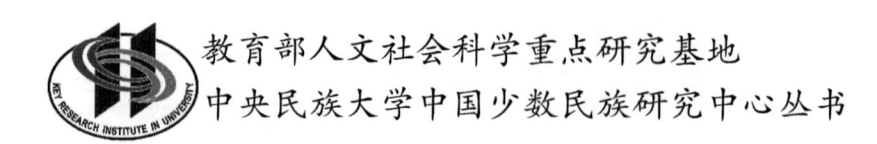

教育部人文社会科学重点研究基地
中央民族大学中国少数民族研究中心丛书

Northeast Asia National
Culture Review

祁进玉　主编

东北亚民族文化评论

第8辑

学苑出版社

图书在版编目（CIP）数据

东北亚民族文化评论. 第8辑 / 祁进玉主编. -- 北京：学苑出版社，2024. 8. -- ISBN 978-7-5077-7023-0

Ⅰ. K310.03-53

中国国家版本馆CIP数据核字第2024NB8223号

出 版 人：洪文雄
责任编辑：周　鼎
出版发行：学苑出版社
社　　址：北京市丰台区南方庄2号院1号楼
邮政编码：100079
网　　址：www.book001.com
电子邮箱：xueyuanpress@163.com
联系电话：010-67601101（营销部）、010-67603091（总编室）
印 刷 厂：廊坊市印艺阁数字科技有限公司
开本尺寸：787 mm×1092 mm　1/16
印　　张：10.75
字　　数：262千字
版　　次：2024年8月第1版
印　　次：2024年8月第1次印刷
定　　价：128.00元

学术编辑委员会

（按姓氏笔画排序）

丁　宏　　　　　中央民族大学（中国）
山下晋司　　　　东京大学（日本）
尹大奎　　　　　庆南大学（韩国）
朴光星　　　　　中央民族大学（中国）
达奇升·弗拉基米尔·格里戈里耶维奇
　　　　　　　　俄罗斯克拉斯诺亚尔斯克国立师范大学（俄罗斯）
伊藤亚人　　　　日本早稻田大学（日本）
色　音　　　　　北京师范大学（中国）
祁进玉　　　　　中央民族大学（中国）
孙春日　　　　　延边大学（中国）
苏发祥　　　　　中央民族大学（中国）
李　文　　　　　中国社会科学院（中国）
李晟文　　　　　拉瓦尔大学（加拿大）
李梅花　　　　　延边大学（中国）
杨圣敏　　　　　中央民族大学（中国）
佐佐木史郎　　　日本国立民族学博物馆（日本）
宋成有　　　　　北京大学（中国）
张　娜　　　　　中央民族大学（中国）
张　曦　　　　　中央民族大学（中国）
金永洵　　　　　仁荷大学（韩国）
金泰虎　　　　　甲南大学（日本）
波波科夫　　　　俄罗斯西伯利亚科学院（俄罗斯）
宝木奥其尔　　　蒙古国立大学（蒙古国）
须藤健一　　　　日本国立民族学博物馆（日本）

韩道铉　　韩国韩国学中央研究院（韩国）
韩湘震　　韩国首尔国立大学（韩国）
朝　克　　中国社会科学院（中国）

编辑助理：郭　跃　许　政　孙晓晨　陈姗姗

目 录

·全球化与地方性研究·

从满族社会组织对东北亚其他少数民族的影响看东北亚各民族的交往、交流和交融 …………………………………………………………………………………… 唐 戈/3

民族地区县域城乡融合发展：内在机理、现实挑战及实践进路 ………… 卞成日/9

中俄口岸"打包商"：一个迁移群体的社会网络与商业实践
——基于满洲里的田野调查 ………………………………………………… 孙晓晨/18

·生态、文化与社会变迁研究·

从神圣权威到文化符号：社会转型背景下的鄂伦春族萨满身份变迁 ……………………………………………………………………… 倪 卓 郭 跃/31

达斡尔族乡村振兴路径研究——以梅里斯区为例 ………………… 陈学军/43

乡村振兴背景下内蒙古边境牧区医疗服务能力研究
——基于内蒙古四子王旗红格尔苏木的考察 ……………… 包美丽 包美荣/49

民族传统体育与少数民族青少年健康发展研究 ……………………… 方 征/59

鄂温克族传统音乐文化特征与传承传播 ……………………… 诺尔曼 乌日娜/66

·民族交往、交流、交融研究·

和合共生：节庆体系中的交往交流交融——以甘肃省肃南裕固族自治县为例
……………………………………………………………………………… 张瀚丹/81

黄河上游节庆间多民族文化交往交流交融考察 ………………………… 马婧杰/96

多民族经济生活依存关系的历史与现实探析——基于青海省热贡地区的调查
………………………………………………………………… 马瑞雪 何润润/104

国家通用语言能力对多民族乡村社区经济发展的影响研究 ………… 朝克赛/117

·高校教育与铸牢中华民族共同体研究·

铸牢中华民族共同体意识视野下马思聪新疆题材作品创作历程与传播效应 ……………………………………………………………………… 格日措 李 双/129

中华民族共同体意识教育的大中小学一体化路径建构 …………… 侯馨茹/138
关于地方师范院校建设"中华民族共同体概论"课程探析 …………… 袁娅琴/150
铸牢中华民族共同体意识高校课堂教学创新模式探索与实践研究 ………… 朱乌英嘎/158

·全球化与地方性研究·

从满族社会组织对东北亚其他少数民族的影响
看东北亚各民族的交往、交流和交融

唐　戈*

摘　要：自明末经清代至民国，作为东北亚最大的民族和清朝的建立者、统治民族，满族在政治、经济、社会和文化等各个方面都于东北亚地区发挥着重要的影响力，其对东北亚各民族，包括汉族，都产生了重要影响。对东北亚各少数民族的影响主要体现在语言和文字、经济和物质文化、社会组织和制度、文学和艺术、宗教信仰等各个方面，其中社会组织的影响主要包括氏族组织和八旗组织两个方面。由于其在历史上对东北亚各少数民族，特别是在社会组织方面的影响，因此满族在促进东北亚各民族的交流、交往和交融方面发挥了重要的作用，进而在促进中华民族共同体意识的形成上也发挥了重要的作用。

关键词：满族；东北亚；社会组织；氏族组织；八旗组织

本文的资料，除文献资料外，其余均来自笔者的田野调查。笔者自1991年开始，在东北地区的北部和西北部从事人类学田野工作，最初主要调查鄂温克族和鄂伦春族，从1992年开始调查满族。2017年开始，在呼伦贝尔地区调查蒙古族的两个分支布里亚特人和巴尔虎人。2011年和2019年，两次在俄罗斯后贝加尔地区调查，其中包括对布里亚特人的调查；2023年，在蒙古国调查。

一、铸牢中华民族共同体意识的层级结构与满族对东北亚其他少数民族的影响

（一）铸牢中华民族共同体意识的层级结构

铸牢中华民族共同体意识包括三个不同的层级。首先是世界层级。中华民族作为一个共同体分布于全世界，不仅分布在中国，而且在世界其他国家和地区也有分布，其中在东

---

* 唐戈，黑龙江大学政府管理学院社会学系教授，硕士生导师，主要从事东北亚民族社会文化研究。

南亚一些国家所占比例还相当高，比如新加坡、马来西亚。中国以外的中华民族，我们习惯称"海外华人"，海外华人不仅包括汉族，也包括各少数民族。其次是国家层级。这是铸牢中华民族共同体意识层级结构的核心层级。最后是地区层级。为什么在国家层级之下还要再分出一个地区层级？这是因为铸牢中华民族共同体意识在不同的地区，尤其是少数民族地区，会有不同的特点，其内容和任务也不尽相同。无论是在哪一个层级，作为中国的主体民族，汉族在铸牢中华民族共同体意识上都发挥着核心作用。在少数民族地区，汉族同样发挥着核心作用。但除汉族的核心作用之外，在少数民族地区，我们也不可忽视该地区的主要少数民族的作用，比如在西藏自治区藏族的作用，在内蒙古自治区蒙古族的作用。

在中国，少数民族主要分布在边疆地区，因此我们常常将少数民族和边疆联系起来。拉铁摩尔在《中国的亚洲内陆边疆》一书中，将东北（满洲）作为中国的内陆边疆[①]。我们知道，东北并非纯粹的边疆地区，更谈不上少数民族地区，但东北也不是我们所说的"内地"，并且东北也有多个少数民族的分布，从历史上看（1860年之前），东北更像是边疆民族地区。

按照今天的民族划分，除了汉族，东北还包括满、蒙古、回、朝鲜、达斡尔、锡伯、鄂温克、鄂伦春、赫哲、俄罗斯和柯尔克孜等11个世居少数民族。在这11个少数民族中，满族无疑是重要的民族。历史上，满族曾经是东北的主体民族，其对东北各个民族，包括汉族，都产生了重要影响，在铸牢中华民族共同体意识上发挥过重要的作用。

（二）满族对东北亚其他少数民族的影响

作为亚洲的一个重要组成部分，东北亚位于亚洲的东北部，其范围包括了中国东北和华北地区、朝鲜、韩国、日本、俄罗斯远东地区和蒙古国，其中中国东北地区居于东北亚的核心位置，其他国家和地区都是环绕着中国东北地区的。从历史上看，除了中国东北地区，满族的影响力也波及了东北亚的其他地区，其中包括中国华北地区、朝鲜、韩国、俄罗斯远东地区南部以及蒙古国。蒙古国过去一直在中国的版图之内，辛亥革命之后，蒙古国逐渐脱离中国，成为一个独立的国家。俄罗斯远东地区南部，过去也属于中国，近代通过几个不平等条约才分次割让给了俄罗斯。

从时间上看，满族在东北亚地区的影响始自明末其在该地区的崛起，经历整个清代，一直延续到民国时期，其中清代是满族在东北亚地区发挥影响力的最重要的时期。清亡后，满族的影响力大不如前，但民国时期很多清代的组织制度被延续，进而满族的影响力一定程度上也得以延续，比如清代设立的呼伦贝尔副都统衙门，一直延续到伪满洲国的建立，并且民国时期该衙门的公文也一直用满文书写。

自明末经清代至民国，作为东北亚最大的民族和清朝的建立者、统治民族，满族在政治、经济、社会和文化等各个方面都在东北亚发挥着重要的影响力，其对东北亚各民族，

---

① [美]拉铁摩尔：《中国的亚洲内陆边疆》，南京：江苏人民出版社，2005年，第69—99页。

包括汉族，都产生了重要影响。对东北亚各少数民族的影响主要体现在语言和文字、经济和物质文化、社会组织和制度、文学和艺术、宗教信仰等各个方面，其中社会组织的影响主要包括氏族组织和八旗组织两个方面。

氏族组织是满族一种古老的血缘组织，产生于远古时期，经清代，一直存续至今。八旗组织是满族的一种军事组织，产生于明末满族在东北亚的崛起之时。1911年辛亥革命，随着清朝的覆灭，八旗组织的主体也随之消亡了。历史上，作为满族最重要的两种社会组织，氏族组织和八旗组织并行不悖地存在，共同发挥了重要的社会作用。

二、满族氏族组织对东北亚其他少数民族的影响

满族的氏族是一种层级组织，包括哈拉和莫昆（一译"木昆""穆坤"等）两个层级，其中哈拉是氏族，莫昆是哈拉下面的分支氏族，莫昆是哈拉裂变的结果。作为功能性社会组织，满族的氏族组织不是哈拉，而是哈拉下面的莫昆[①]。有清一代，满族的氏族层级组织对东北亚一部分少数民族的氏族组织也产生了一定的影响。

首先，受满族的影响，锡伯族和赫哲族也有哈拉-莫昆组织。其中，锡伯族使用满语文，他们模仿满族，用满文编制和修订族谱。赫哲族虽然没有转用满语文，但一些莫昆模仿满族，用满文编制和修订族谱，这样的莫昆通常有通晓满文的人。但很难确定赫哲语中的"哈拉""莫昆"是从满语中借用的，因为赫哲语和满语同属满-通古斯语族满语支。

达斡尔族和索伦鄂温克人[②]也有哈拉-莫昆组织。达斡尔语和索伦鄂温克语与满语差别较大，特别是达斡尔语，很显然"哈拉""莫昆"这两个词是从满语中借用过来的。此外，清代至民国，达斡尔族还模仿满族，以莫昆为单位，用满文编制和修订族谱。在黑龙江齐齐哈尔地区，达斡尔族的一个哈拉一般分为几个莫昆，但在内蒙古莫力达瓦达斡尔族自治旗，达斡尔族的一个哈拉下面只有一个莫昆，但莫昆可以再分为村落[③]。

蒙古族，包括科尔沁人、布里亚特人和巴尔虎人，也有类似于哈拉-莫昆的氏族层级组织。与达斡尔族和索伦鄂温克人一样，蒙古语中的"哈拉""莫昆"也是从满语中借用的。科尔沁人的氏族层级组织包括哈拉和莫昆两个层级。布里亚特人和巴尔虎人的氏族层级组织虽然也分为两个层级，但这两个层级的氏族组织都称"哈拉"，为区分起见，通常称前者为大哈拉，后者为小哈拉。作为功能性的社会组织，蒙古族的氏族组织主要在莫昆和小哈拉这一层级，但哈拉和大哈拉也承担一部分功能。布里亚特人和巴尔虎人氏族组织的这一特点具有氏族组织裂变的早期特点。巴尔虎人的亲属称谓有一类体现了哈拉在其社会生活中的重要性，即哈拉的兄弟姐妹，如哈拉的哥哥、哈拉的弟弟等[④]。

---

① ［俄］史禄国：《满族的社会组织——满族氏族组织研究》，北京：商务印书馆，1997年。
② 鄂温克族的一个分支。中国的鄂温克族包括三个分支，即索伦、通古斯（哈木尼干）和驯鹿鄂温克人。
③ 2023年8月17日在内蒙古莫力达瓦达斡尔族自治旗对敖好章（达斡尔族）等人的访谈。
④ 布仁其木格：《边界的构建与跨越：巴尔虎蒙古人哈拉敖包祭祀的民族学研究》，新疆师范大学，2022，第17页。

莫昆和小哈拉，就其规模和功能来看，很像努尔人的世系群和华南汉族的宗族。埃文斯·普里查德研究努尔人的世系群组织，得出结论：国家越不发达，世系群组织越发达[①]。他的学生弗里德曼研究华南汉族的宗族组织，旁证了埃文斯·普里查德的结论，认为华南地区正是由于地处中国的边陲，宗族组织才发达[②]。中国学者一般认为弗里德曼的"边陲说"不成立。[③] 但东北亚社会氏族组织之发达却旁证了埃文斯·普里查德和弗里德曼的结论，自古至今，这一广阔区域都是世界上最不发达的区域之一。布里亚特人是当今世界上跨国流动最活跃的族群之一，而氏族组织在其跨国流动中起着至关重要的作用，是其跨国流动所赖以存在的社会基础。他们正是通过其频繁的跨国流动在某种程度上对国家予以了"否定"，而保持了其族群性的长期存在。

在内蒙古呼伦贝尔草原地区，有很多敖包是属于氏族的，即氏族敖包，其中达斡尔族和索伦鄂温克人的氏族敖包都是属于莫昆的，即莫昆敖包。巴尔虎人的敖包属于哈拉，即哈拉敖包。巴尔虎人共有18个大哈拉，每一个哈拉都有属于自己的敖包。除了大哈拉，小哈拉也有属于自己的敖包。

上述民族每年都以分支氏族为单位祭祀敖包，称"敖包会"。此外，巴尔虎人每隔几年还要组织以大哈拉为单位的敖包会。除此之外，还有以分支氏族为单位的专门的祭祖活动。过去敖包会要请喇嘛祭敖包，现在通常由萨满祭神。萨满通常是本氏族的，本氏族没有则从其他氏族请。祭祖都由萨满（最好是本哈拉的萨满）祭。

三、八旗组织对东北亚其他少数民族的影响

八旗组织是清代在以满族为主体的多个民族中设立的一种军事组织。

八旗组织的核心是满洲八旗，但被编入满洲八旗的不限于满族，锡伯族和赫哲族也在满洲八旗之列。满洲八旗之外，还有汉军八旗、蒙古八旗和布特哈八旗，其中被编入布特哈八旗的主要包括达斡尔族和索伦鄂温克人。

八旗组织作为一种重要的社会组织，并非为满族所独有。满族之外，东北亚地区的汉族、蒙古族、锡伯族、达斡尔族、索伦鄂温克人、鄂伦春族和赫哲族也有类似的社会组织，其中一些或可称之为八旗组织的变体，如蒙古族的盟旗组织、鄂伦春族的路佐组织。

[①] [英]埃文斯·普里查德：《努尔人——对尼罗河畔一个人群的生活方式和政治制度的描述》，北京：华夏出版社，2002年。
[②] [英]莫里斯·弗里德曼：《中国东南的宗族组织》，上海：上海人民出版社，2000年。
[③] 王铭铭：《社会人类学与中国研究》，北京：生活·读书·新知三联书店，1997年，第73—77页。

民族所属八旗组织表

民族	八旗组织
汉族	汉军八旗
蒙古族	蒙古八旗
	盟旗组织
锡伯族	满洲八旗
达斡尔族	布特哈八旗
索伦鄂温克人	布特哈八旗
	盟旗组织（索伦旗）
鄂伦春族	路佐组织
赫哲族	（新）满洲八旗

17世纪四五十年代（清顺治年间），清政府将生活在黑龙江北岸的索伦鄂温克人、达斡尔族和一部分鄂伦春族陆续迁到嫩江流域。嫩江流域包括几个相互连接的地区，其中一个是齐齐哈尔地区，由达斡尔族居住，另一个是布特哈地区，由索伦鄂温克人、达斡尔族和鄂伦春族共同居住。在布特哈地区，清政府为生活在这里的索伦鄂温克人和达斡尔族建立了5个阿巴和3个扎兰。其中5个阿巴由索伦鄂温克人构成，3个扎兰主要由达斡尔族构成，但也包含一定数量的索伦鄂温克人。清雍正九年（1731），清政府在5个阿巴和3个扎兰的基础上组建了布特哈八旗，分别是正红旗、镶白旗、镶红旗、正蓝旗、镶蓝旗、镶黄旗、正黄旗和正白旗[①]。

清雍正十年（1732）四月，清政府将布特哈地区的一部分索伦鄂温克人、达斡尔族、巴尔虎蒙古人和鄂伦春族迁到呼伦贝尔城（今海拉尔）驻防，被编为索伦左、右两翼8个旗，分别是镶黄旗、正黄旗、正白旗、正红旗、镶白旗、镶红旗、正蓝旗和镶蓝旗[②]。

盟旗组织是清代在内蒙古的蒙古族（不包括其他地区的蒙古族）中实行的一种行政组织。首先是将内蒙古的蒙古族按地区划分为若干个盟，每个盟再划分为若干个旗。旗是以蒙古族传统的"部"为基础建立的，并且是以各个部的名称来命名的。小的部只建一个旗，如厄鲁特旗、伊克明安旗、布里亚特旗，大的部按左、右或前、后建两个旗，如新巴尔虎左旗和新巴尔虎右旗、郭尔罗斯前旗和郭尔罗斯后旗，更大的部则是先按左、右划分，再按前、中、后划分，如科尔沁左翼前旗、科尔沁左翼中旗、科尔沁左翼后旗。

蒙古族巴尔虎部主要分布在内蒙古呼伦贝尔地区，因迁居呼伦贝尔地区的时间不同，分别称"陈巴尔虎"和"新巴尔虎"，其中新巴尔虎分左、右两个翼。陈巴尔虎人最初被

[①] 《达斡尔族简史》编写组、《达斡尔族简史》修订本编写组：《达斡尔族简史》，北京：民族出版社，2008年，第39页。

[②] 包梅花：《雍正、乾隆时期呼伦贝尔八旗历史研究》，孛·蒙赫达赉、斯仁巴图：《巴尔虎研究文集》，海拉尔：内蒙古文化出版社，2019年。

编在索伦八旗中，后来独立建旗，称"陈巴尔虎旗"。新巴尔虎人左、右两翼每个翼都建有若干个旗，旗下面分佐（佐领），如新巴尔虎分左翼共有4个旗，如镶黄旗、正白旗等，又其中镶黄旗下辖5个佐（佐领），分别为一佐、二佐、三佐、四佐和五佐①。

盟旗组织也不限于蒙古族，一部分达斡尔族和索伦鄂温克人也在盟旗组织之列。前述索伦八旗后来的发展是陈巴尔虎人独立建立陈巴尔虎旗，成为盟旗组织的旗，余下的部分后来也演变为盟旗组织的旗，即后来的鄂温克族自治旗。新巴尔虎人左、右两翼后来也各自建了旗，即新巴尔虎左旗和新巴尔虎右旗。上述各旗合起来为一个盟，即呼伦贝尔盟。

盟旗组织一直延续到民国时期。1917年，俄罗斯爆发十月革命；1918年，十月革命波及后（外）贝加尔地区。受十月革命的影响，生活在后贝加尔地区一部分布里亚特人陆续移民到中国呼伦贝尔地区。1922年，当时的呼伦贝尔副都统衙门还沿用清制，为他们建立了布里亚特左、右两个旗②。

清代曾在鄂伦春族中建立路佐组织。路佐组织是八旗组织的另一种变体，分路、佐（佐领）两个层级。首先按地区将鄂伦春族划分为5个路，分别是毕拉尔路、库玛尔路、阿里路、多布库尔路和托河路③，其次每个路再进一步划分为若干个佐（佐领）。以库马尔路为例，其下共包括5个佐（佐领），分别是正蓝旗头佐、镶白旗头佐、镶黄旗二佐、正蓝旗三佐和正蓝旗二佐④。

1911年辛亥革命，随着清朝的覆灭，八旗组织的主体也随之消亡了，但鄂伦春族的路佐组织在民国时期却得以延续。一直到1932年伪满洲国建立后，鄂伦春族的路佐组织才最终被废止。

结　论

综上所述，自明末经清代至民国，作为东北亚最大的民族和清朝的建立者、统治民族，满族在政治、经济、社会和文化等各个方面都在东北亚地区发挥着重要的影响力，其对东北亚各民族，包括汉族，都产生了重要影响。对东北亚各少数民族的影响主要体现在语言和文字、经济和物质文化、社会组织和制度、文学和艺术、宗教信仰等各个方面，其中社会组织的影响主要包括氏族组织和八旗组织两个方面。

由于其在历史上对东北亚各少数民族，特别是在社会组织方面的影响，因此满族在促进东北亚各民族的交流、交往和交融方面发挥了重要的作用，进而在促进中华民族共同体意识的形成上也发挥了重要的作用。

---

① 华赛·都嘎尔扎布：《巴尔虎镶黄旗志》，海拉尔：内蒙古文化出版社，2012年，第2页。
② 徐占江等：《中国布里亚特蒙古人》，海拉尔：内蒙古文化出版社，2016年，第29页。
③ 《鄂伦春族简史》编写组、《鄂伦春族简史》修订本编写组：《鄂伦春族简史》，北京：民族出版社，2008年，第40页。
④ 孟秀春、李文波：《塔河县十八站一带鄂伦春族在伪满时期的分布情况》，中国人民政治协商会议黑龙江省塔河县委员会文史资料研究委员会编：《塔河文史资料》（第一辑）。

民族地区县域城乡融合发展：内在机理、现实挑战及实践进路[*]

卞成日[**]

摘　要：县域作为城乡融合发展的重要切入点，为中国式现代化赋予了新的时代使命。县域城乡融合发展是实现中华民族共同富裕的关键所在，全面推进区域协调发展的有力支撑，也是重构城乡互动机制的重要理路。这将是民族地区贯彻落实新发展理念，实现县域城乡融合发展的内在机理。但在地域性差异和不确定性因素下，民族地区县域城乡融合发展面临着县域人力资源结构失衡、县域城乡发展差距显著，以及县域社会治理体系滞后等现实挑战。为进一步推进民族地区县域城乡融合发展，应重构以县域为基本单位的城乡双向循环互动机制，全面推进"自下而上"的内生式发展模式，以农村三产融合发展助推乡村全面振兴，使县域城乡融合发展真正成为推动中华民族共同富裕的历史洪流。

关键词：县域；城乡融合；民族地区；城乡发展

一、问题的提出

后工业社会的到来，城乡融合发展便作为一个整体性的相互关联问题被纳入学术界的视野中。虽然我国已进入新发展阶段，但城乡发展不协调不平衡问题依然成为阻滞社会高质量发展的结构性瓶颈。2019年，中共中央、国务院发布的《关于建立健全城乡融合发展体制机制和政策体系的意见》明确部署城乡融合发展的目标和中心任务，在党的二十大报告中进一步强调"全面建设社会主义现代化国家，最艰巨最繁重的任务仍然在农村。坚持

---

[*]　本文系2023年度吉林省教育厅社科项目"乡村振兴背景下吉林省民族地区城乡互动机制研究"（项目编号：JJKH20230598SK）的阶段性研究成果。

[**]　卞成日，延边大学人文社会科学学院讲师，主要从事民族社会与区域文化研究。

农业农村优先发展,坚持城乡融合发展,畅通城乡要素流动"①,以全面推进乡村振兴战略为主旋律,加快构建城乡融合发展的新格局。"麻雀虽小,五脏俱全",县域社会作为链接城市与乡村的重要实践场域,具有城乡属性共存的一种社会形态,是城乡融合发展的桥头堡和前线阵地。2021年中央一号文件提出"把县域作为城乡融合发展的重要切入点"②,加快推进县域内城乡融合发展。《关于推进以县城为重要载体的城镇化建设的意见》中再次强调,县域是城乡融合发展的关键支撑,对构建新型工农城乡关系具有重要意义,为我国新发展阶段全面推进城乡融合发展的实践路径指明了行动方向。

民族地区的城乡融合发展肩负着重大历史使命。一方面,民族地区城乡融合发展是我国全面建设社会主义现代化的关键举措,也是保障中华民族走向共同富裕的必然选择。另一方面,民族地区城乡融合相比于其他地域面临着新的要求和新的挑战,这不仅关乎于民族地区自身的全面协调发展,更是中华民族走向伟大复兴的重要保障。2021年,习近平总书记在中央民族工作会议上指出,"民族地区要立足资源禀赋、发展条件、比较优势等实际,找准把握新发展阶段、贯彻新发展理念、融入新发展格局、实现高质量发展、促进共同富裕的切入点和发力点"③,这充分表明了现阶段我国民族地区城乡全面协调发展的时代性和重要性。尽管民族地区城乡融合发展取得了重大成就,但仍然存在着城乡发展不协调、不平衡与不充分等现实问题,与其他地域社会相比表现得尤为突出,严重阻碍了城乡间各要素循环交流和互动。在国家全面推进城乡融合发展的关键时期,如何缩短民族地区城乡差距、统筹不同地域的协调发展、实现城乡全要素融合和共同富裕成为新发展阶段亟须解决的重大问题。

近年来,以县域视角展开地域社会发展研究成为学界普遍关注领域,正如火如荼地进行中。学界关于县域城乡融合发展的研究议题主要集中在县域治理现代化④、县域经济发展⑤、县域公共服务均等化⑥等领域,其理论阐释和实践反思为县域社会研究提供了坚实

---

① 《高举中国特色社会主义伟大旗帜 为全面建设社会主义现代化国家而团结奋斗——在中国共产党第二十次全国代表大会上的报告》,中国政府网,https://www.gov.cn/gongbao/content/2022/content_5722378.htm,2022年10月25日。
② 《中共中央、国务院关于全面推进乡村振兴加快农业农村现代化的意见》,中国政府网,http://www.gov.cn/xinwen/2021-02/21/content_5588098.htm,2021年2月21日。
③ 《习近平出席中央民族工作会议并发表重要讲话》,中国政府网,https://www.gov.cn/xinwen/202305/content_6882636.html,2021年8月28日。
④ 谭明方、郑雨晨:《城乡融合发展视角的县域社会治理研究》,《南开学报(哲学社会科学版)》2021年第2期;唐惠敏、范和生:《县域社会治理:问题指向、核心目标与路径实践》,《宁夏社会科学》2021年第3期;杨华:《县乡中国:县域治理现代化》,中国人民大学出版社2022年版;何雪松、覃可可:《城乡社会学视野下的县域社会治理现代化》,《社会科学辑刊》2021年第4期。
⑤ 贺雪峰:《大城市的"脚"还是乡村的"脑"?——中西部县域经济与县域城镇化的逻辑》,《社会科学辑刊》2022年第5期;袁方成、周韦龙:《中国式现代化进程中县域城乡融合的动力机制及其逻辑》,《华中师范大学学报(人文社会科学版)》2023年第6期;斯丽娟、曹昊煜:《县域经济推动高质量乡村振兴:历史演进、双重逻辑与实现路径》,《武汉大学学报(哲学社会科学版)》2022年第5期。
⑥ 毛一敬、刘建平:《农民城市化视角下县域城乡融合发展的实践机制研究》,《暨南学报(哲学社会科学版)》2021年第10期;王凯霞:《县域城镇化促进城乡公共服务融合发展的路径研究》,《经济问题》2022年第4期;孔祥智、谢东东:《城乡融合发展面面观:来自县域的报告》,《河北学刊》2022年第2期。

的理论基础。也有部分学者立足于民族地区的地域特殊性,从城乡关系的演进及特征进行了综合考评和实证研究①,并对城乡融合发展的动态演变趋势和区域差异进行分析②,提出民族地区城乡融合发展的有效途径③。尽管从社会学、政治学、民族学等多学科的研究范式下,相关议题的研究取得了丰硕成果,但已有研究整体上呈现碎片化特征,忽略了地域社会的发展差异和历史文化差异等非制度性因素,尤其是对民族地区县域进行整体性研究仍然是缺席的。基于此,本文以东北民族地区延边朝鲜族自治州(以下简称延边州)的县域为研究对象,将"地域性"变量引入研究之中,集中阐释民族地区县域城乡融合发展的内在机理,重新审视面临的现实困境,探寻其实践进路与总体方向。这对进一步理解我国民族地区独特的社会结构和复杂的社会转型有着重要的理论意义,也对加快推进民族地区县域城乡融合与地域协调发展,巩固边疆稳定发展具有现实意义。

二、民族地区县域城乡融合发展的内在机理

(一) 一个民族都不能少:县域城乡融合发展是实现中华民族共同富裕的关键所在

中国式现代化是全体人民共同富裕的现代化④,这必然要求全面实现共同富裕的历史道路上一个民族都不能少。迈入新时代以来,民族地区的经济社会发展取得了显著提升,已具备了能够实现共同富裕的良好社会基础和制度条件。但民族地区集中分布在边疆地区和中西部地区,存在生态环境脆弱、经济基础薄弱、城乡差距显著等诸多现实问题,多重的地域性差异和不确定性因素对实现共同发展、共同富裕提出了新挑战。也就是说,实现中华民族的共同富裕难在"共同",重也在"共同",成为当前我国亟待解决的重大问题。值得注意的是,城乡融合发展是社会发展的必然要求,是以实现共同富裕为发展目标,本质上是创造更丰富的物质财富和精神文化,使各要素均衡分布在城乡地域社会,不断做大足够富裕的"蛋糕",其关键在于如何提升县域社会的共同繁荣。共同富裕作为城乡融合的目标根植于我国不同地域社会发展现实,共同富裕应在生产力发展的基础上,降低两极分化的风险,确保每一个地域、每一个民族共同享有发展机会,意味着要把做大的"蛋

---

① 侯志茹、武林英、牛晓梅:《基于"三变+旅游"模式的涉藏地区城乡融合发展研究——以甘南州卓尼县博峪少数民族村寨为例》,《西藏大学学报(社会科学版)》2021年第3期;陈东:《民族地区乡村振兴的"摩梭家园"模式研究——以文化生态保护与城乡融合发展为中心》,《青海民族大学学报(社会科学版)》2019年第1期。
② 李俊杰、梁辉:《民族地区城乡融合发展水平测度及影响因素研究》,《中央民族大学学报(哲学社会科学版)》2022年第2期。
③ 青觉、王敏:《边疆民族地区融入国家新发展格局的生成逻辑、面临挑战与路径取向》,《西北民族研究》2022年第5期;杨小柳:《民族地区新型城镇化发展路径探略:基于新发展理念的分析》,《广西民族大学学报(哲学社会科学版)》2019年第1期。
④ 《高举中国特色社会主义伟大旗帜 为全面建设社会主义现代化国家而团结奋斗——在中国共产党第二十次全国代表大会上的报告》,中国政府网,https://www.gov.cn/gongbao/content/2022/content_5722378.htm,2022年10月25日。

糕"分得合理①。总之,城乡融合发展与共同富裕都是城乡社会发展的有效回应,县域城乡融合发展推动共同富裕应要充分考虑不同地域和不同民族的地域性和差异性因素,因地制宜地制定全社会高质量发展策略,确保全体人民的共同发展,全面实现中华民族的共同富裕。

(二)一个地域都不能少:县域城乡融合发展是全面推进区域协调发展的有力支撑

中国式现代化的基本特征之一是区域协调发展,城乡融合便成为解决区域发展不平衡、不充分的战略举措,也是实现社会高质量发展的重要路径,这必然要求全面实现城乡融合发展的实践道路上一个地域都不能少。民族地区的社会经济发展是区域协调发展的重要组成部分,也是国家建构新发展格局的重要支撑,正确处理好不同区域间的非均衡关系,具有重要的战略意义。众所周知,民族地区城乡社会发展仍然滞后于东部沿海发达地区,主要表现为发展差距的问题,也存在发展质量的问题,尤其是民族地区县域社会的非均衡发展成为全国区域协调发展的短板所在,县域城乡融合发展任重而道远。当今,东部沿海发达地区的县域城乡联系密切,在脱贫攻坚至乡村振兴战略过程中,乡村取得了全方位的振兴,基本实现了就近就地城镇化,成为了县域城乡融合发展的典范②。这要求我们应把县域作为城乡融合发展的重要实践场域,使其成为全面推进区域协调发展的主要方向和重点工作。一方面,瞄准民族地区的乡村建设复杂性和紧迫性,加快破除城乡二元结构,探索县域城乡融合发展的多元道路,为全面推进区域协调发展积蓄力量。另一方面,充分发挥县域城乡融合发展的支撑作用,科学把握民族地区县城社会的功能定位,优化城市和乡村发展的战略布局,为全面推进区域协调发展提供战略支撑。

(三)一个要素都不能少:县域城乡融合发展是重构城乡互动机制的重要理路

通过城乡融合发展推动中国式现代化的关键在于城乡间形成各要素双向循环互动的新格局,从而实现各要素的交互有序疏通,缓解城乡二元对立关系,这必然要求趋向城乡融合发展过程中一个要素都不能少。城乡融合是在追求城乡要素自由双向流动、城乡功能互补耦合以及城乡居民权利平等,从而促进城乡关系发展的一种高级形态③。然而在不同地域的结构性差异影响下,我国民族地区城乡融合进程中资本、技术、人力资源等关键要素长期呈现单向度的流动。特别是城乡间要素流动的制度性障碍依然存在,如土地供需错配、城市人才入乡不畅、数据要素产权不清晰等④问题较为突出,不同要素之间流动性差异日益显著,成为推进城乡融合发展战略的突出短板。这不仅进一步加深了城乡发展的失衡,同时也阻滞了城乡间各要素的双向自由流动和平等交换。县域社会作为一个独立的地

---

① 刘合光:《以共同富裕为目标推进城乡融合发展的逻辑与路径》,《社会科学辑刊》2022年第1期。
② 龙花楼、徐雨利、郑瑜晗等:《中国式现代化下的县域城乡融合发展》,《经济地理》2023年第7期。
③ 涂圣伟:《城乡融合发展的战略导向与实现路径》,《宏观经济研究》2020年第4期。
④ 高强、程长明、曾恒源:《以县城为载体推进新型城镇化建设:逻辑理路与发展进路》,《新疆师范大学学报(哲学社会科学版)》2022年第6期。

域社会，与乡村发生互动和交流最为近邻的场域。相比于市域或省域，县域是"人力"和"物力"资源等要素相对集中的区域，其城乡互动表现得更为直接、更为有效，在城乡融合发展过程中发挥着互动性与枢纽性作用。因此，县域城乡融合发展更能驱动工农互促、城乡互补、要素互动直至城乡全面融合①。我们应以县域为基本单位重构城乡双向循环互动制度体系和政策支援，使城市和乡村必须形成婚姻②，为城乡融合发展与区域协调发展注入新动能。

三、民族地区县域城乡融合发展的现实挑战

改革开放以来，我国民族地区通过贯彻落实新农村建设、城乡一体化、新型城镇化建设和乡村振兴等国家重大发展战略，促进了城乡间各要素的互动和交流，逐渐缩小了城乡间差距，形成城乡融合发展的基本态势。延边州位于东北亚经济圈的核心地域，是吉林省乃至东北地区最重要的中心城市之一，也是我国唯一的朝鲜族自治州和最大的朝鲜族聚居地区，具有得天独厚的区域优势和发展动能。州府延吉市在2015年首次评获"全国新型城镇化质量百强县市"以来，连续多年晋级。2023年又一次评为"全国绿色发展百强县市""全国科技创新百强县市""全国新型城镇化质量百强县市"，以及"全国县域旅游综合实力百强县""全国县域旅游发展潜力百佳县"等诸多荣誉称号，有力彰显了延吉市贯彻新发展理念，积极探索新时代县域发展新模式，扎实推动民族地区县域经济社会高质量发展。但整体来看，延边州各县域社会的城乡发展水平仍有待提高，依然存在阻滞县域城乡融合发展的多重短板，影响着民族地区区域协调发展的前进步伐。

（一）县域人力资源结构失衡

有学者曾总结提出"县城病"③这一概念，它是处于"乡村病"和"城市病"之间的一种社会现象，是以低人口集聚水平、弱人口集聚能力为主要表现。不同地区的县域社会发展都离不开重要的实践主体，即"人"。纵观我国民族地区的人口流出现状，其主要面向仍然是"长三角""珠三角"等东部发达地区为主，面临着严重的人口流失压力。作为我国东北重要民族聚居区的延边州也不例外。最新数据显示，近五年间，延边州的总人口数从2017年的2101387人下降至2021年的2029394人，将近减少了7万多人④。延边州各县域的情况也不容乐观，以2021年的数据来看，除了州府延吉市以外，其余七个县市全都面临着人口负增长态势，其中形势最为严峻的是敦化市与龙井市⑤。单从迁出人口数

---

① 袁方成、周韦龙：《中国式现代化进程中县域城乡融合的动力机制及其逻辑》，《华中师范大学学报（人文社会科学版）》2023年第6期。
② ［英］埃比尼泽·霍华德著，金经元译：《明日的田园城市》，北京：商务印书馆，2000年，第8—9页。
③ 左停、赵泽宇：《共同富裕视域下县城新型城镇化：叙事逻辑、主要挑战与推进理路》，《新疆师范大学学报（哲学社会科学版）》2022年第06期。
④ 延边朝鲜族自治州统计局编：《2022年延边统计年鉴》，北京：中国统计出版社，2022年，第44页。
⑤ 同上书，第52页。

量来看，全州2021年总迁出人数为23966人，其中延吉市迁出人数占比最多，达到5729人[①]。地域间人口流动的失衡对延边州县域城乡融合发展引发了巨大压力。值得肯定的是，延吉市作为州府"县城病"并不明显，虽然人口增长较缓慢，但在县域社会仍然发挥着人口集聚功能。

延边地区由于东北地域整体性衰败所引发的人口流失之外，人口的跨国流动是其重要的特征之一，它主要是面向韩国和日本等东亚国家。朝鲜族作为东北地区主要的民族之一，他们与韩国拥有着相似的语言和文化背景，更容易通过亲戚访问、婚姻迁移、劳务输出等不同形式跨国流动至韩国。1992年中韩正式建立外交关系，韩国方面准入政策的不断调适，给朝鲜族的跨国流动提供了更充裕的条件。在韩国劳动力市场需求和高收入的拉力，以及民族地区经济社会发展阻滞的推力影响下，愈来愈多的朝鲜族群体大规模的跨国涌入至韩国，其人数也显现出逐年增长的趋势，截至2022年末，共计602907人[②]。

延边地区的人口流失，以及朝鲜族的跨国流动直接导致的后果是人口老龄化、乡村过疏化、社会原子化等社会现象的接连发生。原本在城乡融合过程中发挥着重要作用的青壮年人力资源大量流失，尤其农业农村现代化发展更需专业化人才的匮乏，给予延边地区县域城乡社会的发展带来了极大的困窘。近些年，虽然延边州对返乡人员的政策和资金支持下，引流了一些高水平、高素质的人才，但整体的数量还是微不足道。整体来看，延边州各县域城乡人口的失衡，以及大量的人口流出和朝鲜族的跨国流动，丧失了县域城乡融合发展的重要实践主体。在虹吸效应影响下，人力资源的流失对县域社会的就业、发展、保障等方面产生了直接的影响，同时人口结构的失衡必将成为县域城乡融合发展的突出制约，严重阻滞了城乡间"人"的互动和交流。

(二) 县域城乡发展差距显著

进入新时代以来，虽然延边州的县域城乡融合发展明显成效，但相对于东部沿海发达地区而言，县域城乡融合发展明显滞后于县域工业化水平，县域城乡融合提升空间仍然较大。县域经济与县域城乡融合发展具有密切的关联。由于我国城乡二元体制的长期存在，乡村经济发展动力不足，延边州的县域城乡间差距依然显著，虽然近几年政府加大了对乡村地区的帮扶力度，但仍相差甚远。2021年的数据显示，延边州总体城镇常住居民人均可支配收入为31122元，而农村常住居民人均可支配收入为14905元[③]。延边州内的各县域情况来看，差距最大的是州府延吉市，城镇常住居民人均可支配收入为39771元，而农村常住居民人均可支配收入为18480元[④]。近些年，在乡村振兴战略的推动下，乡村地区的收入呈现明显的提升态势，但依然与城市相比差异显著。其主要原因在于县域内经济产业

---

① 延边朝鲜族自治州统计局编：《2022年延边统计年鉴》，北京：中国统计出版社，2022年，第52页。
② 《2022年外国人出入境政策统计年报》，韩国法务部出入•外国人政策本部，https://www.immigration.go.kr/immigration/1570/subview.do，2023年6月29日。
③ 延边朝鲜族自治州统计局编：《2022年延边统计年鉴》，北京：中国统计出版社，2022年，第113页。
④ 同上。

发展模式较单一，乡村老龄化、空心化现象严重，乡村经济缺乏内生动力；另一方面在于县域经济缺乏活力，县域产业辐射带动能力的不充分制约了县域城乡融合发展。

除此之外，城乡要素合理流动机制还存在缺陷，无论是进城，还是下乡，渠道还没有完全打通，各要素仍存在不平等关系[1]。其直接面临的问题是城乡公共服务差距的加深，以及县域内城乡公共资源配置不均衡问题等。主要体现在城乡居民社会保障差异、城乡教育发展不均衡、城乡卫生医疗发展的失衡等多方面。从公共财政支出的差距来看，县域政府财政支出更多地倾向于城市，在乡村基础设施的投资方面明显不足。从公共服务配置上看，县域内农村基本公共服务标准整体偏低，其资源仍然集中在各县城。城乡基础设施建设是生产力发展的外部保障，公共服务配置则是改善民生的具体体现。从基础设施的建设上看，"最后一公里"问题仍然突出。城乡交通设施方面，在部分乡村地域的道路硬化，以及交通网的铺盖还有待提高，重要城乡之间的结点联系不够高效快捷。此外电网改造、供水饮水安全、网络通信等基础设施建设步伐缓慢。在教育方面，乡村办学硬件条件落后，教师资源短缺，学生流失严重，同时教育工作者的数量和质量在城乡间的分配也存在不均衡；在医疗卫生方面，乡村医疗经费投入不足，卫生技术人员短缺，医疗卫生设施陈旧；在养老服务方面，社会化、市场化的养老服务在乡村尚未普及，养老服务滞后等等成为加深城乡公共服务差距的重要因素。

(三) 县域社会治理体系滞后

县域作为国家政权组织体系的基础，也是城乡融合的重要节点，其社会治理体系和治理能力现代化是国家治理体系现代化的重要组成部分，也是今后一段时期提升国家治理体系现代化的切入口。纵观延边州的县域社会治理现状，其最突出的问题可以总结为以下三个方面。

首先，县级政府高效行政的自主性与能动性不足。优化上级政府与县级政府之间的互动与交流关系，应赋予县域政府更多的社会管理权限，这事关县域城乡融合发展的成败。县域城乡融合发展必须在县级政府主导下展开推进，其过程中县级政府应当是领导核心和统筹平台。但是县级政府遭遇的自主决策权、政策转化权、资源整合权等能动性的弱化问题，很大程度上影响着县域城乡融合发展的有效推进。其次，县域社会治理方式有待优化。安全稳定和协调发展依然是民族地区社会治理的终极目标。延边地区县域社会治理重视政府的政治下沉和运动式治理，通过自上而下的政策法规的传达进而达到治理预期目标。值得肯定的是，这样的社会治理虽然能够在一定程度上有效能达到社会治理的目标，但也造成了庞大的财力、物力、人力投入的压力，一定程度上忽视了自治、德治在基层社会治理中的作用。最后，县域社会治理体系和治理能力有待提高。县域社会治理中，权力资源在多元治理主体之间实际配置的平等性程度较低，同时多元治理主体的权利义务真实利用到社会治理程度也较缺乏。

---

[1] 习近平：《论坚持全面深化改革》，北京：中央文献出版社，2018年，第395页。

四、民族地区县域城乡融合发展的实践进路

(一) 重构以县域为基本单位的城乡双向循环互动机制

县域城乡融合发展的关键在于县域社会应形成各要素的双向互动、良性循环的城乡发展新格局。当今，民族地区城乡间的相互联系和协作日益加强，逐渐从城乡对立状态转变成融合互动的局面，但实现城乡双向循环互动和平等交流仍是当前县域城乡融合面对的阶段性困境。我们可以从以下三个方面进行思索。首先，在县域范围内通过优化政府治理体制机制，提升城乡社会治理现代化水平，破除影响城乡间人力、物力等关键要素自由流动和平等交换的制度性障碍，充分发挥政府的宏观调控作用，加大乡村要素流动制度构建力度。城乡融合发展离不开资本要素的大力支持，县域政府应不断完善资本回流的优惠政策，加大财政补贴资金支持力度，对乡村发展提供资金保障，建立完善乡村激励机制。其次，将县城拥有的资本、技术与人力等资源优势，同乡村拥有的自然生态资源优势相互结合、相互汲取、优势互补，促进各要素在城乡间实现双向循环互动，保障城乡和谐共生与平等交换，实现城乡资源要素的最大化。这需要城乡具备开放共享机制和优势发挥机制①，形成"你中有我、我中有你"的城乡社会发展进路。社会组织作为链接城乡的重要行动者，应通过市场建立起城乡之间更紧密的联系，发挥枢纽性作用。并将分散的农户与市场联系在一起，把城市的优质资源和要素带入至乡村，同时把乡村资源互补到城市当中，从而推进城乡双向循环互动。最后，县域城乡基础设施与公共服务均等化是满足城乡居民对美好生活的向往。依托城乡基础设施的搭建和完善，构筑城乡要素双向流动的空间支撑渠道，打通城乡要素流动的通道，从而提升流动速度。加快推进城乡基本公共服务的一体化建设，提升县域公共服务建设水平和辐射范围，弥补公共服务领域的死角地带。尤其是加大对民族地区的基础设施与基本公共服务财政投入力度，同时把过疏地域乡村纳入至县域公共服务体系之中，打破城乡间非均衡发展。

(二) 推进"自下而上"的内生式发展模式

有效推进县域城乡融合发展，应足够激发乡村的内生式发展动力，这应在政府的宏观引导下，通过各要素的双向循环交流和互动，充分发挥农民的主观能动性，以"自下而上"的内生式发展模式，摆脱单向援助型的外部资源输入。在"强城市、弱乡村"的城乡关系下，县域难以发挥农民的主体作用，过于依赖外部的资源，逐渐丧失了内发动力。内生式发展是一种参与式发展，是将发展看作是一个"自下而上"的"赋权"过程②。它重视当地居民参与型的社会开发、经济成长、环境保护的协调发展，以及当地居民的文化

---

① 李宁：《城乡融合发展驱动共同富裕的内在机理与实现路径》，《农林经济管理学报》2022年第4期。
② 周大鸣、刘志扬：《寻求内源发展：中国西部的民族与文化》，广州：中山大学出版社，2006年，第16页。

革新，市民的公共意识、非营利管理、志愿者意识的培养，与外部世界相互沟通融合的区域性发展①。因此，我们应该大力推进"自下而上"的内生式发展新格局，在县域城乡融合发展的过程中积极培育乡村精英，调动乡村的积极性和主体性，给予更大的权力和空间，使他们自主参与到城乡融合的历史任务之中。其中，调动村民积极性的根本在于提升农民的综合素质，应让农民了解乡村振兴过程中自己的权利和义务，使他们具备一定的民主参与意识和主体责任意识，突出在乡村振兴中的主人翁地位尤为关键。当然，在城市过密化、乡村过疏化的大背景下，我们只通过提高为所剩不多的村民积极性是远远不够的。我们有必要积极回流优秀的乡村精英——"返乡者"②。这些"返乡者"不仅熟悉县城地域，也了解自己的乡土文化，能在城乡互动中起到积极的推动作用。由此，我们应积极培育和引进这些优秀的乡村精英，重构城乡网络系统，促进乡村的内生式发展，从而实现县域城乡的互动和交流。

(三) 以农村三产融合发展助推乡村全面振兴

事实上，在县域社会中乡村长期处于弱势地位，如何全面提升县域城乡融合发展进程，关键在于乡村尽快实现全面振兴与城市进行平等互动和交流。我国通过颁布《关于推进农村一二三产业融合发展的指导意见》，探索出产业融合发展的新途径，已成为现代农业发展的重要趋势，农村三产融合发展取得了显著的成绩。但民族地区县域农业农村仍存在较多需要提升的现实困境，如产业融合发展程度较低、农业科技创新能力不够强、农民适应生产力发展和市场竞争的能力不足等一系列问题。乡村振兴的基础在产业兴旺，产业兴旺的出路在三产融合发展③。我们应在国家宏观政策的引导下，结合各县域的实际情况，帮助农民树立三产有机融合的发展理念，扶持打造辐射力强的乡村产业，建立现代农业产业综合体系，引领农业转型升级和发展。首先，三产融合发展的关键在于城乡间各要素的融合，应通过农业与文化、教育、体验、信息等多方面进行有机地融合，打造一批富有地域特色、乡土文化、生态环保的乡村振兴项目，为农业农村发展添砖加瓦。其次，应加强科技研发和原创性成果突破，开发具有竞争力的特色优质农产品，以科技支撑助力农业农村特色产业提质增效，增加附加值，带动全产业链提档升级④。最后，加强三产融合发展的复合型经营人才的培育，引入高素质的新型农业经营主体，邀请专业人士进行指导，解决农业三产融合发展的人才瓶颈，进而保障三产融合发展的持续健康发展，助力乡村振兴。

---

① 西川润、林燕：《内发式发展的理论与政策》，《宁夏社会科学》2004年第5期。
② 田毅鹏：《乡村振兴中的城乡交流类型及其限制》，《社会科学战线》2019年第11期。
③ 孔祥利、夏金梅：《乡村振兴战略与农村三产融合发展的价值逻辑关联及协同路径选择》，《西北大学学报(哲学社会科学版)》2019年第2期。
④ 严瑾：《日本的六次产业发展及其对我国乡村振兴的启示》，《华中农业大学学报(社会科学版)》2021年第5期。

中俄口岸"打包商":一个迁移群体的社会网络与商业实践
——基于满洲里的田野调查

孙晓晨[*]

摘　要：满洲里市作为中国最大陆路口岸城市，一直是中俄两国陆上物资运输、边境贸易的重要通道。中俄口岸恢复互市后，边境贸易的兴隆催生出一个专门从事中俄民间小宗贸易运输服务的群体——"打包商"。通过对这一特殊群体的人类学观察，特别是对其异乡生活的深度描述，分析其缘起、迁移缘由、社会关系、经营特点，进而探讨在社会变迁的国际与时代背景下，这一民间性、商业性迁移群体，是如何基于原有血缘与地缘关系，得以重构社会关系网络的谋生之道。

关键词：中俄口岸；打包商；社会网络；边贸活动

边境口岸是在国家主权和领土完整不受侵犯前提下，在国家边境设立的供人货通行的通道。它历来是各种物品、人员等交汇流通的聚集地，也是商人群体淘金的首选地之一。满洲里口岸地处于中俄蒙三角地带，北接俄罗斯，西邻蒙古国，是中国沿边口岸中唯一的公、铁、空三位一体的国际口岸，承担着中俄贸易65%以上的陆路运输任务[①]。截止到2019年，口岸边境小额贸易进出口总计76.8亿元，占35.9%[②]。20世纪90年代初，中俄口岸恢复互市后，中俄之间较强的经济互补性，不断吸引各地商人前来淘金。随着民间边境贸易的迅速发展，特别是商客对物流运输服务的迫切需求，也催生出一个专门从事"通关""清关"等服务的特殊群体"打包商"及其行业"打包房"。为了考察"打包商"这一群体的缘起、迁移缘由、社会关系、经营特点，进而探讨在社会变迁的国际与时代背景

---

[*] 孙晓晨，中国社会科学院中国边疆研究所博士后，主要从事民族社会与区域文化研究。
[①] 此数据引自《满洲里海关志》1999年数据。
[②] 此数据引自《满洲里市统计年鉴》2019年数据。

下，这一民间性、商业性迁移群体①，是如何基于原有血缘、地缘关系，得以重构社会关系网络的谋生之道。笔者于2019年春至2020年秋，先后两次赴满洲里市，通过参与观察、深度访谈等方式，对从事中俄民间小宗贸易运输服务的"打包商"群体进行了为期两个月的实地调研，下面拟就上述相关问题试作讨论，不妥之处，敬请批评指正。

一、边境口岸与商业性迁移群体

(一) 边贸互市

满洲里市地处内蒙古自治区东北部、呼伦贝尔草原西部，北邻俄罗斯联邦的后贝加尔边疆，西靠蒙古国的东方省。历史上，这里曾是连通欧亚、进行经贸往来的重要商埠②。近代以来，随着中东铁路修建、清政府将满洲里开辟为商埠，全国各地商人与俄罗斯商人、蒙古商人在此展开物品交易和文化交流。至20世纪20年代末，满洲里已发展成商业发达、门类较为齐全的口岸城市。20世纪30年代起，受日本反动统治及其消极经济政策影响，商贸活动日渐萧条，除了几家外国人(特别是日本人)开的商店外，多数是一些小摊贩和旅蒙商。

1949年中华人民共和国成立以后，满洲里市成为中国东北地区重要陆路口岸城市，承担起国际物资换装、输送的任务。1958年中苏关系恶化后，中苏两国的物资运输、边境贸易等活动被迫中止。后随着中苏关系逐渐实现正常化，特别是20世纪90年代初，俄罗斯处于一个政治经济转型期，政府试图推行"休克疗法"改革，结果导致经济衰退、物价飞涨。加之，由于俄罗斯国内轻工业薄弱，一些基本的日用物品供应难以保障。比较而言，中国轻工业较为发达，且商品价廉物美，彼此间经济上具有较强的互补性。因此，1988年，满洲里市被国务院列为经济体制改革开放试验区，成为对俄贸易的重要陆路通道，并逐步恢复互市，正是这一形势下的产物。

(二) "打包商"缘起

恢复互市伊始，各地百姓发现边境贸易的巨大商机，纷纷拥入满洲里市从事对俄商贸

---

① 人口迁移是指改变户籍登记地并跨越一定地区(地界)的人口移动行为；而迁移人口是指随着居住地变化，户籍也随之变动的人口；人口流动是指人们超过一定时间长度、跨越一定空间范围、没有相应户口变动的空间位移过程。据笔者了解，打包商群体中大多数人已长时间离开迁出地且已成为城镇户口，因而称其为迁移人口。同时，由于他们因从事各种劳务活动或商业贸易活动，离开户口登记地，即外出务工经商，在这里笔者姑且称之为商业性迁移群体。有关人口迁移与流动的概念参看《中国大百科全书·社会学》《中国大百科全书·地理学》《人口地理学》以及《人口学词典》等相关工具类书籍中有关人口流动与人口迁移解释；参考葛剑雄、段成荣、杨菊花对人口迁移、流动相关思考。

② 据《满洲里市志》载，1884年，霍尔津布拉克(满洲里旧称)以北的小原山东坡出现了最早的边境贸易，来自山西、山东、直隶等地的商人始与俄国人、鞑靼人进行以货易货的小额季节性贸易，并携带糖、茶、布匹等日常生活用品与当地游牧民进行交易。

活动。他们利用中俄两国的差异,从事服装、汽配、木材等行业,像"罐头换飞机,挣了一个亿"①"一件皮大衣,卖到俄罗斯去赚10倍"等"新闻"在边贸商人群体中不胫而走。巨大商机带来的高额利润,不但吸引越来越多的淘金者北上,也催生了一个专门提供装卸、包装、仓储、通关、物流等一体化服务的对俄贸易行业"打包房"及其从业者"打包商"。

  个案1:李某,男,汉族,齐齐哈尔人,48岁。1993年左右,李某从老家过来投奔做服装生意的亲戚。头两年(1993年至1995年),远东地区的俄罗斯人成群结队拥入满洲里市。当时,公路上随处可见俄罗斯牌照的车辆,市场里挤满正在购物的俄籍客人。

  李某的从商经历,可以说是满洲里市"打包商"群体的缩影。中俄两国恢复边境贸易伊始,活跃在口岸城市的"打包商"遂利用俄罗斯海关有关入境人员可以免税携带50公斤物品的规定,凭借"人力"以"灰色通关"②方式从事百货等生活物品交易——将各种物品(主要为服装、鞋帽)通过拎包、穿戴的办法运至俄罗斯境内以赚取运输费用。这样,不少人通过"拼缝"③赚取了第一桶金,并为接下来业务规模的不断扩大,打下物质基础。

(三)迁移原因分析

  "人离乡贱,物离乡贵"。众所周知,传统小农社会,人们安土重迁,非不得已不离乡。人们选择远离家乡,来到遥远的口岸城市谋生,大抵出于以下几种情况。

  第一,来自原住地的推力。据了解,"打包商"主要来自河南省、山西省、黑龙江省等省份有迁徙历史传统且习于农耕的乡村。就迁出地而言,有的地方土地资源稀少、人地矛盾尖锐;有的地方气候条件恶劣,不利于农业生产。迁移者在原住地一般从事简单的农业生产,这类生产活动受自然条件影响较大,遇到天灾时,往往损失严重,且务农带来的收入不足以养活自己的家庭。

  第二,满洲里市独特的地理位置、中俄边贸的兴起、巨大商机带来高额利润等因素都是吸引淘金者的拉力。历史上,这里是中俄两国商贸往来的必经之地,边贸历史悠久。20世纪90年代初,中俄开放边境贸易伊始,满洲里市就成为人们的淘金之地。交易中,由于双方信息的不对称性,俄罗斯客商大多对中国物价不甚明了,且对中文、汉语一知半

---

① 牟其中,男,1941年生,汉族,四川万县(今重庆市万州区)人。1988年左右,牟氏利用两国物价差异以及两国经济互补性强等特点,通过以货易货的方式,购进4架图-154飞机。单此一笔,牟即净赚一个亿。此事引起巨大反响,成为当时中俄边贸奇闻,也吸引了更多淘金者北上逐梦。
② 20世纪90年代以后,中俄两国口岸城市流行的一种通关贸易形式,通常通过"包机包税"或"包车包税"等形式,以低于法定水平的关税进入俄罗斯市场。
③ 拼缝,也叫"帮帮干",指手里没有实货的中间商人或经纪人帮忙找买家和卖家,以此收取服务费或手续费。

解,因此中方商人往往可以通过"拼缝"牟取暴利。

第三,受经商意识和外迁文化的传统影响。有学者[①]对北京温州商人群体进行过深入调查,在谈到是什么样的文化和经济条件,使人们源源不断地自农村流入都市并取得成功时,认为有必要追溯其企业家精神的历史和文化根源,即正是这种精神滋养了他们向外迁移与商业活动。由此而言,淘金者通常也会受到传统地方文化的影响。譬如,很多齐齐哈尔籍"打包商"是"闯关东"者的后代。他们从小便听父辈讲述如何离开家乡来到东北做买卖的故事,外迁及商业意识根深蒂固。晋商对俄贸易历史悠久,曾创造中俄"茶马古道"的贸易成就,当下山西籍商人自然受到这种"向外迁徙的文化传统"影响。加之,很多人有外出经商的经历,认为外出闯荡是件"再正常不过的事"。当然,"打包商"能走出去,还有一种原因,就是不甘于被束缚在土地上,渴望通过自身努力来改变自己的命运以及改善家庭生活条件。

第四,迁移者能离开家乡来到陌生地方谋生,既需要勇气,更需要他人来带动。从"打包商"的生活阅历来看,家族、亲戚朋友形成的社会网络是其迁移的重要条件。开始,家庭中比较有能力的人外出经商谋生,有所成后,通常会将自己的家人一起带来。进而,以亲带亲,以友托友,亲戚、朋友纷纷前来投奔,或学徒或做帮手,待积累一定的经验和资金后,就会另立门户,分开单干。由此,形成了一个个相对独立而又彼此依存关联的群体网络,每个人都是这个群体中利益攸关的个体,而且借助于这种关系网络,可在一定程度上应对和防范可能的商业风险,维护大家的商业利益。

二、社会网络与打包生意的创立、发展(1992—2008)

(一)家族式经营模式

1992年至1998年是打包行业从初创到迅速发展的阶段。这一时期,中俄两国对民间的各种物资、人员流动持积极态度。在国内,"下海经商""出国创业"潮流席卷而来,一批批有头脑的淘金者抓住中俄物价差异、边境贸易方兴未艾等机遇,来到满洲里市从事对俄边贸活动。

> 个案2:赵某,男,汉族,山西吕梁人,51岁。1992年高中毕业后,赵某与三哥从老家跑来投奔舅舅,给舅舅段某(汽配店)打工。一次偶然机会,赵某发现了"打包""发包"的商机,遂在舅舅帮助下,赵某与三哥合伙开了一家打包房,凭借为俄罗斯客商"拎包通关",赚钱养家。

[①] 张鹏:《城市里的陌生人——中国流动人口的空间、权力与社会网络的重构》,南京:江苏出版社,2014年,第51页。

与很多"打包商"的经历一样。最初，打包房只有赵某和三哥两个店员，是典型的家族经营模式。根据各自的优长、特点，兄弟两个自然分工，各自承担相应的活计。赵某会讲些俄语，负责外出招揽客源以及与俄籍客户谈生意。三哥学过几年会计，留在店里打理财务。完成一单生意的流程较为简单：赵某先与客户谈好价格，口头达成协议后，两个人将俄籍客户的货物打成包裹。接着，两个人拎着包搭上往来于"满洲里—后贝加尔斯克"的巴士，凭借"人力"来回中俄两地搬运货物以赚取"跑腿费"。由于俄罗斯商品对中国人同样具有极大的吸引力，在满洲里市具有广大的市场，所以他们也会从俄罗斯买一些商品带回来经销。因为"来回跑关，身体吃不消，又省不了多少钱"，赵某便将仍在老家务农的两个表亲弟弟带到身边，负责装卸货物和日常跑关的活计。赵某和三哥等几个人平时吃住在店里，通常他们是以家人身份相处，彼此间有较强的信任感和内聚性。

在实际经营中，筹措资金、客户来源、贸易活动都离不开家人支持和亲戚帮忙。首先，客户群主要是由亲朋好友介绍而来。20世纪90年代恢复口岸贸易后，中俄两国口岸城市兴起"一日游""三日游"等以旅游促购物的民间边贸形式，来往于满洲里市购物的俄罗斯客商，成了打包房潜在的客户群。据赵某回忆："绝大多数俄罗斯客商是由舅舅段某直接或间接从中帮忙介绍的，有的是段某家的常客，有的则是段某朋友帮忙搭线认识的。"其次，通关过货时，"打包商"会遇到俄罗斯海关方面随机抽查，特别是由于自身通关手续多不完善，时常会导致货物被扣压。加之，与俄籍客户交往时，偶或遇到对方临时毁约、拖欠尾款等不利情况。"但凡遇到这些问题，家里的小辈一定会找舅舅帮忙。因为舅舅来得早，积累了很多人脉，有一定的门路"。无疑，最早来满洲里市淘金的迁移者在生意拓展过程中，积累了较多的人脉和社会经验，故能够通过双方可接受的方式达成合意。

据了解，以赵某为首的第一代"打包商"，多为只身一人来满洲里市打拼，妻子和孩子则留在老家务农。由此，形成"男性外出，女性留守"的家庭生活模式。这样，部分成员外出务工可以增加家庭的收入，留在家中的其他家庭成员既承担农耕、教养子女等责任，又分担了外出务工的不确定性所带来的风险，不至于使家庭陷入危机中。

中俄边贸开埠初期，尽管"打包"行业存在"灰色通关"等不规范行为，但某种意义上，对于促进中俄两国边民，特别是民间交流具有一定的作用。首先，中方商人通过边贸，实现了从农村到城市的跨越。他们创造的所谓"百万富翁""亿万富翁"之奇闻，带动和刺激了不少年轻人外出闯荡，某种程度上解决了社会转型期农村剩余劳动力的转移。其次，俄方商人将大量中国商品带到俄罗斯国内，也为当地民众提供了物品多样、价格低廉的日常生活用品，同时边贸活动促进了彼此文化的交流互动，越来越多的俄罗斯人通过购买中国商品了解到中国的文化、风俗，而俄罗斯文化也通过边贸活动介绍到中国。最后，中俄口岸边贸活动的兴起，使不同地区的民族文化的汇集、碰撞、交流，不但推动当地经济发展，也让满洲里市成为一座文化更加多彩的城市，20世纪90年代的一句宣传口号"内地游客感觉'出国'，俄罗斯客人像'回家'"，生动地反映了中俄两国经济、文化交流的密切程度。

(二) 血缘、地缘关系与商贸活动扩展

进入21世纪，随着国务院将满洲里市定为国家重点建设和优先发展的陆路口岸城市，便利的交通、优惠的政策以及中俄互贸区投入运营等因素，从而吸引越来越多俄罗斯远东地区居民前来购物和娱乐。因而，小型家庭作坊已远不能满足客户日益扩大的货物运输需求，于是不得不整合同乡、朋友等社会关系来适应这一变化了的新情况。

>个案3：刘某，男，汉族，河南商丘人，42岁。20世纪90年代中期，刘某只身一人从老家投奔做跑关生意的小姨。起初，刘某开了几年客车。积攒一定积蓄后，他便开了一家打包房。生意刚起步时，刘某既是老板又是伙计，从联系客户、装卸到通关都是自己一手负责。随着生意越来越好，表弟、妻弟以及朋友纷纷前来投奔赵某。

运营模式上，则由同一家庭成员间的配合，转向家族中家庭间的协作，最终形成一个以老板家庭为核心，按照亲疏关系组成的"差序格局"：刘某负责协调总体运行、联络客户等核心事务，妻子掌管着财务，表弟和妻弟统筹货物装卸、运输等，表弟媳负责打理打包房后勤事务，雇佣的几个同乡则负责装卸、打包等具体工作。在实际工作中，打包房并没有形成具体的奖惩、考勤等制度规定，老板与雇工之间通常以老家原有的"关系"互相称谓。在这种"家里人"氛围下，大家对老板一家往往抱有浓厚的信任感和亲切感。生活上，几个家庭结成"互惠互助"的松散共同体。饮食和日常开销统一从打包房的盈利中支出，由刘某的妻子总体负责，表弟媳协助管理，其他费用各家自行承担。家族的下一代通常就读同一所学校，由几个家庭轮流派人接送。与前一阶段不同，女性成员开始参与到打包生意中。她们除了承担打包生意上的部分工作，还自觉负责了几个家庭的日常生活琐事。但是，由于打包生意的家族性，让妇女在家庭中进行的工作很容易被看作"自然的"、女性化的、私人的，被认为仅是家务的一种延伸。

经营环节上，随着中俄两国日渐严格的对"灰色通关"等不规范行为的整治，"打包商"不再自己冒险"跑关"，转而雇佣俄籍"团长"[①]跑关。"团长"主要来自满洲里市接壤的俄罗斯远东地区。以刘某打包房为例，俄籍"团长"来源有两个，一是由在俄罗斯做生意的朋友介绍而来，二是刘某过往相识的俄籍客车司机。通关时，刘某事先与俄籍团长谈好通关过货的价格，工资按货物重量当天结算。然后，根据货物多少，俄籍团长会雇佣一定数量的工人，组成一个"旅游团"，以"旅游"的名义往返中俄两地，通过客车运输货物。由于彼此间文化差异较大，特别是语言不通，刘某也时常会遇到对方没有按时送货或送错地方等沟通不畅造成的一些问题。随着彼此间的相互了解和信任，双方间的合作关系不断深化，经俄籍团长介绍的俄籍客户也越来越多。

---

① 团长，一般是对旅游团负责人的称呼，但在打包行业中专指负责通关的俄籍"包工头"。

借助血缘、地缘关系形成的社会网络，"打包商"的生意多有起色，生活也不但改善。生意上的利好消息反馈家乡，从而吸引越来越多的亲友、同乡告别故土，踏上北上淘金之路，由此形成"老家—满洲里"的迁移轨迹。毫无疑问，打包行业的发展对边境贸易增长和中俄两国民间文化互动具有积极的影响，但其本身的局限性也是显而易见的。

三、时代大潮下的风险、挑战及对策（2008—）

打包房在中俄两国民间贸易中扮演着"国际快递"的角色，但"灰色通关"的获利方式，注定其阶段性和不可持续性特点。对"打包商"来说，2008年是打包行业由盛转衰的分水岭。此后，各种风险与挑战纷至沓来。

(一)风险与挑战

宏观层面。由于"打包商"主要贸易对象是俄罗斯客商，其生意自然受中俄两国发展形势和两国海关政策的影响。2008年，由美国次贷危机引起的全球经济危机对俄罗斯产生巨大冲击，俄罗斯国内很多实体产业受到影响，民众收入减少，消费能力下降。随后的两次卢布贬值（2008年、2014年）更使俄罗斯经济遭受重创，俄罗斯客商购买力也大打折扣。2009年起，俄罗斯海关先后两次下调出境人员随身携带物品的重量，并颁布各种措施以严厉打击走私、偷税漏税等现象，上述种种也直接影响到打包商的生意。

中观层面。从2016年起，作为"一带一路"重要项目之一的中欧班列陆续开通，其中东线通道即由我国东南沿海及东北地区经满洲里口岸出入境。在国家口岸管理办公室积极倡导下，沿线国家均给予通关过检手续简化、运输及服务费用优惠等措施。首先，由于"打包商"利润空间主要在于通关过货的"差价"，因此，各种优惠政策的出台，无疑大大压缩"打包商"的利润空间。其次，为吸引更多俄罗斯商客，满洲里市政府在中俄互贸区内设立"俄罗斯人商城"作为交易场所。于是，部分俄罗斯人抓住机遇，在"商城"直接开设打包房，并借助利用自身优势，迅速抢占打包市场，更是直接挤压"打包商"的生存空间。

微观层面。迄今，打包房经营业务已是大同小异，同质化严重，客户群多有重叠，打包行业已呈饱和状态。在全球化、信息化时代，整个行业"内卷化"[①]加剧。因此，打包行业被正规化、现代化的物流形式取而代之已成历史必然。

(二)应对之策

作为特殊时期催生的特色行业，某种程度上而言，它是中俄口岸边贸发展史的缩影。就目前的情况来看，已有"打包商"因无法应对各种危机，选择回乡发展。这类打包商多

---

① "内卷化"概念，最初由美籍学者黄宗智提出，主要是指一种社会或文化模式在某一发展阶段达到一种确定的形式后，便停滞不前或无法转化为另一种高级模式的现象。

规模较小、资金链不充足，缺乏足够的人际关系支持。也有"打包商"流转资金充裕，通过同乡或朋友等信息网络，在行业危机来临前，迅速转型，投资其他产业。这类人通常是第一批来满洲里市的淘金者，多能根据过往的经验，对行业发展的态势提前作出预判，从而摆脱危机。时移势易，"打包商"固化的贸易活动方式与时代的发展已是格格不入。他们欲存在下去并继续发展，需要以新的姿态或模式，积极融入"一带一路"倡议下国家主导的时代大潮中。

1. 家族生意适时转型

在满洲里市，绝大多数打包房以家庭为单位开展经营活动，他们通过"灰关"谋取的利润可能是全家人主要生活来源，要让"打包商"立刻改变通关方式是不现实的。基于本地实际情况，满洲里市政府推出一系列针对小微型企业开展边贸活动的措施，如简化通关手续、降低通关手续费用以及跨境小额结算退税等，政府积极引导打包行业"正规化"转型，"打包商"也积极调整经营策略以适应时代发展。

首先，通关方式从"灰关"转为"半白半灰"。大部分"打包商"开始以正规报关报检方式通关过货。据刘某讲："虽然利润相较过去少了些，但不用因'不正规通关'担心受怕，自己也能睡个好觉了。"其次，贸易对象扩大。过去，"打包房"主要客户群是俄籍客商。2008年之后，他们把目光放到俄罗斯远东地区的华商身上。华商主要从事服装、鞋帽等行业，需从中国频繁进货。自中俄两国严厉整顿"灰色通关"后，如何花最少的钱将货物运抵俄罗斯往往是华商首要考虑的问题。在亲戚、同乡介绍下，"打包商"与在俄华商取得联系并达成合作协议，为俄罗斯远东地区的华商提供正规"通关""清关"服务。其所需打包费用不但与"灰关"时期相差无几，而且运输过程更加安全、高效，这保证了在俄华商能在第一时间收到货物。最后，经营范围变化。部分"打包商"凭借庞大的血缘、地缘关系网，依托家族、同乡组成"互助"资金链，联合成立"国际物流运输公司"，成功搭上"一带一路"顺风车。以河南籍"打包商"为例，刘某等几人于2016年正式注册成立物流公司。在满洲里市政府各种优惠政策支持下，他们建立"国际仓库"，成立"物流产业园"，为国内外客户提供仓储、物流、通关、装卸、包装、过磅、加工等对俄贸易一站式综合服务。此外，他们以满洲里市为大本营，积极开拓俄罗斯物流业务。依托"一带一路"相关协议，刘某妻弟与同乡来到俄罗斯赤塔州开设分店，积极抢占在俄物流运输业务。

2. 行业"互助"联盟的形成

从贸易对象来看，"打包商"主要服务于以中小宗贸易为主的商客。跨境电商兴起后，满洲里市政府积极推动口岸跨境贸易及物流服务。像顺丰、京东、天猫等公司纷纷入驻满洲里市，推出针对小微型企业中小宗物流业务。大型公司参与到中小宗物流市场中，导致"打包商"生存空间一再被压缩，这促使他们"为了排斥异己，独占市场，保护同行利益，以业权为基础，以习惯法和家族单位为依托而主动组织起来"，结成行业"利益"共同体，以应对日益激烈的市场竞争。

过去，"打包商"零散分散在"三道街""四道街"和"五道街"等不同地方。2008

年以后，他们逐渐聚居于湖滨花园、富豪城①，形成一个嵌入式聚居空间。这种居处方式打破过去那种完全依赖地缘和血缘关系的局面，促使来自不同省籍的"打包商"彼此交往、互动和交流，最终形成一种利益关系而团结起来共同应对各种可能的风险或挑战。从另种角度而言，行业间的联合，也使得单一"打包商"有了更加广阔的关系网和雄厚的资金链。

为与大型公司相抗衡，在齐齐哈尔籍"打包商"张某②积极奔走下，松散的"打包商"逐渐团结起来，他们共同制定打包行业的规章制度、互助条例等，打包商也不再像过去那样只顾及家族生意，开始考虑行业的整体利益和发展方向。为优化生存环境，以张某为首的"打包商"积极向政府反映行业生存现状与发展困境。在"打包商"共同努力下，市政府推出一系列针对中微型企业中小宗贸易的措施，如，减免通关费用、简化报关报检手续、推出跨境结算业务等等。有了政府的支持，"打包商"利用由血缘、亲缘及地缘关系逐渐向外推开的传统关系网络优势，积极展开两国多地贸易活动，以巩固自己在中小宗对外贸易的优势地位。

四、结　语

历史上看，边境口岸一直是不同国家、地区之间交往的主要途径和纽带。这里往往会成为多民族、多元文化交汇之处，亦是不同群体往来贸易的聚集地。作为"北路贸易"必经之地，满洲里市在中东铁路开通后，遂成为北方边疆地区重要的文化交流、商品交换之地，"旅蒙商""旅俄商"来此进行各种贸易活动。改革开放以来，满洲里市因其特殊的地理位置和边贸历史传统，再度吸引了包括"打包商"在内的商业性迁移群体，通过"先夫后妻再子女，或先个人后全家"的迁移方式，陆续踏上北上淘金之路。无疑，从其生活史观察，"打包商"具有民间性、家族性、时代性和局限性等显著特点。首先，"打包商"是20世纪90年代中俄通关互市特殊时期的产物，具有鲜明的时代性。当时，上至政府官员，下到普通工人，均参与到中俄边贸活动中来。他们利用中俄两国经济互补、物价差较大等机遇，通过"灰关"在口岸来回"倒包"以获取巨额利润，从而实现了从乡村到城市、从贫而富的跨越。应该承认，互市初期，"打包商"在中俄两国物品流通、人员沟通方面发挥了重要作用，对促进满洲里市当地社会经济的发展也有一定的贡献。其次，"打包商"的家族性，充分体现在迁移、生产、生活的各个方面，家庭、扩大家庭是其商业扩张的基本单位或平台。当初，商人依靠血缘关系迁移到满洲里口岸并开展经营活动，后随着生意不断做大，地缘关系便成为他们寻求客户群、筹措资金、雇佣工人等经济活动的主要手段。可以说，利用血缘与地缘关系共同形成的社会网络，不但使他们在迁入

---

① 从地理位置上来说，这两个地方距离俄罗斯人经常光顾的北方市场、旺泉广场和世纪广场等地方较近，方便他们招揽客户和运输货物；对外出租的商铺面积较大、带有地下仓库。
② 张某及其家族成员均在满洲里市从事打包生意，他们迁来时间较早，生意做得很大，结识的朋友也多，所以大家对他为人处世比较认可。

地站稳了脚跟，也为后来者继续迁移北上提供了条件和保障。最后，时移势易，行业本身的不规范、不正规性，也使得打包生意越来越跟不上时代的节奏。随着中俄两国整顿海关、取缔"灰色清关"，以及中欧班列、跨境物流的兴起，民间打包生意日渐萎缩，内卷化程度严重，因此其转型也就成了历史的必然。某种意义而言，新时代，"打包商"或许只有基于原有社会关系网络，通过重构自身与社会的互动关系，积极融入"一带一路"倡议的伟大实践中，才能与时俱进而不会为时代所抛弃。

·生态、文化与社会变迁研究·

从神圣权威到文化符号：社会转型背景下的鄂伦春族萨满身份变迁

倪卓 郭跃

摘 要：下山定居开启了鄂伦春族与其他民族的全面交往，实现了更大范围的现代社会融入。此过程中，长期伴随鄂伦春族社会演进的萨满文化相应发生了变迁。透过萨满文化变迁，有助于理解鄂伦春族从传统社会向现代社会转型中的自我调适，理解其社会文化转型与文化自信样态，理解其当今的族群意识与身份认同。本文基于田野工作，尤其是"最后的萨满"关扣妮的个人生活史，回溯鄂伦春族传统社会中的萨满文化及其社会意义，借助"嵌入—脱嵌—重嵌"的研究范式，梳理定居以来诸社会历史事件共同作用下的鄂伦春族萨满身份重塑，捋顺鄂伦春族萨满文化变迁历程，明确当今鄂伦春族萨满的社会角色及其功能，为理解少数民族传统精英阶层原有职能、地位的显著转变提供参考，探索现代性背景下各民族深化文化自觉意识的动力源泉。

关键词：鄂伦春族；萨满；神圣权威；文化符号；传统精英

一、问题的提出

鄂伦春族曾长期游猎于今西伯利亚地区及中国大兴安岭一带。新中国成立之后，"政府打破了家族、民族的界限，把人们按照阶级和利益重新组织起来，使人们牢固地归属于行政组织"[1]，在党和政府的引导下，中国境内鄂伦春族于1953年实现了在内蒙古自治区和黑龙江省的整族下山定居，开启了跨越式发展。与此同时，鄂伦春族也不断调整着对自我民族身份、公民身份、社会身份的认识，从一个相对独立生活的族群，逐渐融入到中华

---

* 本文系吉林省教育厅科研项目（JJKH20230600SK）、延边大学博士科研启动项目（2021XSKBS13）阶段性成果。
** 倪卓，延边大学人文社会科学学院社会学系讲师，研究方向为民族文化与社会发展、族际互动与社会文化变迁。
郭跃，中央民族大学中国史师资博士后，研究方向为东北地区民族文化变迁、中华民族交往交流交融史。
[1] Jay Taylor. The Rise and Fall of Totalitarianism in the Twentieth Century[M]. New York：Paragon House Publishers，1993，73-74.

民族共同体，成为中国 56 个民族之一。鄂伦春族正式开始了与其他民族在社会文化等领域展开了不同程度的互动往来，不断处理着传统惯习、民间习俗、行为方式与现代生活、现代科学理念、信息化社会等"自我"与"他者"之间的关系。

随着各民族之间互动往来的频繁与深入，鄂伦春族社会出现了越来越多现代化社会文化要素，民族语言、传统文化等符号性特征在日常生活逐渐淡化，即便在民族内部也逐渐边缘化，引发了很多民族内部知识分子[①]对本民族文化能否继续承继表示担忧。到 2020 年，第七次全国人口普查数据显示，鄂伦春族人口数已经达到 9168 人，主要居住在黑龙江省"一镇五乡八村"[②]、内蒙古自治区鄂伦春自治旗、内蒙古自治区南木鄂伦春族乡。而早在 2010 年第六次全国人口普查时鄂伦春族的族际通婚率便已经达到 88.63%[③]，成为 56 个民族族际通婚率最高者。

随着鄂伦春族社会不断转型，在由传统游猎生活逐渐过渡到适应习惯了现代定居生活的过程中，一些对现代社会接受程度较高、积极主动尝试向现代社会融入的中青年鄂伦春族，不断调整着对于自己民族身份的理解。"族群边界通过一整套有限的文化特质来维持"，族群的"维持依赖的是文化差异的持续存在"[④]。当现代性的影响不断深化，鄂伦春族文化自信、自觉意识的根源性因素发生转变，文化与身份的关系渐趋疏离之时，其应当以怎样的精神世界、族群意识与他者展开进一步的互动，如何深化自觉意识、明确自我认同，使鄂伦春族的"文化基因"得以传续，实属关键。

对于这一思考，费孝通曾于 20 世纪末的一次与鄂伦春族学者的交谈中提出保人与保文化的命题，认为："保文化就是保命，保住人也才会有文化，因为文化是人创造的，它是保命的工具。所以一切要以人为本，才能得到繁荣和发展。"[⑤] 从新中国的第四次到第七次全国人口普查数据来看，鄂伦春族人口数量总体稳定，且有小幅增长，保"人"取得了一定成效。在保"人"的过程中，尤其是在与其他民族互动往来的过程中，面临了一系列现代发展困境，表面看似是对其传统生计模式、生产生活、思维方式、行为规范的挑

---

① 如：吴雅芝的《最后的传说：鄂伦春族文化研究》(2006)、白兰的《文化中的生态：鄂伦春族、鄂温克族的生存智慧和挑战》(2015)、刘晓春和关小云的《鄂伦春非遗项目及传承研究》(2018)等研究中，都表示人口较少民族的传统文化在主流文化面前表现出后继乏人的问题，亟须通过多种方式予以保护。
② "一镇五乡八村"："一镇"即伊春市嘉荫县乌拉嘎镇；"五乡"即大兴安岭地区呼玛县白银纳鄂伦春民族乡、大兴安岭地区塔河县十八站鄂伦春民族乡、黑河市爱辉区新生鄂伦春民族乡、黑河市逊克县新鄂鄂伦春民族乡、黑河市逊克县新兴鄂伦春民族乡；"八村"即大兴安岭地区呼玛县白银纳鄂伦春民族乡白银纳村、大兴安岭地区塔河县十八站鄂伦春民族乡十八站鄂族新村、黑河市爱辉区新生鄂伦春民族乡新生村、黑河市逊克县新鄂鄂伦春民族乡新鄂村、黑河市逊克县新兴鄂伦春民族乡新兴村、伊春市嘉荫县乌拉嘎镇胜利村、大兴安岭地区嫩江县联兴乡哈什太村、大兴安岭地区漠河县北极镇鄂伦春民族村。
③ 数据源于笔者对第六次全国人口普查数据的整理。
④ [Norway]Fredrik Barth, " Ethnic Groups and Boundaries: The Social Organization of Culture Difference". (Little Brown and Company, 1969: 38.)
⑤ 费孝通：《民族生存与发展——在中国第六届社会学人类学高级研讨班开幕式上的即兴讲演》，《西北民族研究》2002 年第 1 期。

战。但"族群性是一种文化建构,其建构材料也具有文化性"①,受到挑战的恰恰是建构"何为鄂伦春族"的文化性材料,直接影响着鄂伦春族文化自信样态的调整、身份认同意识及根源于因素的转变。就此,将传统与现代关系博弈中焦点之一、曾处于传统精英阶层的萨满文化作为切入点,有助于探寻鄂伦春族内部传统精英阶层的原有职能与地位的显著变化与身份认同、文化自觉意识之间的紧密关联,为理解民族文化变迁、认同意识转变提供新的视角。

对于文化变迁的研究在人类学、民族学领域由来已久,诸多流派与观点或从历时性角度或从共时性角度或从互动角度对文化变迁给予了不同解读。随着文化变迁研究广度与深度的扩展,布尔迪厄(Pierre Bourdieu,1980)在书中提出一种观点,即"不是去发现文化变迁的断裂性和因果理念,而是在不同的社会和文化的场域(fields)当中寻找场域本身再生产和互动的机制(agency),不是去切割历史,而是在社会的具体事项中与人的实践(practice)中找到我们的世界观和行为间的沟通点"②。同时,国内民族学研究者在探索民族研究认识论转向与民族学知识体系重构中,提出当下的民族研究应当"建立关系主义的认知模式",毕竟"任何事物都存在于特定的过程和相互作用的关系之中,对象无非是处于关系网上的'纽结',其性质只有在关系之中才能呈现,关系的变动改变着事物的性质"③。在此基础上,笔者将民族文化变迁理解为社会转型进程中各民族互动往来中不断吸收"他者"文化、调整"自我"文化的过程。

自2017年起,笔者先后前往鄂伦春族集中生活的黑龙江省"一镇五乡八村"及内蒙古自治区鄂伦春自治旗、南木鄂伦春族乡开展田野工作,通过聚焦现代化进程中各民族互动往来背景下的鄂伦春族社会演进历程,关注鄂伦春族日常生活场域转换中的萨满变迁,以族际交往、文化互鉴中呈现的萨满功能转变与身份重塑作为主线进行讨论。力图借鉴吉登斯有关嵌入、脱域等理论,以"嵌入—脱嵌—重嵌"为研究范式。吉登斯对于嵌入、脱域等理论的提出与讨论,为从关系主义的角度出发,基于时空过程的延伸,理解文化系统与社会系统等之间的张力提供了启迪。但本文提到的"嵌入""脱嵌""重嵌"等概念,与吉登斯等人概念不完全一样。吉登斯所提及的脱嵌是基于自我与社会的关系研究中提出,意指行动者突破时空限制,从原有的场域中挣脱出来以重新进入新的场域。本文中所提到的"嵌入""脱嵌""重嵌"等概念,除了有前述这一层含义之外,还有另一层含义,即从结构功能主义角度出发,将人类社会文化的各个组成部分视为一个相互作用的整体,正是如此,才有了因社会文化各部分与整体的关系因结构调整而使其功能发生变化,导向维持社会整体平衡平稳运行的状态。这有利于理解现代性影响下的鄂伦春族社会及其转型,能够为探寻社会转型中的少数民族传统精英阶层身份转变,理解人口较少民族的生存与发展及社会文化转型中的文化自觉意识提供理论启发。

---

① [Germany]Günther Schlee,"How Enemies are Made:Towards a Theory of Ethnic and Religious Conflict."(Berghahn Books,2008:128).
② 王铭铭:《村落视野中的文化与权力:闽台三村五论》,上海:生活·读书·新知三联书店,1997年,第354页。
③ 何明:《民族研究认识论转向与民族学知识体系重构》,《思想战线》2019年第7期。

二、山上的萨满：嵌合于鄂伦春族社会文化生活中

"萨满"是一种世界范围内的普遍现象（Mircea Eliade，1964），亦是通古斯人的一种传统宗教（I. M. LEWIS，2003）。同时，萨满本人作为西伯利亚的宗教职能者亦是不言自明的（Uno Harva，1938）。而具体到作为通古斯语族的鄂伦春族社会文化中，萨满具有智者、通晓、探究等含义，同时，萨满还是萨满文化中跳大神者的代称，是"先知"和"智者"的化身，被视为人神之间交际的特使，能够将神的意志传达给人，也可以将人的祈求、愿望转达给神，享有极高的尊重。

鄂伦春族曾长期信仰萨满，根据下山定居初期的统计，仅在大兴安岭一带便有鄂伦春族萨满15名以上①，他们主持祭礼、祈福、祛灾、治病，关乌力彦②、赵立本③、关佰宝④、孟金福⑤等都是其中的代表。时至今日，鄂伦春族民间仍流传有许多萨满的历史记忆和传说故事⑥。

放眼当下，人们相对熟知、影响力较大的鄂伦春族萨满就是已于2019年10月离世，被官方与民间都宣称为"最后的萨满"的关扣妮。从关扣妮成为萨满的案例便可认识到成为鄂伦春族萨满的一般模式，以及当时鄂伦春族社会对萨满的普遍认可。经关扣妮用鄂伦春语口述，其侄女翻译、补充，及笔者对相关材料的整理，关扣妮成为萨满的过程大致如下：

大约在1950年春天的一个早晨，关扣妮从"撮罗子"⑦出发前往草甸子查看家中母马的生产情况。途中，胸部和腰部的突然疼痛以及呼吸困难，导致她直接倒在了地上。醒来后，她咬着牙回到家中，继母孟阿古询问为何许久才返回，她疼痛难忍、掉眼泪，根本说不出话。接下来的半年时间里，纵使继母精心照料，她仍未见好。其间，继母请来萨满关乌力彦跳神也没有用。便又请来关佰宝看病跳神，关扣妮有所好转，但仍未痊愈。同年，关扣妮一家由今白银纳河南岸一带搬移至布拉嘎罕（今黑龙江省塔河县十八站乡兴建村一带），她的病情仍未好转，且越发严重。

于是，她的父母请来萨满赵立本，得到答复：只有成为萨满，病情才会好转。可关扣妮当时已由父亲做主订婚。她的爷爷认为她即将嫁人，没有必要接神，不同意她成为萨满。夫妇难以违背老人，但考虑到女儿病痛，找来有威望的关佰宝劝说爷爷。爷爷提出关佰宝既是萨满，能否让关扣妮身上的神灵转到关佰宝身上，由他带走神灵。于是关佰宝跳

---

① 1957年3月由"内蒙东北调查组"撰写的《关于鄂伦春族调查报告 附录》第15页。
② 关乌力彦（约1898—1978），女，大兴安岭呼玛河流域的著名萨满。
③ 赵立本（约1927—1980），男，大兴安岭呼玛河流域的著名萨满。
④ 关佰宝（约1927—1983），男，大兴安岭白银纳一带的著名萨满。
⑤ 孟金福（约1927—2000），男，大兴安岭十八站一带的著名萨满。
⑥ 如"猎人与熊的故事""萨满帮助寻物的故事""集体送神的故事"等，这些故事源于笔者在田野调查期间的搜集整理，内容中无不表露出萨满的神圣性、神秘性，及萨满与民众生活的密切关联。
⑦ 又称"斜仁柱"或"仙人柱"，鄂伦春族下山定居之前的居所。

神尝试，可跳了一天，神灵依旧附在关扣妮身上。爷爷便问：如果不接神会怎样？关佰宝说可能会死。于是爷爷同意了她接神成为萨满。

遭受久未好转的怪病困扰，关扣妮被视为拥有了成为萨满的先决条件。于是，她的家人请来萨满赵立本安排，按照"规矩"由同一家族的九个人做好了萨满神服、铜镜和腰铃、带有两个权[①]的神帽等。跳神治病仪式上，关扣妮穿着神衣跟随赵立本请神、跳神。不用人教，她自己很快进入了"神灵附体"状态，口中念念有词，但事后她表示并不知道自己在说唱什么。此后她的病完全好了，在1951年底开始了为期三年的萨满修习。

从关扣妮成为萨满的经历可以认识到，疾病的产生和医治是关扣妮从凡人成为萨满的关键，如同史禄国（1935）和埃利亚德（1951；1964）曾专门讨论的萨满是由于疾病引发而成的经典模式。同时，从其经历中也可以认识到，下山定居之前的鄂伦春族对于萨满的普遍认可与接受。但作为世俗社会中拥有超然地位的萨满，神格也导致其不得不摒弃了些许一般性的社会生活环节。在关扣妮开始修习之时，萨满仍被鄂伦春族社会视为神圣的、不可侵犯的，拥有着明确的禁忌与行为规范要求，被明确赋予以马克斯·韦伯（1919）所说的"克里斯玛"光环。萨满神衣与用具不可放置于肮脏的位置、不得由妻子以外的其他女人接触，神位后面不可以有女人走动，制作萨满神服之时，必须要由同一家族的九个人共同参与，萨满神帽上的"权"必须与萨满本人的能力地位相匹配，萨满跳神时要奉上相应的祭品，祝祷神灵祈求许愿时必定虔诚恭敬以免降下灾祸，上山狩猎之前要拜"白那恰"[②]等等都佐证了萨满在鄂伦春族社会中的地位及重要意义。可以说，此时的萨满及萨满文化完全嵌入在鄂伦春族的社会文化与日常生活之中。

三、山下的萨满：与鄂伦春族社会文化生活脱嵌

萨满文化的长期存在是基于鄂伦春族日常社会文化生活的需要。需要这样的"人"或"文化"来满足他们的精神需求、心灵慰藉，并在必要时给予生理性的补给与医治。而人的某种行为的发生是因为它值得去做或有意义，因此，"行为"是指行动者赋予主观意义的行为，它必须服从于一定的目的或者体现一定的意义[③]。如同马克斯·韦伯所说"人是悬挂在自己编织的具有意义的网上的动物"，而克利福德·格尔茨又针对性进行补充说："文化就是这些具有意义的网"（Clifford Geertz, 1973）。正是此般文化层面的意义赋予，萨满得以长期嵌入鄂伦春族的历史进程中发挥其功能。

可在下山定居之后，现代科学技术、医学知识传入，唯物主义观念传播，破除封建迷信的宣传教育等诸多外部因素共同撼动了萨满在鄂伦春族族内所处的位置。作为鄂伦春族社会内外部因素共同作用的结果，以及鄂伦春族内部精英群体对外部社会的一种表态，各

---

① 鄂伦春族萨满神帽的权数象征着萨满的级别高低，权数越多象征着萨满的能力、水平、等级越高。
② "白那恰"是鄂伦春语的音译，意为山神。
③ 王锟：《工具理性和价值理性——理解韦伯的社会学思想》，《甘肃社会科学》2005年第1期。

鄂伦春族定居地进行了前所未有的"送神"活动。这是鄂伦春族民众对萨满文化的认识发生实质性转变的标志性开端，也是鄂伦春族社会在普遍意义上与"萨满"疏远的起始。关于鄂伦春族的"送神"，笔者搜集到以下两种截然不同的说法①：

第一种说法是手段较为柔和的"送神说"，该说法得到了鄂伦春族民间学者、族内老者及关扣妮本人等的肯定。1953年6月，在大兴安岭地区较有名望的关佰宝萨满劝说下，赵立本、孟金福、关扣妮等萨满，在呼玛河畔举行了庄重且前所未有的"告别神坛"仪式。十几个萨满跳了三天三夜，与神灵沟通、解释送神缘由、请神理解、将之请走，并把神衣等萨满用具、器物送到山里洁净的地方保存，如"奥伦"②等。

第二种说法是较为暴力的"改革萨满说"③，该说法源于一份20世纪50年代的调查报告。报告指出，由于某些干部对党的民族政策理解有偏差，盲目向群众宣布政策：今后任何人不准请大神治病，若因请萨满而严重影响患者医治的要负完全责任。一些干部还争取和动员萨满中的积极分子带头，在没经上级政府批准的情况下进行了改革。具有很高威信的萨满赵立本由于经常外出参加会议、学习科学文化知识，已逐渐不信萨满。他提出不但自己要坚决改掉萨满，还要让别的萨满一同改变，当地干部也无原则地同意并大力支持。1953年的一个夜晚，赵立本将村中所有萨满（7~8个）召集齐，当着诸位萨满将自己的神衣和用具一一毁坏，并将毁坏后的神衣等制作成鞋子、毛巾和包脚布等日常生活用品。这些本着集体跳神好意前来的萨满，有的愣住了，有的立刻阻止，还有人劝说、责备他。经过此事，一些萨满仿效将神衣、铃鼓等扔到水里，也有一些萨满将跳神用具藏起来以备后用。在报告中有这样的论断："据此反应看来有些萨满并不是自愿的改革的，而在行政手段的约束下改革的。但有些人却自觉自愿的，这些人是属于真正愿意进步的人物。"

无论如上何种说法具有真实性，萨满自愿或非自愿的"送神"都加速了鄂伦春社会中萨满的缺席，诸多原本由萨满履行的社会责任出现缺位，逐渐由其他文化填补。王肯在1956年开展田野调查时发现，鄂伦春族村已经难以见到萨满神衣、神帽，公开谈论萨满的人很少，曾经的萨满也不愿提起相关话题。曾直接赞扬萨满的人，纵然心里相信，也都顾虑而不言④。其调查组在拍摄萨满服照片时，也是想方设法借来的，而且神衣所属的萨满自己不敢穿，由调查组成员穿上后才完成拍摄。

下山之初的多数鄂伦春族信仰萨满，但"送神"之后仍去拜托萨满的人越发减少。作为社会事实的萨满日趋成为大众的历史记忆，其神圣性在族内受到冲击，人们从思想上开始反思萨满的神圣性。不只是那些曾经坚信萨满的人，甚至萨满本人也对其自身产生怀疑。定居之前，萨满的确因其自然常识、药草知识、心理精神疏导帮助过族人，存在一定的现代医学合理性或心理学效用。毕竟"在信念的阶段，宗教会表现为一种促使人上升的

---

① 在此以大兴安岭地区鄂伦春族为主做说明。
② "奥伦"是鄂伦春语的音译，指在山林中利用自然生长的树木悬空搭建的做储藏使用的仓库。
③ 1957年3月由"内蒙东北调查组"撰写的《关于鄂伦春族调查报告 附录》，第17—18页。
④ 王肯：《1956鄂伦春手记》，长春：吉林人民出版社，2002年，第60页。

动力"① 萨满作为一种信仰、信念，其跳神可能成为改善病患心态的关键，但与现代医学治疗的效果相比，相差甚远。在白银纳鄂伦春族乡的乡志中有这样一则记载：1955年，一位葛姓萨满的孩子患病，被大夫诊断为肺炎，但该萨满坚信"神是一定有的，不信可不行"，便与大夫"比武"。结果，萨满跳神许久无效，大夫给孩子注射抗生素并服用磺胺，三天就好了。萨满认输，以后自己有病也会去找大夫②。萨满与大夫的"斗法"看似玩笑，但这一典型案例充分表明了鄂伦春族对现代科学的态度。加之，本民族医护人员的外出学成归来，越来越多鄂伦春族学会了运用现代科学和医学知识解决问题，更加明确了不能依靠虚无缥缈的神灵，要依靠自身能力去努力奋斗的信念。

鄂伦春族萨满已经"送神"，可在诸多政治运动的影响下，社会整体环境对萨满的否定渐趋极端，于"文革"时期达到顶峰。作为鄂伦春族文化系统中至关重要的萨满文化也遭遇了毁灭性打击，萨满也遭到社会的批判，沦为社会底层。关扣妮仅修习萨满一年，且很早就参与"送神"、终止了萨满修习，加入大兴安岭的开发建设，可她还是因为这段历史在"文革"时期被批判为"牛鬼蛇神""苏修特务"等。

诸多社会因素的共同作用下，鄂伦春民众对萨满信仰进行了深刻的反思，对于接纳现代科学技术，尤其是现代医学起到了很大的帮助。但这种极端否定彻底革除了萨满在鄂伦春族社会中的位置及其存在的意义，萨满失去了原本具有的神圣性，否定了萨满在鄂伦春族社会文化发展历程中曾扮演过的重要角色，完全切断了萨满在凝聚鄂伦春族族群意识、强化族群认同、增强文化自信中的积极功能。

如同马克斯·韦伯所提及的现代性社会突出表现就是世界的祛魅，鄂伦春族萨满正逐渐完成"由圣入凡的俗世化""由灵返肉、由天国回向人间"的历史性祛魅。鄂伦春族社会正迈向更广泛层面更深入层次的现代社会阶段。"只要人们想知道，他任何时候都能够知道；从原则上说，再也没有什么神秘莫测、无法计算的力量在起作用，人们可以通过计算掌握一切……人们不必再像相信这种神秘力量存在的野蛮人那样，为了控制或祈求神灵而求助于魔法。技术和计算在发挥着这样的功效，而这比任何其他事情更明确地意味着理智化。"③ 随着下山定居以来的祛魅深刻内化在整个民族的观念意识之中，鄂伦春族萨满身份被解构，萨满及萨满文化与鄂伦春族的社会文化及日常生活呈现鲜明的脱嵌状态。

四、萨满"新生"：在鄂伦春族社会文化生活中的重嵌

随着中国社会的拨乱反正及思想解放，关扣妮等萨满从"牛鬼蛇神"的"地狱"回到"人间"，以普通村民的身份恢复了正常生活。作为一种信仰和神职的萨满不再发挥曾经的功能，但萨满文化和萨满身份依然作为一种社会资本、文化资本、符号资本（Pierre

---

① Whitehead. Religion in the Making[M]. Fordham University Press, 1996: 26.
② 关金红、张檄文：《白银纳鄂伦春族乡志(1953—2001)》，白银纳鄂伦春族乡人民政府，2002年，第200页。
③ Max Weber. The Vocation Lectures[M]. Hackett Publishing Company, 2004: 12—13.

Bourdieu，1992)被曾经的萨满继承着。只有在与一个场域的关系中，一种资本才得以存在并且发挥作用①。

20世纪八九十年代国内的"文化热"使萨满文化重新回到人们的视野，带动了国内研究者纷纷开始了对萨满文化的信息收集与整理，发表了众多具有重要价值的基础性研究资料，国外研究者的脚步也再次踏入中国东北，产出了一系列有关鄂伦春族萨满的记录与研究。随着研究者的重视和社会媒体的关注，20世纪八九十年代以来，以孟金福、关扣妮等人为参与主体的萨满文化展演或记录访谈活动的开展频次与频率逐年递增。时至20世纪90年代末及21世纪初，呼玛县开江节、萨满山祭祀展演等一系列活动逐渐恢复或创设，萨满仪式被视为不可或缺的内容被设计安排其中。

2000年10月3日（农历九月初六），萨满孟金福（男）的去世，标志着在传统意义上成为萨满并完成修习的鄂伦春萨满已全部去世。关扣妮成了国内唯一在世的鄂伦春族萨满，萨满文化的人为传承显得十分紧要、备受关注。特别是随着国内"非遗热"的兴起，民族文化的受关注度激增，鄂伦春族萨满文化以其具有的经济价值、文化价值等诸多内涵再次收获各方的重视，萨满文化的传承与萨满的传人成了社会关注的焦点，被誉为"最后的萨满"②的关扣妮也成为舆论核心。

就传统意义而言，鄂伦春族萨满并非单纯依靠师徒关系来传承，其中还有一种"降临"的内涵。根据国内当代的鄂伦春族研究者韩有峰（1991）整理，鄂伦春族中只有三种人能成为萨满：第一种是在出生时胎胞不破、需割开取出的孩子，第二种是得重病或怪病久治不愈并萨满跳神后痊愈的人，第三种是突然患癫痫病、咬牙切齿、乱蹦乱跳并痊愈的人③。我国第一位鄂伦春族博士刘晓春（2015）将上述第二、三种称之为史禄国（1935）和埃利亚德（1951；1964）强调的疾病导致的"因病成神"，并指出另外两类人也可以成为萨满，即：老萨满死后的神灵会找另一个人去附体，这个人如果能说出老萨满的情况，那么他就可以当萨满；悟性比较高的人，有穿透力的人，预感性很强的人，能看到其他人看不到的东西的人等，这类人也能够在老萨满的培养下成为新的萨满④。特别是按照《鄂伦春族社会历史调查》（2009）及鄂伦春族坊间的说法，如果普通人许愿要成为萨满，但若神灵不附体，也无法成为萨满。

若遵循如上模式做理性思考，鄂伦春族萨满的选定不需要世俗的人为干预。在一些鄂伦春族老人看来，人为干预还可能遭致神灵的惩罚。然而"普通人的权力被其所依存的日常生活世界所限制"，"他们也似乎常常被既不能理解又无法驾驭的力量所驱使"⑤。2008年前后，县、乡各级政府出于传承文化、发展旅游等方面的考虑，多次与关扣妮沟通传承萨满的事宜。作为"最后的萨满"，关扣妮本身有着强烈的传承萨满文化的责任感与使命

---

① Pierre Bourdieu. An Invitation to Reflexive Sociology[M]. Polity Press, 1992: 101.
② "最后的萨满"为当地政府于21世纪初宣传民族文化旅游时使用的口头提法，后被民间普遍接受并使用。
③ 韩有峰：《鄂伦春族风俗志》，北京：中央民族大学出版社，1991年，第116页。
④ 刘晓春：《鄂伦春族女性萨满问题初探》，《黑龙江民族丛刊》2015年第3期。
⑤ Wright Mills. The Power Elite[M]. Oxford University Press, 1956: 3.

感，力图遵照传统的"降神"与修习模式培养后辈。但迫于萨满文化传承的紧迫性，以及来自政府层面、社会层面的权力干预和舆论压力，同时也为了争取社会更广泛层面的关注与重视，作为"普通人"的"最后的萨满"最终接受了挑选萨满传承人，将自己的二女儿作为接班人，以教学形式将萨满以一种文化传递给下一代，在传承中她尽可能地遵照了传统的跳神仪式。

在2008年鄂伦春族下山定居55周年庆典之日晚间，县委、县政府统一部署，县政协、县委统战部统一协调，县委宣传部配合，县民宗局和白银纳乡党委政府组织，在呼玛河畔进行了萨满传承仪式。在仪式准备与进行过程中，各方人员都想收集到更多的资料、占有更多的"利益"，使本应"纯洁"的传承仪式增添了些许世俗化、功利化的气息，也出现了一些在坊间被称为不祥的预兆或小插曲①。但仪式终究完成，关扣妮的二女儿孟举花成为公认的萨满继承人，开始了三年的修习。可就在次年底，孟举花因一起被个别民众称为"神意"的车祸意外去世，令关扣妮痛心不已，也使萨满文化失去了继承人。导演顾桃于2007年开始拍摄的纪录片《神翳》便记录了那场意义特殊的传承仪式。

虽然有上述事件的发生和民间传言的流散，但关扣妮的侄女关金芳还是出于传承民族文化等诸多因素的考虑，经过繁复的层层审批报告、多方关系的协调处理，成了官方认可的萨满文化继承者，并举办传承仪式完成了萨满的传承、开始修习。2019年10月3日（农历九月初五）16时30分左右关扣妮去世，在较大程度上历经过传统仪轨的鄂伦春族传统萨满已全部不在。关金芳成为国内唯一的鄂伦春族萨满②。

虽就萨满继承角度来看，当下的鄂伦春族萨满已经不再"纯正"，但萨满作为一种符号仍旧是鄂伦春族的象征，其资本及价值正不断凸显。县乡凭借萨满的名声打出了专属的"旅游名片"，临近县界便可看到"中国鄂伦春族萨满"的大幅宣传照片，一批批游客和研究者为此而来。关扣妮在世时，已经凭借萨满身份，同时作为白银纳村年纪最长的老人在族内享有极高的声誉和地位，能够凝聚民族意识，具有团结族人的号召力。即便对关扣妮、关金芳萨满身份的"纯粹性"持有不同态度，鄂伦春族老幼妇孺仍然会将萨满视为鄂伦春族的专属符号，尽力参与到由萨满主持参与的开江节祭江、萨满山祭祀等每一项彰显民族精神的族际交往、对外宣传活动中，甚至很多外族媳婿都会前来参与、帮忙。

"老萨满，我们都特别尊重。像我们办小庆啊，还有什么开江节、萨满山的活动，我们大家都参与，都来帮忙，都参与到自己民族的活动里边。现在有时候老萨满身体不好，关金芳张罗起来，我们也都去为了我们的民族。而且不只是我们自己，像我家他，他们这些鄂族的女婿也都一起过来，他们还有专门的衣服呢，都特别的好。"（GT，女，鄂伦春

---

① 如：仪式过程中的过多人为干预、个别仪式筹备者的不良行为、关扣妮跳神时疲惫摔倒、神灵透过关扣妮表示了对传承萨满的不认可等。
② 本文所谓"国内唯一的鄂伦春族萨满"是指经由萨满仪式，基本符合鄂伦春族文化体系规范和要求，得到官方与民间基本承认或默许的鄂伦春族萨满。若考虑到以非鄂伦春族萨满传承体系修习承继萨满的情况，据笔者田野工作了解，国内还有其他鄂伦春族民族身份的萨满存在。

族,53岁,配偶为汉族)①

在一些鄂伦春族和外族媳婿的心目中,关扣妮是否修习满三年、关金芳的萨满身份是否"纯正"已经不再重要,重要的是她们能够以萨满身份号召并凝聚起整个民族或区域的所有人力、物力,一同彰显当今时代的鄂伦春族精神风貌。涂尔干(1912)曾经分析过集体仪式对于社会整合的功能,认为在仪式过程中"行为主体投身程序既定的仪式活动,在心理上会对人们产生相互扶持的感觉,从而有助于社会关系的整合,仪式活动中的崇拜活动,本质上是对社会本身的崇拜,参与共同的宗教活动可以加强人们彼此之间的熟悉感和认同感"②。众人并非不懂得诸如开江节祭江时冰裂开江背后的科学原理,但回到真实生活世界的人们,通过自我生活的感知,接续绵延不绝的民族传统文化,重温既有的民族精神,在相同的空间中,破除时间的隔阂,寻到了鄂伦春族的文化之根。

究其实质来看,与其说他们敬畏的是神灵,不如说他们真正崇敬的是自然规律,是鄂伦春族传承至今的民族文化与民族精神。曾经引以为傲的狩猎文化由于转产等因素而消失,若再失去萨满文化,对于鄂伦春族社会而言,定会再次产生较大影响。无所不能的萨满已经逝去,可在日常生活中,作为一个普通百姓的萨满在新时期获得了新生,传说中的"神"已经转变为大家口中的神话,萨满也升华成了鄂伦春族的象征。可以说,萨满文化正在以新的形式重新嵌入到鄂伦春族的社会文化与日常生活之中,发挥其积极功能。

五、思考与讨论

以萨满身份重塑及典型案例为线索,萨满文化与鄂伦春族社会相嵌合、脱嵌及正在重嵌的历时性变迁得以呈现。无论是脱嵌时政府与鄂伦春族之间对于同一的萨满持有的迥异认识,还是当下重嵌过程中政府与鄂伦春族围绕萨满形成的合力,政府与民间对于萨满文化的态度和行动,始终围绕着使萨满文化服务于满足鄂伦春族群众对于美好生活需要的初衷。

在满足美好生活需要的过程中,鄂伦春族生活节奏发生变化与日常生活文化场域产生变迁,恰如吉登斯有关"时间—空间转换"及"脱域"的相关论述。在从传统迈向现代的社会变迁进程中,鄂伦春族对于时间与空间的理解相较传统社会发生了转换或分离。而随着鄂伦春族传统社会的脱域机制持续运行,来自现代性的影响越发增多。受现代性影响,鄂伦春族传统文化不断演化变迁,于当下实现了同当代鄂伦春族社会的重嵌。

虽当今世界"宗教信仰与科学技术并存的格局是较为普遍的事实"③,科学与技术作为替代品,导致了萨满信仰体系的瓦解崩塌,且有研究者指出:生活在高度现代性时代的鄂伦春族萨满文化已"死"。诸如很多萨满文化知识不再有人掌握,陈列在博物馆、研究

---

① 整理自笔者于2019年4月在黑龙江省大兴安岭地区呼玛县白银纳鄂伦春族乡开展田野工作期间的访谈。
② 和虎:《仪式、身份与文化:当代情境下的族群性与族群认同建构》,《学术探索》2017年第6期。
③ 高丙中:《从实例看土族文化的重构过程》,《中国土族》2003年第3期。

室中见证过萨满文化变迁历程的物件，仅以"死"的形态默默向世界证实了萨满曾真实存在。可其实，在"萨满教于21世纪出现了强劲的复兴态势"[①]的时代背景下，鄂伦春族萨满文化依旧是"活"的，处在现代化转型过程中的鄂伦春族正重塑着精神世界。曾经依靠神灵和自然的规训与惩戒来谋求生存与发展的鄂伦春族，随着源于自然界隐形约束的逐渐消失，主观能动性被极大挖掘，不断注入着新的时代内涵，使萨满文化的未来走向拥有了多种可能性，现代性赋予了鄂伦春族萨满文化不同于过往的意蕴。

当现代性影响下的鄂伦春族传统社会发生转型变迁，因其传统的自我认同规则遭到破坏而面临身份认同的焦虑与危机时，现代性影响下的鄂伦春族萨满文化重塑及重嵌，使得当代鄂伦春族逐渐建构起了一套新的自我认同基准，并在不断地反思性选择中得以重构。萨满信仰变迁及鄂伦春族对于萨满认识的转变，直接表露出其自我认同意识的根源性变化。而变迁中的萨满文化也正逐渐成了深化鄂伦春族文化自觉意识的一大重要切入点。

正所谓"一个活着的文化本质上它不会追求固守不变，反倒是顺应着外部条件的刺激而随时准备寻找适应的可能"[②]。当民族文化不断变迁之时，身份认同意识的根源性要素也往往随之发生变化。而文化特质往往被视为一个民族身份认同的关键。鄂伦春族的萨满及萨满文化就是在与"他者"的接触中不断调整自我，或适度调整，或努力争取，或选择性改变的"活生生"的存在，甚至正逐渐拥有了能够鼓舞鄂伦春族坚定文化自信同其他民族展开对话交流的内在动力。今日的萨满在鄂伦春族族内并权力的核心，也没有极其崇高的政治地位，甚至已经被医生等职业或现代化科技手段取代了曾经独具的医疗等功能。但时代却赋予了鄂伦春族萨满新的责任与使命，使之拥有了可以凝聚族群意识、坚定鄂伦春族民众文化自觉意识的关键作用。在与其他民族互动往来的过程中，因萨满其身呈现而出的这一民族文化符号所带来的深厚族内凝聚力正激发着鄂伦春族内心深处对于民族身份的强烈认同。

弥散在日常生活中的文化因素，看似很小很琐碎，实际上却是一种活生生的、强大的文化力量[③]。在各民族互动往来渐趋深入的全球化背景下，特别是对于广受现代文明教育、融入现代社会文化生活的鄂伦春族青年一代，以萨满文化为出发点，借助重塑的萨满文化作为符号象征维系鄂伦春族的认同意识，强化起他们对于民族文化的认识，坚定他们对于本民族文化的自信与自觉意识，已经成为萨满文化当代意义的极大体现。可以说，鄂伦春族用自身的历史实践为各民族如何在族际互动的过程中融入中华民族共同体，又保持"自我"，给出了一个正在进行时的回答，也为其他民族深化对于"自我"的认识提供了一个鄂伦春族的案例。

不仅仅是鄂伦春族，对于其他人口较少民族而言，都在现代化进程不断增速、现代性影响不断加深的全球化背景下经历着相对于传统社会而言的社会转型与结构调整，丰富着

[①] 曲枫：《萨满教与边疆：边疆文化属性的再认识》，《云南社会科学》2020年第5期。
[②] 王良范：《文化复兴与文化认同——黔东南苗族文化的变迁与现代转型》，《贵州工业大学学报（社会科学版）》2005年第1期。
[③] 费孝通：《试谈扩展社会学的传统界线》，《思想战线》2004年第5期。

现代性表征，接收着现代性的后果。其群体内部传统精英所具有的原有职能和地位都或多或少地发生了调适或改变，呈现如同鄂伦春族萨满一般的权威性持续降低、功能性（如医疗、慰藉等）不断弱化或转型的总体趋势。拥有"克里斯玛"光环的传统精英在不断祛魅的过程中，由长期被视为的神圣权威，渐趋成了一种文化符号。作为一种文化符号，这些传统精英的身份被赋予了新的使命，拥有了不同于从前的价值，发挥着不同于过往的功能，彰显出了更多的时代性、现代性特质。而以拥有文化资本、社会资本、符号资本的新的传统精英身份为引领或典型，使各民族在日常生活中享受到民族文化带来的乐趣，认识到民族文化对于自我、群体的实在意义，必将成为今日各民族深化文化自觉意识的重要动力来源，成为建构本民族话语、巩固集体意识的关键，成为确保其在现代化、全球化浪潮中与其他民族互动往来时不迷失"自我"、不沦为"他者"的重点。

达斡尔族乡村振兴路径研究
——以梅里斯区为例[*]

陈学军[**]

摘　要： 在"十四五"规划加速推进之际，对标国家与黑龙江省规划，高起点擘画达斡尔族乡村振兴规划，依托民族特色文化旅游促进达斡尔族乡村振兴，拓展乡村振兴发展思路，推动达斡尔族优秀传统文化创造性转化与创新性发展，加强民族文化的教育培训与宣传工作，促进乡村振兴与哈大齐工业走廊建设相结合是梅里斯达斡尔族乡村振兴的重要路径。

关键词： 梅里斯区；达斡尔族；乡村振兴

一、引　言

梅里斯达斡尔族区是黑龙江省齐齐哈尔市市辖区，也是全国唯一的市辖达斡尔族区。"梅里斯"一词在达斡尔语中意为"有冰的地方"。梅里斯区地处松嫩平原西部，嫩江中游右岸，东与齐齐哈尔市区隔江相望，南与富拉尔基区相连。截至2021年2月，梅里斯区辖1个街道、5个镇、1个民族乡，即梅里斯街道、雅尔塞镇、达呼店镇、共和镇、梅里斯镇、卧牛吐达斡尔族镇、莽格吐达斡尔族乡。全区人口16.3万人，其中达斡尔族人口1.2万人，占全区总人口的7.36%，占全国达斡尔族人口的10%，是达斡尔、汉、满、朝鲜、回等多民族聚居区，梅里斯区自然环境优美，被誉为齐齐哈尔市的"生态卫星城"和"美丽后花园"。2020年，梅里斯区生产总值实现32.62亿元，同比增长4.3%；全社会固定资产投资完成10.06亿元，同比增长18.1%；农村人均可支配收入预计实现16435

---

[*] 本文系佳木斯大学国家基金培育项目"铸牢中华民族共同体意识视域下东北边疆民族文化旅游发展策略研究"（项目编号：JMSUGPRW2204）；国家社会科学基金项目"新媒体语境中的口头文学研究"（项目编号：23BZW166）阶段性成果。

[**] 陈学军，佳木斯大学旅游管理系教授，硕士生导师，主要从事民族文化、民族旅游、文化遗产保护与开发研究。

元,同比增长6.5%①。2019年,梅里斯达斡尔族区啃下了脱贫攻坚工作中的最后一块"硬骨头",确保了全区人民同全国各族人民一道如期迈入小康社会,梅里斯达斡尔族区委被国务院授予全国民族团结进步模范集体称号②。在"十四五"规划加速推进之际,梅里斯达斡尔族区如何巩固与拓展脱贫攻坚成果,实现脱贫攻坚与乡村振兴的有效衔接,确保达斡尔族经济社会文化的可持续发展是当前面临的一个重要课题,本文拟从对标国家与黑龙江省发展规划,高起点擘画达斡尔族乡村振兴规划,依托民族特色文化旅游促进达斡尔族乡村振兴等方面探析梅里斯达斡尔族区发展问题,以期为我国人口较少民族乡村振兴提供一定的思路。

二、梅里斯达斡尔族乡村振兴的意义

第一,实现达斡尔族乡村振兴,是贯彻中央和地方文件精神,实现第二个一百年奋斗目标的必然要求。《中共中央关于制定国民经济和社会发展第十四个五年规划和二〇三五年远景目标的建议》《中共中央、国务院关于全面推进乡村振兴加快农业农村现代化的意见》《中共黑龙江省委关于制定国民经济和社会发展第十四个五年规划和二〇三五年远景目标的建议》等中央和地方文件对于乡村振兴与民族地区发展做出了具体的规定,把"脱贫攻坚成果巩固拓展,乡村振兴战略全面推进",作为"十四五"时期经济社会发展的主要目标③。强调指出:"要坚持把解决好'三农'问题作为全党工作重中之重,把全面推进乡村振兴作为实现中华民族伟大复兴的一项重大任务,举全党全社会之力加快农业农村现代化,让广大农民过上更加美好的生活。"④ 要求"落实党的民族政策,支持少数民族地区加快发展"⑤。唯有真正落实这些规划任务的要求,才能为梅里斯区实现第二个一百年奋斗目标打下坚实的基础。

第二,实现达斡尔族乡村振兴,有利于夯实梅里斯达斡尔族区小康社会基础,实现民族地区的可持续发展。《中共中央、国务院关于全面推进乡村振兴加快农业农村现代化的意见》指出:"民族要复兴,乡村必振兴。全面建设社会主义现代化国家,实现中华民族伟大复兴,最艰巨最繁重的任务依然在农村,最广泛最深厚的基础依然在农村。"⑥ 实现达斡尔族脱贫攻坚与乡村振兴的有效衔接,巩固与拓展脱贫攻坚成果,是实现梅里斯区达斡

---

① 梅里斯区政府办公室:《梅里斯达斡尔族区区情概况[EB/OL]. 引自:《梅里斯区政府门户网站》,引用时间:2021年2月22日。
② 杨杨,姚建平:《梅里斯区共谱民族团结曲 奏响发展新篇章》,《黑龙江日报》,2020年8月4日,第8版。
③ 《中共中央关于制定国民经济和社会发展第十四个五年规划和二〇三五年远景目标的建议》,《人民日报》,2020年1月11日,第4版。
④ 《中共中央、国务院关于全面推进乡村振兴加快农业农村现代化的意见》,《人民日报》,2021年2月22日,第1版。
⑤ 《中共黑龙江省委关于制定国民经济和社会发展第十四个五年规划和二〇三五年远景目标的建议》,《黑龙江日报》,2020年12月7日,第1版。
⑥ 《中共中央、国务院关于全面推进乡村振兴加快农业农村现代化的意见》,《人民日报》,2021年2月22日,第1版。

尔族区可持续发展的有力保障。

第三，实现达斡尔族乡村振兴，有利于增进各民族大团结，促进梅里斯达斡尔族区各族群众铸牢中华民族共同体意识。发展问题始终是我国社会主义现代化建设中的首要问题，"民心是最大的政治"，只有"坚持贯彻以人民为中心的发展思想……坚持立党为公、执政为民，把人民对美好生活的向往作为始终不渝的奋斗目标"①，才能实现各族人民的大团结，不断增强各族人民对伟大祖国、中华民族、中华文化、中国共产党、中国特色社会主义的认同②，铸牢中华民族共同体意识。

第四，实现达斡尔族乡村振兴，有利于为弘扬与发展达斡尔族文化提供重要保障。"仓廪实则知礼节，衣食足则知荣辱"，促进梅里斯达斡尔族区经济发展与乡村振兴，为保护与传承达斡尔族优秀传统文化提供了重要的物质基础。达斡尔族村寨是达斡尔族文化保护与传承的重要场域，达斡尔族一些重要的民族文化事项，包括乌钦、库木勒节等在国家和地方政府的支持下被确定为非物质文化遗产项目均得益于民族地区经济社会的发展、民族群众生活水平的提高与文化保护意识的增强。

第五，实现达斡尔族乡村振兴，有利于为东北振兴助力，为其他人口较少民族发展提供宝贵的实践经验。东北振兴是经济、社会、文化等全方位的振兴，在国家振兴东北大背景下实现达斡尔族乡村振兴，总结其发展的成功经验与深刻教训，有利于为内蒙古、新疆等地的达斡尔族发展与其他人口较少民族发展提供宝贵经验。

三、梅里斯达斡尔族乡村振兴路径

(一) 对标国家与黑龙江省规划，高起点擘画达斡尔族乡村振兴规划

《中共中央、国务院关于全面推进乡村振兴加快农业农村现代化的意见》强调："要坚持把解决好'三农'问题作为全党工作重中之重，把全面推进乡村振兴作为实现中华民族伟大复兴的一项重大任务。"③《中共黑龙江省委关于制定国民经济和社会发展第十四个五年规划和二〇三五年远景目标的建议》指出："发展繁荣边疆特色文化。深入挖掘东北抗联、流域文明、北方民俗、历史人文、少数民族等边疆特色文化资源，建设一批省级优秀传统文化传承基地，建立开放共享的文化资源数据平台，推动优秀传统文化创造性转化、创新性发展。实施'边境之窗建设工程'，做大做强媒体外宣、边境外宣、民间外宣，讲好龙江故事，传递龙江好声音。加强历史遗迹、遗产挖掘保护利用，发展特色边疆文化产

---

① 习近平：《在基层代表座谈会上的讲话》，北京：人民出版社，2020年，第6页。
② 习近平：《在全国民族团结进步表彰大会上的讲话》，《人民日报》，2019年9月28日，第2版。
③ 《中共中央、国务院关于全面推进乡村振兴加快农业农村现代化的意见》，《人民日报》，2021年2月22日，第1版。

业，打造龙江特色边疆文化品牌。"① 梅里斯达斡尔族的发展要放在国家、黑龙江省发展规划的大背景之下，主动对标国家与黑龙江省发展规划，融入国家和黑龙江省发展规划，跳出在局部地区自我发展的窠臼，站在国家与黑龙江省发展战略全局的高度，擘画梅里斯达斡尔族发展规划与发展目标，在全国、全省一盘棋的大棋局中找到自己合适的位置。

（二）依托民族特色文化旅游促进达斡尔族乡村振兴

文化是民族发展的根脉，也是民族振兴之魂。达斡尔族文化是东北边疆民族文化的重要组成部分，是黑龙江省与齐齐哈尔市的一张亮丽的名片。文化是旅游的灵魂，特色是旅游的重要卖点，"要大力发展特色文化旅游"②。缺乏特色的旅游资源其吸引力有限，不具备可持续发展的潜力。实现达斡尔族乡村振兴，依托达斡尔族特色文化，发展民族旅游文化产业是一条重要的出路。当前，梅里斯区哈拉新村、额尔门沁村、莽格吐村等达斡尔族村寨民族旅游发展比较突出，可以以之为切入点，加大扶持力度，为梅里斯达斡尔族区旅游业的全面发展打下坚实的基础。

（三）拓展梅里斯达斡尔族区乡村振兴发展思路

达斡尔族是黑龙江省十个世居的少数民族之一，具有悠久的历史与灿烂的文化，为东北边疆发展做出了重要贡献。在促进达斡尔族乡村振兴的进程中，一方面要合理利用与大力弘扬达斡尔族优秀传统文化，另一方面，实现达斡尔族乡村振兴要跳出单纯依托达斡尔族文化发展达斡尔族地区的狭隘观念，通过整合东北地域文化、民族文化、革命文化、社会主义先进文化，形成多元文化发展的合力。费孝通先生在东北地区调研时，曾就同为人口较少民族的赫哲族说过一段非常精辟的话："赫哲族的发展不是孤立的，要在三江平原的发展中谋划、推动和实现赫哲族的发展。"③ 费孝通先生的这番论断高屋建瓴，对于达斡尔族等其他民族的发展具有同样的指导意义，达斡尔族的发展显然也不是孤立的，要在整个松嫩平原的发展中筹划达斡尔族的发展。

（四）推动达斡尔族优秀传统文化创造性转化与创新性发展

任何民族文化的发展都不是一成不变的，世易时移，文化也将发生相应的变化以适应变化的时代，否则将面临发展的瓶颈，甚至会被时代所摒弃。关于中华民族优秀传统文化创造性转化与创新性发展的具体内涵，《习近平总书记系列重要讲话读本》中有一段非常深刻的论述："创造性转化，就是要按照时代特点和要求，对那些至今仍有借鉴价值的内涵和陈旧的表现形式加以改造，赋予其新的时代内涵和现代表达形式，激活其生命力。创新

---

① 《中共黑龙江省委关于制定国民经济和社会发展第十四个五年规划和二〇三五年远景目标的建议》，《黑龙江日报》，2020年12月7日，第1版。
② 《习近平在黑龙江考察时强调 牢牢把握在国家发展大局中的战略定位 奋力开创黑龙江高质量发展新局面》，《人民日报》，2023年9月9日，第1版。
③ 费孝通：《小民族 大家庭》，《群言》1999年第11期。

性发展，就是要按照时代的新进步新进展，对中华优秀传统文化的内涵加以补充、拓展、完善，增强其影响力和感召力。"① 为了保持达斡尔族文化长久的生命活力，在达斡尔族乡村振兴过程中，要推动达斡尔族优秀传统文化创造性转化与创新性发展，适应人民群众日常生产与生活。那种以所谓的文化保护为名，行复古之实，画地为牢，把人民群众隔绝于现代生活之外是要不得的。在推动达斡尔族优秀传统文化创造性转化与创新性发展方面，达斡尔族"库木勒节"即为一项有益的尝试与十分生动的案例，在此盛大节日基础上衍生的"库木勒论坛"无疑为达斡尔族发展提供了一个思想交流的平台，对梅里斯达斡尔族区的发展是十分宝贵的，可进一步将其打造为达斡尔族发展的高端论坛。此外，音画剧《达斡尔人》是推动达斡尔族优秀传统文化创造性转化与创新性发展的一个重要实践，对于弘扬达斡尔族优秀文化，发展民族文化产业殊为可贵。再比如达斡尔族的一些英雄人物如傲蕾·一兰等均是重要的文化素材，可进行深度挖掘，依托其发展地方旅游文化产业。

（五）加强民族文化的教育培训与宣传工作

民族文化作为一笔宝贵的资源，在达斡尔族乡村振兴过程中，对达斡尔族群众进行民族文化方面的宣传教育的重要性是不言而喻。只有熟悉本民族文化，才能更好地发展与弘扬本民族文化。张扬文化自信，打造达斡尔族文化品牌，倘若不能做到对达斡尔族文化了然于胸，是不可能实现的。为此要加强达斡尔族文化的教育培训与宣传工作，在梅里斯区中小学组织有关达斡尔族文化的课外实践活动、兴趣小组。在社区组织开展宣传达斡尔族文化的队伍，不仅要依靠文化部门支持达斡尔族文化传播活动，还要积极发挥地方知识精英与民间组织的引领作用。

（六）促进达斡尔族乡村振兴与哈大齐工业走廊建设相结合

哈大齐工业走廊是黑龙江省重点建设的区域，也是国家"十四五"规划重点发展的区域，齐齐哈尔市，包括梅里斯达斡尔族区作为哈大齐工业走廊中的重要节点城市，要把工业化、城市化与达斡尔族小康社会建设及乡村振兴结合起来，形成发展的合力。依托城市化、工业化促进达斡尔族经济社会发展与乡村振兴，形成以工促农，工农并举，全面振兴的发展态势。例如，从旅游业发展角度而言，工业旅游、民族旅游、生态旅游、农业旅游、红色旅游是哈大齐走廊地区的亮点，梅里斯达斡尔族区可以针对旅游市场需求分专题进行旅游产品的组合与旅游精品线路的推广，形成区域旅游业全面发展的格局。

四、结　语

实现梅里斯达斡尔族区乡村振兴，是贯彻国家和地方文件精神，实现第二个一百年奋斗目标的必然要求，有利于夯实达斡尔族小康社会根基，实现民族地区可持续发展，增进

---

① 中共中央宣传部编：《习近平总书记系列重要讲话读本》，北京：人民出版社，2016年，第203页。

民族团结，促进梅里斯区各族群众铸牢中华民族共同体意识，有利于为弘扬与发展达斡尔族文化提供重要保障，为东北振兴助力，为其他人口较少民族发展提供宝贵的实践经验。高起点擘画达斡尔族乡村振兴规划，依托民族特色文化旅游促进达斡尔族乡村振兴，拓展梅里斯达斡尔族区乡村振兴发展思路，推动达斡尔族优秀传统文化创造性转化与创新性发展，加强民族文化的教育培训与宣传工作，促进达斡尔族乡村振兴与哈大齐工业走廊建设相结合是梅里斯达斡尔族乡村振兴的重要路径。

乡村振兴背景下内蒙古边境牧区医疗服务能力研究
——基于内蒙古四子王旗红格尔苏木的考察*

包美丽　包美荣

摘　要：本文旨在乡村振兴背景下，基于内蒙古四子王旗红格尔苏木的田野调查，通过实地调研与数据分析，深入研究内蒙古边境牧区医疗服务能力的现状与发展。研究发现，尽管近年来内蒙古牧区医疗服务水平有所提升，但仍存在基础设施薄弱、医疗人才匮乏、服务覆盖面不足等问题。针对这些问题，提出了优化医疗资源配置、创新医疗服务模式、促进牧区本土医疗知识等对策建议。通过本研究，旨在为内蒙古乃至全国边境牧区医疗服务能力的提升提供借鉴与参考，助力乡村振兴与健康中国的建设。

关键词：内蒙古；边境牧区；医疗服务；能力

引　言

2016年8月19日，习近平总书在全国卫生与健康大会上强调："把人民健康放在优先发展战略地位，努力全方位全周期保障人民健康"，"健康是促进人的全面发展的必然要求，是经济社会发展的基础条件，是民族昌盛和国家富强的重要标志，也是广大人民群众的共同追求。"[1] 2023年2月，中共中央办公厅与国务院办公厅联合颁布了《关于进一步深化改革促进乡村医疗卫生体系健康发展的意见》。该意见坚决贯彻党的二十大精神，深入落实新时代党的卫生与健康工作方针，将乡村医疗卫生工作视为乡村振兴战略的关键环节。意见强调，应以基层为核心，以体制机制改革为动力，积极推进县域优质医疗卫生资源的扩展与均衡分布，促使资源和服务重心下沉，构建符合乡村特色、优质且高效的医疗

---

* 本文系内蒙古师范大学校级项目"青海湖祭海仪式的人类学研究"（项目号：1004032035），内蒙古师范大学基本科研课题"习近平生态文明思想在内蒙古生态治理的实现路径研"（项目号：2023JBQN007）的阶段性成果。
[1] 《为中华民族伟大复兴打下坚实健康基础——习近平总书记关于健康中国重要论述综述》，《人民日报》，2021年8月8日。

卫生体系。此举旨在确保广大农民群众能够便捷地享受到公平、可及且连贯的医疗卫生服务，为全民健康提供坚实的保障。

内蒙古边境牧区的居民，作为乡村振兴的关键力量，其健康状况和生活质量对区域发展具有深远的影响。因此，提升边境牧区的医疗服务能力至关重要。通过优化医疗服务体系，确保居民能够及时获得高质量的医疗服务，不仅能有效预防和控制疾病的传播，降低疾病负担，还能提高居民的健康素养，为其全面发展奠定坚实基础。内蒙古边境牧区的农牧业作为乡村经济的支柱，其稳定发展对于乡村振兴具有决定性意义。提升医疗服务能力，可以为农牧民提供更为全面和高效的医疗保障，减少因疾病导致的劳动力减少和生产损失。健康的农牧民能够更加积极地投入到农牧业生产中，提高农产品质量，增加产量，为乡村经济的繁荣做出贡献，从而推动乡村振兴战略目标的实现。

内蒙古作为中国北方广袤的草原地带，拥有独特的牧区生态环境和深厚的民族文化。然而，随着现代化进程的推进，内蒙古边境牧区的医疗水平却面临着诸多挑战。为了深入了解内蒙古牧区的医疗水平现状，本文以笔者实地调研的四子王旗红格尔苏木为例，进行详细的叙述与分析。需要指出的是，内蒙古其他牧区的情况与红格尔苏木大体相当，因此本文的研究结果具有一定的代表性。

一、内蒙古四子王旗红格尔苏木医疗服务现状

红格尔苏木位于内蒙古乌兰察布市四子王旗政府所在地西北约65公里。东与查干补力格苏木接壤，西与江岸苏木毗连，南与吉生太镇为邻，北与脑木更苏木交界，地理坐标东经111°32′，北纬42°02′。红格尔苏木辖9个嘎查，总辖地面积3917平方公里，总人口6574人。该苏木以牧业为主，多种经营，全面发展，该苏木是航天神舟系列飞船的主着陆场，也是该旗工业园区之一。因为是中国载人航天主着陆场所在地，红格尔，这个蒙古语意为"温柔之乡"的小镇，连同它丰厚的历史文化遗迹和柔美的草原民族风情，吸引了越来越多人的关注。红格尔苏木位于内蒙古自治区四子王旗的中北部，这里有582万亩草场，其中可利用草场面积达到90%。由于近年来国家加强了对草场的科学规划和管理，加上没有任何工业污染，蓝天、草原、洁白的羊群，还有自然形成的敖德其风景沟，使面积2917平方公里、人口只有6500多人的红格尔成为难得的塞外江南。1950年，建政时，属第一努图克锡拉木伦嘎查。1956年以地名更名为红格尔。1958年公社化时，命名为红格尔公社。1984年，社改乡时改为红格尔苏木。

红格尔中心卫生院位于内蒙古自治区乌兰察布市四子王旗红格尔苏木大庙，是一所基层卫生医疗机构。关于基层卫生院的建立，中华人民共和国成立初期，全四子王旗农村牧区没有医疗机构。1952年旗政府委派旗医院到牧区组建了红格尔诊疗所，有蒙医18人。1958年全旗22个公社都成立了卫生院，红格尔苏木是其中之一。1959年，四子王旗文卫部在红格尔公社卫生院进行集体所有制和全民所有制合并试点，为蒙西结合奠定了基础。1966年，"文化大革命"开始后，牧区9个卫生院只剩下11名蒙医，其余人全部下放劳

动或当大队赤脚医生。1970年，后旗军管会主持召开全旗卫生系统学习班，抽调25名医护人员重新组建各公社卫生院。其间，在全旗开展了"一根针，一把草"的合作医疗。1998年，建设了红格尔卫生院。2004年，建设了红格尔苏木中心卫生院，设置内儿科、妇科、中蒙医科、防保科、X光、化验室、心电室、B超等相关科室[①]。现有7名医护人员，其中有3名蒙医医师，1名中西结合助理医师和3名临床助理医师。苏木中心卫生院服务面积3064平方公里，下辖海仆子、白音花、脑木更、红格尔、达忽拉、乌布力吾素、阿日点力素、罕乌拉等8个嘎查，户籍人口为6300人，常住人口为2327人。蒙古族占70%，汉族为30%。内蒙古四子王旗红格尔苏木卫生院医疗服务覆盖区域与人口统计情况如表1：

表1 内蒙古四子王旗红格尔苏木卫生院医疗服务覆盖区域与人口统计表

嘎查	海仆子	白音花	脑木更	红格尔	达忽拉	乌布力吾素	阿日点力素	罕乌拉
常驻人口	622人	155人	300人	300人	70人	210人	240人	260人

红格尔苏木作为四子王旗的一个牧区，其医疗设施相对简单。在笔者实地调研过程中发现，红格尔苏木目前仅有一家卫生院，负责为当地居民提供基本的医疗服务。然而，这家卫生院的基础设施建设相对滞后，医疗设备陈旧，缺乏专业的医疗技术人员。这导致了许多常见的疾病无法得到及时有效的治疗，居民往往需要长途跋涉前往旗县或市级医院寻求更高水平的医疗服务。

二、乡村振兴中内蒙古边境牧区医疗服务发展面临的主要问题分析

（一）内蒙古边境牧区公共卫生服务地理可及性不足

首先，从基层卫生院医疗服务的地理可及性来看，它是指居民到达最近的就医地点的距离和时间。内蒙古边境牧区因卫生室分布不均，导致牧民在寻求医疗服务时面临显著的距离和时间差异。此外，该地区交通条件相对滞后，加之冬季气候严寒，雪阻频繁，牧民出行极为不便，进一步加剧了基本公共卫生服务地理可及性的不足。我们需高度重视这一问题，并采取有效措施加以改善，以确保牧民能够享受到便捷、高效的医疗服务。根据调查，我们得知四子王旗红格尔苏木3000多平方公里，户籍人口共计6300人，而常住人口则为2327人。在牧区，每平方公里的人口密度低至仅有2人，这种分散的居住模式导致了牧区服务半径过大的问题。此外，从经济角度来看，红格尔苏木牧区仍有一些牧户坚持传统的游牧方式。夏季，牧民会进行转场放牧，形成"大分散、小聚居"的居住格局。同

---

① 四子王旗地方志编纂委员会编：《四子王旗志》，呼伦贝尔：内蒙古文化出版社，2005年，第656页。

时，该地区的城镇化进程相对缓慢，牧区家庭的现代化程度有待提高。牧民的生产和生活高度依赖畜牧业，而牧民从事其他行业的现象并不普遍。再者，从技术层面分析，由于牧民居住地点分散，且牧区网络信号质量差，通信和移动网络设备的覆盖不足，基础设施建设成本高昂，导致信息传递速度缓慢。这直接影响了牧民在紧急情况下的求助能力，尤其是在传染病流行时，家族间的传播风险显著增加。

根据访谈，红格尔苏木中心卫生院院长说：

> 说到农牧区的公共卫生和健康服务，农区的情况相对来说还算可以，但边境牧区那边就比较头疼了。因为牧区的环境特殊，还有他们那种特别的生活方式，导致服务成本得高出好多。你比如说，农区每人每年的公共卫生补贴只要1块钱，但牧区那边每人就得4块钱才够花。有一次，我们卫生院的医生去脑木更嘎查给一个贫困户做体检。那地方离苏木有100多公里远！我们出发前还特地打了个电话让他在家等。结果等我们到了，他人却不在家，由于牧区信号不好，电话也打不通。没办法，我们只能又跑回去。就这样，来来回回将近300多公里，结果一天下来一个人都没服务到。过了几天，我们又去了脑木更嘎查，这次终于碰到了那个牧民，给他做了体检。说起来，我们花了整整两天时间，才服务了一个人，真是够折腾的①。

由于牧区地广人稀，即使完成了各项公共卫生服务内容，但服务人口较少，提供服务的效益比农区要小得多，并且服务的时间成本和交通成本较高，使得卫生服务的可及性较差，增加了提供服务的难度。

（二）缺少专业技术人才

人才是一个医院的主体，是医院整个资产中最为重要的一个资产②。缺少专业技术人员以及人才流失现象严重是制约内蒙古边疆牧区卫生事业发展的最大"瓶颈"，也是边疆民族地区一些医疗卫生部门需要提高的地方。

四子王旗，作为内蒙古自治区北部的边境牧业县，经济发展相对滞后，工作环境亦颇为艰苦。由于这些不利因素，该地区的医护人员流失现象日益严重。随着经济的稳步增长，城乡差距逐渐拉大，牧区医护人员的收入水平依然偏低，这导致了基层医疗卫生机构人手紧缺的困境持续存在。一方面，当前医疗队伍面临人才短缺的问题，许多具备执业资格的年轻医生更倾向于选择条件优越、机会更多的大医院工作，而非条件艰苦的乡村地区。这导致了医疗资源在城乡之间的不均衡分配。另一方面，牧区地区由于交通不便，医护人员外出培训学习面临天然困难。同时，由于经费限制，牧区医疗体系在专业培训以及

---

① 访谈人：包美荣；受访人：红格尔苏木卫生院院长吉某某；访谈时间：2023年7月20日；访谈地点：红格尔苏木卫生院。
② 蒋卫：《注重人才培养创新人力资源管理》，《人力资源管理》2010年第6期。

卫生工作人员知识更新方面存在明显不足，这进一步加剧了牧区医疗服务的挑战。因此，我们需要采取有效措施，加强医疗队伍建设和人才培养，提高牧区医疗服务水平，以满足广大牧民的健康需求。自新一轮医改实施以来，牧区苏木卫生院在人员薪酬方面已实现全额发放，且编制名额相对宽裕。然而，目前仍面临吸引人才难、人才流失严重的问题。

据红格尔苏木卫生院的院长介绍：

> 红格尔苏木中心卫生院现在只有7名医护人员，要服务6000多人。这点人手明显不够用。为啥基层卫生院总是缺人呢？有几个主要原因。第一，我们基层卫生院的工作方式和城里的大医院不一样。我们是18天轮一次班，24小时值班，就算没病人也不能走。第二，我们的药房里有200多种药，都是国家采购的，得按原价卖给牧区的病人。所以，我们医护人员的工资里没有药物的提成。还有我们这里偏远，工作条件差，压力大，成本高，效益低。那些年轻的医生都不愿意来这种地方。再说，有些医护人员虽然能做一些基础的医疗工作，但他们没有接受过系统的专业培训，很多人甚至没有行医资格证书。他们可能缺乏专业的医疗技能、临床经验和正确的技术操作①。

根据国家规定，嘎查人口若未达到600人，不得设立卫生室。红格尔苏木管辖地内，除苏木中心卫生院外，仅在海卜子嘎查设有卫生室，但仅有一名非编制医护人员。2017年，吾布力吾素嘎查虽新建卫生室并配备一名医护人员，但由于专业技术人员匮乏，其医疗服务质量难以满足广大人民的基本医疗需求。

(三) 牧民健康意识淡薄

牧民健康意识淡薄是内蒙古边境牧区医疗服务能力提升的一个重要问题。主要原因在于，一是边境牧区的教育水平普遍较低，很多牧民缺乏健康知识和意识的基础。同时，由于交通不便和信息传递限制，很多牧民无法及时了解到关于健康保健、疾病预防等方面的信息。二是在一些牧区，牧民的生活方式与现代医学观念存在差异。一些牧民更倾向于使用传统的治疗方法，对现代医疗服务持怀疑态度。他们可能更相信传统的草药治疗或者依赖自然疗法。三是边境牧区的医疗资源有限，医院数量少，医生和护士的数量不足，医疗设备和技术也相对滞后。这使得牧民在面临疾病时往往难以获得及时有效的医疗服务，导致他们对医疗服务的信任度降低。

关于牧民在日常生活中对待感冒等常见疾病的看法和做法，红格尔苏木脑木更嘎查的牧民说：

---

① 访谈人：包美荣；受访人：红格尔苏木卫生院院长吉某某；访谈时间：2023年7月20日；访谈地点：红格尔苏木卫生院。

牧民的生活真的好忙啊，忙到有时候连饭都吃不上。尤其是春季接羔，秋季打草时忙碌得很。家里牛羊多，我们出门的话，没人可照料他们了。要是有点头疼脑热的，我们就喝一碗热腾腾的羊肉汤，出点汗，感觉就好多了。而且，我们嘎查离红格尔苏木卫生院那么远，有130多公里呢，来回走一天时间就没了，如果检查项目多了，得苏木上住一天才行。就为了个小感冒跑那么远，真的不值得。所以，我们一般都很少去医院①。

牧区因其独特的地理条件和生产生活模式，产生了特定的卫生服务需求。然而，当前牧区牧民对于预防保健的重要性认知不足，多数牧民仍坚持着"小病拖延、大病硬抗"的错误观念，这显示出他们在健康意识方面存在明显的缺失。

综上所述，内蒙古边境牧区的卫生服务半径过于广阔，导致服务成本显著提高，使得居住在偏远地区的牧民难以享受到优质的基本医疗和公共卫生服务。相较于农村地区，牧区在卫生资源方面的匮乏更加凸显。高昂的服务成本和较差的服务可及性，使得疾病的预防和治疗任务难以有效实施。因此，如何高效整合和分配牧区的卫生资源，以增强其公共卫生服务能力，成了牧区民生工程中亟待解决的关键问题。

三、促进边境牧区医疗卫生服务能力的对策

（一）优化边境牧区医疗资源分配

在我国辽阔的边境地区，牧区是不可或缺的一部分。这些地区常常因为地理位置偏远、人口分布不均等因素，面临着医疗资源紧张、医疗服务不足的问题。为了改善这一状况，我们必须首先对边境牧区的医疗资源进行全面评估，并在此基础上进行科学合理的规划。

1. 边境牧区医疗资源评估

边境牧区多位于偏远地区，医疗资源匮乏可能导致当地居民在面临疾病时无法得到及时有效的治疗，从而引发社会不满和不稳定因素。通过加强医疗资源评估和建设，可以提升当地居民的医疗保障水平，增强他们的获得感和幸福感，从而维护社会的和谐稳定。因此边境牧区医疗资源进行平时可做以下几点：首先，我们需要对边境牧区的人口情况进行详细调研。这包括人口数量、人口密度、年龄结构、民族分布等方面。通过了解人口情况，我们可以更准确地把握就医需求。其次，我们需要深入调查边境牧区的就医需求。这包括各类疾病的发病率、患者就医的频次和距离、患者对医疗服务的需求和期望等。通过收集这些数据，我们可以更加清晰地认识到边境牧区医疗资源的不足和缺口。最后，我们

---

① 访谈人：包美丽；受访人：红格尔苏木脑木更嘎查牧民巴某；访谈时间：2022年12月11日；访谈地点：红格尔苏木脑木更嘎查牧民巴某家中。

需要对边境牧区现有医疗资源供给情况进行评估。这包括医院、诊所、卫生站等医疗机构的数量、分布、服务能力等方面。通过对比需求和供给，我们可以明确医疗资源的短板和潜力。

2. 边境牧区医疗资源的合理规划

合理规划边境牧区医疗资源有助于确保牧区居民的基本医疗需求得到满足。边境牧区往往地处偏远，医疗设施相对匮乏，医疗资源配置不合理会导致医疗服务效率低下，影响居民的健康状况。通过合理规划，可以确保医疗设施的数量、分布和规模与牧区居民的实际需求相匹配，提供及时、有效的医疗服务。

因此，在了解边境牧区人口情况和就医需求的基础上，我们可以根据人口密度和需求情况，科学配置医院、诊所、卫生站等医疗机构。对于人口密集、就医需求大的地区，可以增加医疗机构的数量和提高服务能力；对于人口稀少、就医需求较小的地区，可以通过优化服务流程、提高服务质量等方式，满足居民的基本医疗需求。同时，我们还应该注重医疗资源的均衡分布。在边境牧区，由于地理位置的限制，一些地区可能难以享受到优质的医疗服务。因此，我们应该通过政策引导、资金扶持等方式，鼓励医疗机构向这些地区延伸服务，实现医疗资源的均衡分布。总之，边境牧区医疗资源的优化配置是一项长期而艰巨的任务。我们需要从实际情况出发，全面评估医疗资源现状和需求情况，合理规划医疗机构布局和服务流程，加强医疗人才培养和技术引进，不断提高医疗服务能力和水平。只有这样，才能让边境牧区的居民享受到更加优质、便捷的医疗服务，实现健康中国的目标。

3. 加强边境牧区专业人才队伍建设

为了加强边境牧区专业人才队伍建设，我们需要采取一系列措施，以确保边境牧区能够拥有一支高素质、专业化的人才队伍，为边境牧区的经济社会发展提供有力的人才保障。首先，我们需要加强对边境牧区专业人才的培养。可以通过建立边境牧区人才培养基地、开展专业技能培训、实施定向培养等方式，提高边境牧区人才的专业素养和技能水平。同时，我们还应该加强对边境牧区人才的教育和引导，培养他们的爱国情怀和社会责任感，增强他们为边境牧区发展贡献力量的使命感和荣誉感。其次，我们需要完善边境牧区人才的管理机制。可以建立健全边境牧区人才信息库，对边境牧区人才进行动态管理和跟踪服务，为边境牧区提供精准的人才匹配和推荐。同时，我们还应该加强对边境牧区人才的评价和激励，建立科学的考核机制和奖惩机制，激发边境牧区人才的积极性和创造力。最后，我们需要加强边境牧区人才队伍的交流与合作。可以通过组织边境牧区人才交流会议、开展合作项目等方式，促进边境牧区人才队伍之间的交流与合作，共同推动边境牧区的经济社会发展。同时，我们还应该积极引进外部人才资源，为边境牧区的发展注入新的活力和动力。

总之，加强边境牧区专业人才队伍建设是一项长期而紧迫的任务，需要我们采取有效措施，不断完善人才培养、管理、交流等方面的工作，为边境牧区的经济社会发展提供坚实的人才保障。

(二)创新医疗服务模式

鼓励和支持医疗机构探索适合牧区特点的医疗服务模式,如"小药箱"工程、"卫生健康流动站"医疗模式等。这些新型服务模式可以突破地理限制,让牧区居民在家门口就能享受到高质量的医疗服务。

1. "小药箱"工程

在2013年开始,内蒙古自治区根据各地区的财力状况,优先解决距医疗点10公里以外居民的医疗问题,然后在扩展到距离医疗点5公里以外的居民,逐步打造了5公里以内的医疗服务圈[①]。内蒙古地域辽阔、人口居住分散,卫生资源分布不均,卫生服务可及性不高,特别是牧区距医疗点远,尤其是冬季雪大封路得病出不去,春季接羔忙碌得病没时间医治,夏季转场放牧得病出不去,秋季打草等忙碌得病没时间看病,因此在特殊的生计方式及自然环境下,牧民看病就医难是一个由来已久的现实问题。针对上述困难,为提高牧区群众的健康保障水平,使他们享受到国家医疗卫生改革成果。

在2011年6月起,内蒙古自治区卫生厅本着"政府支持、居民自愿、科学设置、安全使用"的原则,在呼伦贝尔市试点了"牧区居民健康保障小药箱"工程。由政府牵头,免费为牧民发放"家庭小药箱"。[②] 小药箱成为向牧区群众提供的、物化的公共医疗产品,深得牧民的信赖。内蒙古自治区卫生厅根据试点地区的成效结果逐步在内蒙古各地区实施"小药箱"工程。在当地政府的牵引之下,四子王旗红格尔苏木也给每户牧民家送到了"小药箱",小药箱内主要装进了家庭使用的纱布、消毒水、治疗感冒等常用药之外,针对牧区地方性疾病,如高血压、高血脂等疾病的发生情况装进了针对性的治疗药物。发放小药箱时由卫生院医生详细地讲解每一样药的使用情况并配备了所有药物的安全使用说明。

"小药箱"改变了牧民"小病拖,大病扛"的现状,提高了牧民健康幸福指数,并且对健康知识的认知也在逐步提高。

2. "卫生健康流动站"医疗模式

为了促进牧区医疗卫生改革和解牧区充分了解群众身体健康状况,红格尔苏木中心卫生院建立了"牧区卫生健康流动站",完善上门巡诊服务和信息联络制度。红格尔苏木中心卫生院医护人员一年有四次到牧区给牧民做检查身体,统计和筛查肺结核、布病、甲肝、乙肝等疾病并定期检查疾病控制情况,再由医生开药方配药。除此之外,再整理补充小药箱的同时做宣传教育工作。据红格尔苏木中心卫生院的院长介绍,自新冠肺炎及鼠疫的爆发,该卫生院格外重视宣教教育的工作,并带头做有蒙汉双语文字的"抗击新冠肺炎""鼠疫防治""爱国卫生运动""疫苗接种"为主题的宣传资料手册,分发到每一户。对行动困难群体和重点人群免费发放安乃近、氨咖黄敏胶囊、维生素C等药,免费送药上

[①] 毕力夫:《打造新型基层卫生服务体系》,《中国农村卫生》2013年第13期。
[②] 生焰明:《"小药箱"承载"大卫生"》,《中国村卫生》2013年第2期。

门服务。

"小药箱"和"流动医疗卫生工作站"形成了牧区公共医疗服务的最佳"组合",将基本公共卫生和医疗服务下沉到每一个牧户和每个牧民。医疗服务、宣传教育等一系列的措施,使牧民切身感受到看得见、摸得着的实惠及成效。牧区医疗卫生服务事业的改善,在很大程度上促使了人们思想观念的改变和健康意识的增强。

(三) 促进牧区本土医疗知识的辅助价值

地方性医疗知识体系可以帮助我们去全面地了解一个社会环境中的医疗活动和一定社会文化中的实践性经验知识。从牧区整体而言,受其特殊的自然环境、居住分散、牧业生产特点等因素影响,使得牧区的医疗卫生服务与农区相比,仍然存在些不小的问题,在发展中面临着不少的困难。然而牧民本土防治知识正式弥补了医疗服务事业的普及化,起到了积极地作用。牧民本土防治知识是牧民适应于自然环境并生产生活等实践过程中获得的传统经验、常识和本土知识的一个综合。牧民因特定的自然环境,并与其生存环境中的动植物之间形成"互惠"关系。

笔者在四子王旗红格尔苏木做实地调查时,听到了诸多牧民本土防治疾病的知识。如,在牧区常见的传染疾病为"天花"。对此,罕乌拉嘎查有一位牧民老人讲道:

> 小时候,经常听老人说,天花这个病可不管你是男是女,老的小的,甚至是刚出生的娃娃都能染上。那时候哪有什么疫苗啊,要是有人得了天花,就得靠一种长在草原上的药草来救命。这草啊,大家都叫它"野萝卜",其实它并不是真的萝卜,只是长得有点像而已。这种野萝卜啊,喜欢长在沙地或者疏松肥沃的土地上,它的根是肉质的,形状长长的,有点像萝卜,根皮有绿色也有白色的。当有人发烧的时候,大家就会去挖一些野萝卜回来,连着根和大叶子一起煮汤喝。喝了这汤啊,出点汗,头痛、眼红、发烧这些症状就会缓解很多。过了三四天,疹子也会顺利地发出来,然后人就很快恢复健康了。以前啊,因为医疗条件不好,天花又传染得特别厉害,也听说过有人因为得天花而去世的。但在我们家乡,大家都相信这野萝卜汤的效果,所以都会用这个方法来治病。哪怕现在医疗条件好了很多,孩子们得了天花,在输液的同时,家长们还是会给他们煮野萝卜汤来喝呢。①

除了草药之外,骆驼宝克在牧区也具有广泛的实用性。"宝克"特指公骆驼在发情期间,其颈枕腺所分泌的一种具有独特恶臭气味的黑褐色液体,亦有人称之为枕腺分泌物或颈腺分泌物。在四子王旗红格尔苏木地区,牧民们会剪下沾有宝克的骆驼毛,并将其裹入布袋中,缝制在儿童衣领的内侧,以此来预防流行感冒。在其他地区,人们还尝试将宝克

---

① 访谈人:包美丽;受访人:红格尔苏木瀚乌拉嘎查牧民青某;访谈时间:2023年7月5日;访谈地点:红格尔苏木瀚乌拉嘎查牧民家中。

含于口中,用以治疗牙痛等疾病。在蒙古国,牧民们则采取将宝克制成药剂的形式服用,用于治疗子宫肌瘤和肾阳虚症。经过研究者的深入探索,他们发现宝克对肿瘤、肾阳虚以及免疫力低下等疾病具有积极的改善作用。因此,宝克无疑具有潜在的药理学和药剂学研究价值,值得进一步开发其药用价值。

当然,牧民的本土防治知识是弥补医疗服务的弱点,适当地预防和治疗地方性疾病,然而并不能代替现代医学的防治效用。尤其是突发性公共卫生事件,需要系统化的医疗服务体系。为了让人民群众能够就近享受高质量的基本医疗和公共卫生服务,内蒙古牧区应结合地区实际,从基层牧民的需求出发,在牧区建立流动的医疗队伍,定期下乡巡回诊疗,把县城医疗服务送到基层,送到牧民家门口。

四、结　语

通过四子王旗红格尔苏木的实地调研,我们进一步认识到,考察牧区特别是边疆民族地区牧区的医疗卫生事业,必须从当地自然条件、人口分布和历史文化等特点出发,来衡量和认识其发展成就以及制约因素和困难。从牧区整体而言,受其特殊的自然环境、居住分散、牧业生产特点等因素影响,使得牧区的医疗卫生服务面临着不少的困难。文章通过优化边境牧区医疗资源分配、创新医疗服务模式、促进牧区本土医疗知识的辅助价值等方式提升边境牧区医疗卫生服务能力,为实现边境牧区人口基本公共卫生服务均等化提供借鉴。此外,内蒙古边境牧区医疗服务能力研究对于推动乡村全面振兴具有示范和引领作用。通过对牧区医疗服务能力的深入研究,可以探索出适合牧区特点的医疗服务模式和发展路径,为其他地区的乡村振兴提供借鉴和参考。同时,牧区医疗服务能力的提升也可以展示乡村振兴的成果和效益,增强社会对乡村振兴的信心和支持。

民族传统体育与少数民族青少年健康发展研究

方 征[*]

摘 要：民族传统体育是按照西方现代体育的概念从民族传统文化中整合出来的产物，人们往往关注民族体育的工具性价值，疏忽了其人文价值。通过民族传统体育外在表现的"能指"，解构其内隐的"所指"是民族体育工作者研究的重要视角，才能对其文化特征和功能进行准确的解读。当前，学界对青少年健康研究的主要关注点是健康评价体系、健康环境、心理健康、体质健康等方面，而影响少数民族青少年健康的原因具有多重性和特殊性，从文化的视角进行解读是本质的。发挥民族传统体育的功能，提升文化自信、不断开拓创新、加大社会应用不仅可以提高他们的身心健康水平，而且对早日实现多元一体中华民族的整体复兴具有重要价值。

关键词：民族传统体育；青少年；健康；文化

党和国家高度重视国民健康工作，先后印发了《关于加强青少年体育增强青少年体质的意见》《关于强化学校体育促进学生身心健康全面发展的意见》《"健康中国2030"规划纲要》《中长期青年发展规划（2016——2025）》等一系列文件，为青少年健康工作的开展指明了方向。2015年6月9日，贵州省毕节市七星关区田坎乡茨竹村发生了4兄妹留守儿童集体自杀的惨剧，受到了中央领导同志的高度关注，也成为社会广泛关注的焦点问题。通过对民族传统体育、健康和文化之间关系的研究，试图解读影响少数民族青少年健康的本质原因，并提出合理化建议，为民族地区社会的健康发展做贡献。

一、民族传统体育的文化本质

（一）民族传统体育的文化属性

在人类长达300多万年的生存发展历程中，主要依靠采集、渔猎为生存方式，这种模

---

[*] 方征，中央民族大学体育学院教授，主要从事民族体育与传统文化研究。

式是依靠大自然的"恩赐"来满足自身的生存需要,并未对自然环境进行改造。近两万年前,随着蓄养和农业文明的到来,人们开始进一步开发自己的智慧和技术来创造财富,并对自然进行了有目的的改造,随之也逐渐出现了制度、法律、宗教、婚姻、艺术和风俗等文化体系,人类学将这种从旧文化体系中分化出新文化体系的过程称为"文化的分化"[①]随着科学的发展,人们又按照事物的性质进行分类,去研究自然世界和人类社会,也就形成了不同的学科。

体育的概念是1840年鸦片战争以后从西方引入中国的,当时的洋务派在"师夷之长技以制夷"思想的指导下,将以体操为主的西方体育运用于军事练兵活动。1902年、1903年清政府颁布的《钦定学堂章程》和《奏定学堂章程》也规定了大、中、小学的体育课"宜以兵式体操为主",从此体育作为一门课程也走进了中国的学校教育领域。在今后的发展过程中,体育学被列为社会科学之下的一门重要的学科,逐步走向了成熟与稳定。

1997年,教育部在学科划分时将民族传统体育学列为体育学科的四个二级学科之一,从此民族传统体育学就被分化出来,以独立的姿态开始构建自己的学科体系。1982年,随着第二届全国少数民族传统体育运动会的恢复以及今后四年一届的定期举办,关于这一领域的文化研究开始蓬勃发展。少数民族传统体育学科的发展,打破了以武术为主的学科束缚,融合了民族学、人类学和民俗学等学科的理论和方法,拓宽了研究领域和学术视野,开始走向综合性和多元化发展的道路。

民族传统体育是人们按照体育"竞技"和"身体教育"的概念从各民族的生产生活、军事斗争、宗教仪式、婚姻活动和民俗娱乐等活动中整合出来的一类文化体系,它源于文化整体,又从不同的视角反映了社会的方方面面。民族体育以肢体活动为主要特征,受社会的政治、制度、环境、经济、法律和风俗习惯等方面的制约,反映了民族的生存方式、价值观念和哲学思想。由于自然环境、社会环境和文化类型的不同,各民族传统体育丰富多彩、形式多样,既有精湛的技术技能,又有深邃的生活经验,是各族人民为后人留下的宝贵财富。当前,学界注重民族传统体育的竞技、表演等工具性价值研究,对民族体育内涵的精神思想等人文价值的研究仍然相对薄弱。民族体育是各民族人民物质财富和精神财富的结晶,蕴含了古朴的传统思想和生存理念,是教育后人如何适应自然和社会生活的典籍,如何挖掘、保护和利用这种文化遗产,调动社会力量为民族地区经济社会发展和群众健康生活服务是我们面临的新的课题。

(二)民族传统体育的符号象征

瑞士著名语言学家索绪尔在他的"符号学"理论中提出了能指和所指的概念:"语言符号连接的不是事物和名称,而是概念和音响的形象,并把概念和音响形象的结合叫做符号。"[②] 他认为任何一个符号都是由能指和所指这两个要素构成的统一体,只有当能指和

---

① 林耀华:《民族学通论》,北京:北京中央民族大学出版社,1997年,第395页。
② 巴尔特著,王东亮译:《符号学原理》,上海:生活·读书·新知三联书店,1999年,第1页。

所指两者融为一体时才形成一个完整的符号。所指是指思维形象、概念、想法等事物所内涵的文化寓意，而能指是指事物的表现形式、内容和场景等外在表现，两者的有机结合才是事物的完整表现。索绪尔把符号看作能指和所指相连接所产生整体的这一观点为象征人类学的基本概念"象征"的构成要素提供了重要的理论指导。

民族传统体育学者往往关注的是作为象征符号的民族传统体育事项，其表现形式、技术特征和竞赛方法等，即所谓的"能指"，然而我们更应该将这种外在的现象进行层层"剥离"，探求事物所蕴含的精神价值即"所指"，最后能够对其进行解构和分析，即"深描"。民族体育文化的研究必须在了解其整体文化背景的前提下，通过符号在特定场所表现出来的特征，对象征所赋予的意义进行深入的解读。民族传统体育工作者必须透过表面看本质，将民族传统体育放回文化大背景下去解读，才能充分发挥其文化价值。

(三) 民族传统体育的特征与功能

由于民族传统体育是从不同民族文化体系中按照体育的特征整合出来的产物，因此他就以独特的方式反映了文化的方方面面。传统性：各族人民在长期的历史发展中创造了灿烂的传统文化，民族体育反映了不同民族的社会发展历程、哲学思想和风俗习惯，同时不同民族传统体育又呈多样性发展。融合性：民族传统体育与民族音乐、舞蹈等艺术形式相融合，往往是你中有我、我中有你，具有很高的观赏价值和娱乐价值。群众性：民族传统体育源于民俗生活，节日是展示民族体育的重要场所，人们通过参与增进交流、加深认同、促进发展，同时也是扩大对外交往和传播文化的重要渠道，具有广泛的参与价值。神秘性：民族体育融合了宗教活动的仪式内容，一些独特的功法和场景能够使人受到震撼，"万物有灵"是民族宗教的思想源泉，引领人们领略那神秘的精神世界。教育性：民族传统体育源于生产生活实践，是技能经验和文化传统继承的载体，是教育后代认识自身历史的有效途径，具有很强的教育价值。

文化是灵魂，健康是希望。民族传统体育以它特有的姿态传递着民族的知识、习俗和信仰，是维系民族生存和发展的重要渠道。它不仅能够传承民族文化、加强文化认同、促进民族团结、增强社会凝聚力，而且还可以提升民族自信、增强民族体质、陶冶民族情操、促进民族交流和扩大对外交往，带动技术的发展和信息的传递。充分挖掘和保护民族传统体育文化资源，充分发挥其参与性强、锻炼价值高和社会影响力大等特点，可以为民族地区经济社会的健康发展起到促进作用。

二、健康研究与文化解读

(一) 青少年健康研究的动态

当前，关于青少年健康的研究主要关注健康评价体系、健康环境、心理健康、体质健康等方面。

健康评价体系：为了有效地对青少年健康情况进行检测和了解，不同学科的研究者也试图建立一套科学的评价体系，对研究对象进行及时准确地掌握。评价指标主要有危险行为的检测、体质健康标准化构建、心理测试和健康素养的评价等。健康评价体系主要是用量表进行评价，健康素养的评价是当前比较关注的评价方法。健康素养是指："个体具有获取、理解和处理基本的健康信息和服务，并运用这些信息和服务做出正确的健康相关决策的能力。"[1] 这种评价方式是一种综合和全面的评价模式。2008年，中国健康素养评估又将健康素养内容或维度分为健康知识、健康行为和健康技能3个层次。健康评价体系是专家综合了研究成果总结出来的经验性假说，而在评价过程中，被测试者可能会因为个体的差异而出现不准确的情况。

健康环境：社会、学校和家庭是影响青少年健康的主要场所。社会环境研究主要关注政策法规、医疗保障、大众媒体、活动场所和社交人群等对青少年健康的影响；学校环境主要关注思想品德、体育锻炼、健康教育、学习生活和互动关系等方面的研究。家庭环境主要关注经济水平、家庭结构、生活方式、教育方式和医疗条件等方面。健康危险行为是社会广泛关注的热点问题，健康危害行为是指："凡是给青少年健康、完好状态乃至成年期健康和生活质量造成直接或间接损害的行为通称。"[2] 学界对社会环境与青少年的故意伤害行为、非故意伤害行为、精神成瘾行为、物质成瘾行为、不良饮食和生活习惯、不健康性行为和缺乏体育锻炼等问题进行了重点关注。

心理健康：青少年心理行为问题是健康教育的重要内容，主要聚焦在青少年心理健康相关的调查和心理行为规避风险的控制两个方面。中国青少年心理健康教育的重点为"学习辅导、人格辅导、生活辅导和升学择业辅导四大主题，重点包括认识自我、学会学习、人际交往、情绪调适、生活和社会适应等"[3]。研究者注重探索青少年心理健康水平的影响因素和机制，在内部心理过程研究中探讨认知模型、气质型乐观、情绪调节等效能变量与心理健康、幸福感的关系方面；在外部环境层面上，父母冲突、压力性生活事件、教养行为、家庭亲密度、家庭道德情绪与青少年的心理问题、幸福感、对未来的规划及学校适应之间的关系。

体质健康：身体形态、机能和体能是青少年体质健康检测的重要内容。身体形态主要包括身高、体重、胸围、腰围、皮褶厚度等指标；身体机能主要包括脉搏、血压、肺活量、台阶实验等指标；体能主要测试50米跑、800米跑、1000米跑、体前屈、立定跳、仰卧起坐、引体向上等指标。体质健康测试研究是检验学生生长发育、器官功能和运动能力的重要手段。体质健康研究还包括体育课、课外活动、运动会、社会活动等对学生体质健康影响的研究。

健康行为是指："个体或群体为了预防疾病、增强体质、维持和促进健康所采取的一

---

[1] 曲爽笑、王书梅、郑文娟、曹志娟、郭家宁：《儿童青少年健康素养评估体系的研究进展》，《中国学校卫生》2014年第1594—1597页。
[2] 曹静、李蕴成：《青少年健康危险行为现状分析》，《中国食物与营养》2014年第3期。
[3] 俞国良、王勍：《比较视野中青少年心理健康教育与服务的发展路径》，《中国人民大学教育学刊》2015年第2期。

切有利于自身及他人在身体、心理、社会适应性等方面保持良好、健康状态的各种行为和活动的总称。"① 提升个人和集体的健康行为是促进青少年健康发展的主要目标。

（二）少数民族青少年健康研究

由于少数民族地处偏远、经济发展滞后、信息不畅、科学技术不发达等，学界更多关注由于贫困和落后带来的少数民族地区青少年的健康问题，经济收入、生活环境、教育状况、生理卫生和社会活动等是影响健康的重要因素。不同民族之间健康指标的比较研究，留守儿童的心理健康研究是热点议题。

生活质量是从心理、社会、生理等方面体现健康综合指标，能够综合反映个体的身体功能、心理状况、独立能力、社会关系、生活环境等。沈林等在研究中得出结论："与全国同类农村儿童常模相比，新疆喀什地区少数民族留守儿童生活质量总分和各因子、各维度得分差均超过8%。这表明喀什地区留守儿童的生活质量状况并不尽如人意。"② 董泽松对白族、彝族和回族留守儿童与家庭成员之间的沟通和交流的比较研究得出了对心理健康具有不同影响的结论："留守家庭成员间良好的沟通和积极的情感互动有助于留守儿童采用积极应对方式。"③ 吴伟强等的研究成果表明："中学生缺乏必要的性心理知识和性心理准备。对广西青少年开展性病、艾滋病预防的性健康教育、遏制性病、HIV的感染，是已经摆在教育部门和卫生部门眼前的一项紧迫而严峻的任务。"④ 情感缺失、封闭自卑、体质下降、心理失衡等是学界高度关注的研究命题，但这些问题并不是只靠资金投入、改善生活状况就能解决的问题，从文化的视角去解读和干预是当前研究的薄弱环节。

（三）少数民族青少年健康的文化解读

生态人类学将环境分为自然环境和社会环境。自然环境和社会环境的稳定致使文化保持动态的平衡，社会也得到稳定的发展。当文化得到来自内部的进化或在与外部的接触受到刺激时，文化就会发生变迁失去平衡，社会就会发生改变。人们就必须通过文化的调适和重构建立一种新的适应，叫作文化的制衡⑤。林耀华先生根据中国民族地区生态和经济社会情况提出了经济文化类型的概念："居住在相似自然地理条件下，并有近似的社会发展水平的各民族在历史上形成的经济和文化特点的综合体。"⑥ 他把中国各民族的经济文化类型分为采集渔猎、畜牧和农耕等类型，又分为若干个分支类型。经济文化类型的概念阐释了中国民族社会文化的多样性和特殊性，以及与生态环境之间的密切联系。经济的发展、交通的改善、信息的畅通使得少数民族地区正在发生着日新月异的改变，商品经济也

---

① 郑家鲲：《培养青少年健康体育行为的目标与策略》，《武汉体育学院学报》2014年第4期。
② 沈林、杨俊敏、毕存箭：《喀什农村少数民族留守中小学生生活质量状况》，《中国学校卫生》2012年第6期。
③ 董泽松、李孝川：《滇西少数民族留守儿童家庭功能与应对方式的关系》，《中国妇幼保健》2014年第23期。
④ 吴伟强、陆焯平、李民胜、秦桂秀、陈媛：《广西少数民族地区青少年性健康教育现状调查及其对策》，《广西医科大学学报》2004年第1期。
⑤ 罗康隆：《文化适应与文化制衡》，北京：民族出版社，2007年，第179—196页。
⑥ 林耀华：《民族学通论》，北京：中央民族大学出版社，1997年，第395页。

带来了劳务的大量外出、外来人口的不断涌入，这是发展的机遇，也是文明的冲突，势必会给传统的文化和生活方式带来影响。在这种冲突中，文化与环境固有的平衡被打破，少数民族青少年失去了健康成长的环境，形成了家庭、学校和社会的教育缺失，安全与健康出现严重问题就是这种不适应带来的严重后果。

不同的学科运用科学的方法对少数民族青少年健康问题进行研究，由于社会环境和传统文化的复杂性，人们往往不能对健康问题进行全面的解读。萨林斯提出了文化特殊进化论的观点："由于它对所属环境的高度适应化，也就高度特殊化，该种文化的运作在所属环境中效率越烈越高，但对其他生存环境的适应能力却会随之下降。"不同地区的少数民族由于其生态环境、宗教信仰、价值观念、社会关系、生活方式、经济条件等有着很大的不同，影响到青少年健康的原因既有共同原因也有特殊因素，用科学的方法进行评价都有局限性。文化决定论认为，只有文化才能解读文化。"技术永远是要被淘汰的，而文化则可以永恒"[①]，民族体育文化研究者从自然环境和社会环境的改变造成文化变迁和失衡的视角去探讨少数民族青少年健康问题，并不断汲取相关学科的理论和方法，努力营造健康适应的文化环境，促进各民族青少年健康水平的不断提高。

三、民族体育与健康发展

(一) 民族体育与文化自信

费孝通先生提出了"各美其美，美人之美，美美与共，天下大同"的文化自觉理论，就是对自己的文化要有自知之明，并对其发展历程和未来有充分的认识，是文化的自我觉醒，自我反省，自我创建的过程。

民族传统体育工作者要深入开展民族体育文化的挖掘与整理研究，讲好民族体育故事，将民族文化的优秀品质贯彻到体育教学和教育活动中。组织开展各种形式的民族体育竞赛、表演和娱乐活动，通过实践活动培养学生团结友爱、坚强勇敢的精神品质，也使学生了解自己的传统文化，从而增强自尊和自信，提升民族自豪感，促进身心健康的发展。

(二) 民族体育的创新发展

民族体育不仅有健身、娱乐、竞技和表演等方面的功能，同时在培养意志品质、促进人际交往、增进社会适应性和塑造健全人格等方面有着重要的功能。民族体育工作者要加强理论和实践的创新，加强科研和教学方法的创新，加强与教育、卫生、文化和相关学科的联系，不断开拓民族体育科学研究的新视野。通过深入研究和论证，设计出科学合理的教学方案，通过教育实践对少数民族青少年进行身心健康进行干预，充分发挥现代体育、民族体育的育人功能，为促进少数民族少年儿童的健康成长探索创新之路。

---

① 胡惠林：《中国文化产业发展战略论》，北京：经济科学出版社，2014年，第3页。

(三)民族体育的社会情怀

社会、学校和家庭教育影响少数民族青少年健康的主要环节。少数民族青少年健康需要社会的广泛关注,一方面要加大对民族体育工作的重视和投入,另一方面要给少数民族青少年创造参加社会活动的机会,增加他们与社会交流和实践的机会,实现自我价值。学校应该积极与社会组织联系,根据社会的需求培养具有民族体育技能的学生,为他们今后的就业增加机会。民族体育在旅游文化产业中具有广阔的应用价值,产学研相结合,培养具有专业技能的学生是促进民族地区社会健康发展的重要渠道。

四、结　语

党的十九大提出,我国社会主要矛盾已经转化为人民日益增长的美好生活需要和不平衡不充分的发展之间的矛盾。2017年2月24日,习近平总书记在观看了国家花样滑冰、短道滑冰队训练后指出:"少年强则中国强,体育强则中国强,推动我国体育事业不断发展是中华民族伟大复兴事业的重要组成部分。"加强少数民族青少年健康研究,不断改善他们的健康状况,培养健康自信的下一代是民族传统体育工作者的职责,不仅具有很大的应用价值,同时也具有深远的历史价值。

鄂温克族传统音乐文化特征与传承传播

诺尔曼　乌日娜[*]

摘　要：鄂温克族，拥有独特的生活习俗、信仰和语言。本文分别探讨了索伦鄂温克、通古斯鄂温克、使鹿鄂温克三个分支的生活地域、人口、民间音乐与特征，特别是对索伦鄂温克的四种民间音乐形式（扎恩达拉嘎、努该勒、萨满调、尼玛军）、使鹿鄂温克的传统音乐与特征（哈安、宁恩阿坎、伊坎、加日加仁）进行了详细介绍。通过舞台剧《敖鲁古雅》，展示了鄂温克族音乐在现代的传承与创新，及其在音乐、舞蹈、器乐、服饰、宗教信仰、生态保护方面的具现。此外，文中还介绍了鄂温克族传统音乐文化的传承方式，包括呼伦贝尔五彩儿童合唱团、鄂温克小鹿艺术团和衍生带动非遗产品太阳花的发展情况。

关键词：鄂温克族；传统音乐文化；传承与创新

一、鄂温克族概况

鄂温克族是中华大家庭中的一员，是我国 28 个人口较少民族之一，是具有悠久历史和独特文化的森林与草原民族，汉语译为"住在大山林中的人们"。鄂温克语属阿尔泰语系—满·通古斯语族—鄂温克语支。其方言分为布特哈方言、莫日格勒河方言、敖鲁古雅方言三种。鄂温克族有语言无文字，牧区通用蒙古语蒙古文、林区通用汉语汉文。

同时，鄂温克族（鄂温克语：Ewenkīl，俄语：Эвенки，旧称通古斯或索伦）也是东北亚地区一个重要的民族，主要居住于俄罗斯西伯利亚以及中国内蒙古和黑龙江两省区，蒙古国也有少量分布。鄂温克人主要信仰萨满教。鄂温克语，属于阿尔泰语系，满—通古斯语支。

鄂温克人是大山林中的狩猎民族，而随着历史的发展，有一部分鄂温克族走出山林迁居草原和河谷平原地带，有一部分依旧留在山林。"鄂温克"这一称呼，反映了鄂温克族

---

[*] 诺尔曼，中央民族大学民族学与社会学学院博士生。乌日娜，中央民族大学音乐学院教授。

与山林有着密切联系的古老历史和生活。中国的鄂温克族有 3 万多人口,分三个部分,分别为索伦鄂温克、通古斯鄂温克、使鹿鄂温克。索伦鄂温克、通古斯鄂温克生产方式为畜牧,而使鹿鄂温克主要生活方式为驯鹿和狩猎。

(一) 鄂温克族生活地域

鄂温克族主要分布在我国内蒙古自治区呼伦贝尔[①]市鄂温克族自治旗、莫力达瓦达斡尔族自治旗、鄂伦春自治旗、陈巴尔虎旗、阿荣旗、扎兰屯市以及根河市,还有部分人生活在黑龙江省讷河市、嫩江县,少部分人生活在新疆维吾尔自治区塔城地区。鄂温克族在中国、俄罗斯、蒙古国均有分布。在俄罗斯境内的鄂温克族曾被称为通古斯人,主要分布在远东和西伯利亚地区的鄂温克族自治区、萨哈共和国、布里亚特共和国、赤塔州等地,在蒙古国境内,主要分布在肯特省和东方省。

(二) 鄂温克族人口现状

根据 2020 年全国人口普查统计,中国境内鄂温克族人口数为 34617 人;在俄罗斯境内鄂温克族约为 4 万人;蒙古国境内鄂温克族约为 1000 人。

中国鄂温克族人口分布表

省(自治区)	州	县	鄂温克族人口	中国鄂温克族人口所占比例
内蒙古自治区	呼伦贝尔市	鄂温克族自治旗	9733	31.91%
内蒙古自治区	呼伦贝尔市	莫力达瓦达斡尔族自治旗	5126	16.80%
内蒙古自治区	呼伦贝尔市	鄂伦春自治旗	3155	10.34%
内蒙古自治区	呼伦贝尔市	阿荣旗	2144	7.03%
内蒙古自治区	呼伦贝尔市	陈巴尔虎旗	1906	6.25%
内蒙古自治区	呼伦贝尔市	扎兰屯市	1201	3.94%
内蒙古自治区	呼伦贝尔市	海拉尔区	971	3.18%
黑龙江省	齐齐哈尔市	讷河市	778	2.55%
黑龙江省	讷河市	嫩江区	678	2.22%
内蒙古自治区	呼伦贝尔市	雅克萨市	405	1.33%

---

① 呼伦贝尔:呼伦贝尔大草原是我国最丰美的优良牧场,也称为最纯净的草原,呼伦贝尔四季分明,被世人誉为世界最美丽的花园,它是世界上最著名的三大草原之一,并且还有国内面积最大的森林,所以也称之为森林草原。呼伦贝尔是多民族聚居区,所辖范围内有 38 个少数民族,包括蒙古族、鄂温克、鄂伦春、达斡尔、布里亚特、巴尔虎等等。

续表

省(自治区)	州	县	鄂温克族人口	中国鄂温克族人口所占比例
内蒙古自治区	呼伦贝尔市	根河市	369	1.21%
内蒙古自治区	呼和浩特市	赛罕区	158	0.52%
内蒙古自治区	呼伦贝尔市	满洲里市	141	0.46%
黑龙江省	齐齐哈尔市	梅里斯达斡尔族	135	0.44%
黑龙江省	大兴安岭地区	加格达奇区	129	0.42%
内蒙古自治区	呼和浩特市	兴城市	128	0.42%
黑龙江省	齐齐哈尔	富裕县	111	0.36%
内蒙古自治区	呼伦贝尔市	额尔古纳市	110	0.36%
内蒙古自治区	呼伦贝尔市	新巴尔虎左旗	103	0.34%
北京市	无	海淀区	68	0.22%
黑龙江省	齐齐哈尔市	建华区	65	0.21%
黑龙江	齐齐哈尔市	铁锋区	65	0.21%
内蒙古自治区	兴安盟	乌兰浩特市	60	0.20%
黑龙江省	齐齐哈尔市	甘南县	59	0.19%
黑龙江省	大兴安岭地区	漠河县	55	0.18%
黑龙江省	齐齐哈尔市	富拉尔基区	54	0.18%
内蒙古自治区	呼伦贝尔市	新巴尔虎右旗	54	0.18%
黑龙江省	大兴安岭行政区	呼玛县	52	0.17%
内蒙古自治区	呼和浩特市	回民区	48	0.16%
黑龙江省	齐齐哈尔市	龙江县	44	0.14%
黑龙江省	齐齐哈尔市	龙沙区	36	0.12%
内蒙古自治区	包头市	青山区	35	0.11%
内蒙古自治区	通辽市	科尔沁区	35	0.11%
内蒙古自治区	兴安盟	扎赉特旗	34	0.11%
黑龙江省	黑河市	五大连池市	32	0.10%
		其他	2228	7.33%

俄罗斯鄂温克族人口分布表

地区	人口
萨哈(雅库特)共和国	18232
克拉斯诺亚斯克边疆区	4632
埃文基自治区(埃文基)	3802
哈巴罗夫斯克(伯力)边疆区	4533
阿穆尔州	1501
萨哈林州	243
布里亚特共和国	2334
伊尔库茨克州	1431
外贝加尔边疆区	1492
托木斯克州	103
秋明州	109

*蒙古国,约1000人;乌克兰,约50人

(三)鄂温克族生活习俗与信仰

由于生活地域的差别,鄂温克族的生产生活方式被分为四种。第一种是居住在兴安岭西部的呼伦贝尔草原地区的鄂温克人,该地区鄂温克人的生产生活方式以畜牧业为主。第二种是大兴安岭南部的鄂温克人,该地区的鄂温克人历史上主要以半农半猎为主要生计方式,现在以半农半牧为主。第三种为兴安岭深处的鄂温克族人,他们的生产生活方式主要以饲养驯鹿与狩猎为主。最后一种为大兴安岭东部的嫩江平原地区的鄂温克人,这里的鄂温克人的生产生活方式主要以农业为主。其中从事畜牧业的鄂温克族人口接近鄂温克族总人口的半数。

鄂温克民族绝大部分信仰萨满教。鄂温克人称其巫师为萨满。萨满的主要任务是祭祀祖先神灵、驱除灾害和疾病。

(四)鄂温克族的三个分支

鄂温克族可分为索伦鄂温克、通古斯鄂温克和使鹿鄂温克。其方言分为布特哈方言、莫日格勒河方言、敖鲁古雅方言三种。

二、索伦鄂温克

(一) 索伦鄂温克生活地域与人口

索伦鄂温克在鄂温克族中占多数，主要分布在内蒙古自治区、黑龙江省以及新疆的伊犁、塔城等地，有三万多人口。

(二) 索伦鄂温克民间音乐与特征

索伦鄂温克族民歌在鄂温克族自治旗及阿荣旗地区被称为"扎恩达拉嘎"（或"扎恩达勒"）、"努该勒"（或"努日格勒"）、"萨满以若"（"萨满调"）、"尼玛罕"（"叙事民歌""民间说唱"）。与其他说唱的主要区别在于其具有叙事性特征，因此将"尼玛罕"说唱也列为鄂温克民族民歌的种类之一。

1. "扎恩达拉嘎"

索伦鄂温克民间歌曲称作"扎恩达拉嘎"，它包含了山歌体的"扎恩达拉嘎"和小调体的"扎恩达拉嘎"，或者简称"长""短"扎恩达拉嘎。"扎恩达"在汉语中是"唱"的意思，"拉嘎"只是作为名词的后缀。山歌体的鄂温克民间歌曲，字少腔长，节奏较为舒缓且自由，旋律不固定，有时会有丰富的装饰音和拖腔唱法，如《初升的太阳》等。小调体的鄂温克民间歌曲，它包括抒情小调、儿歌以及风俗礼仪歌等，其曲调相对短小，节奏紧凑、旋律固定，反映的生产生活内容较为丰富，如《为什么把我嫁给他》《酒歌》等。

2. "努该勒"

索伦鄂温克民间歌舞称作"努该勒"，或叫作"努日格勒""努日该勒"。在汉语中意为"兴旺""旺火"的意思，鄂温克族的舞蹈有一些是无曲的舞蹈，如"阿罕拜"舞蹈，这种舞蹈是有节奏的呼声起到了音乐的作用。还有一些是节奏性较强的，如《阿罕拜》。还有一些是体现狩猎生活时期遗留下来的舞蹈，如《野猪舞》《斗熊舞》等。（播放新录制的《阿罕拜》音频和《野猪舞》。

3. "萨满调"

"萨满"是满·通古斯语族共有的词汇，现在成为通用的名词。它作为鄂温克民歌的一种体裁，指的是由萨满演唱的歌曲，在汉语中意为"不安、激动"的人或者是"先知者"的意思。指的是萨满在萨满仪式上演唱的歌曲。"萨满调"的内容多与宗教活动有关，也有讲述民族、家族历史和部落历史的，还有烘托节日气氛等多种萨满调。其节奏强烈多变、短小。"萨满调"在鄂温克族等北方少数民族音乐中均有保留，具有重要的研究价值。

4. "尼玛罕"

"尼玛罕"是对叙事性民歌、民间说唱乃至英雄史诗的统称，与其他说唱形式（即兴说唱词、祝赞词、祭祀等）的主要区别就在于其叙事性。"尼玛罕"中大部分曲目产生于远古时代,是索伦鄂温克族对本民族具有说唱音乐特点的叙事民歌的自称。

"尼玛罕"是满·通古斯语族北语支几个民族古老的说唱故事形式。鄂温克族聚居较为分散,居住在各地方的鄂温克人对鄂温克族民歌的种类称谓也各不相同,受周围其他民族文化的影响,各地区的名称也有所改变。鄂温克族叙事民歌于2008年申报了国家级非物质文化遗产,其中比较典型的叙事民歌是《母鹿之歌》和《金珠·朱列之歌》,这两首民歌都是篇幅较长的叙事民歌,叙事性较强。接下来就以这两首歌为例,详细为大家解读索伦鄂温克叙事民歌特点。

例1 《母鹿之歌》主要讲述的是:一只被猎人射伤的母鹿(狍子或黄羊)临死之前对自己孩子的嘱咐,对孩子牵肠挂肚、依依不舍,但是自己也将要死亡,却放不下的场面。这种场面和悲情实际上是人类社会的投影。人们应该走进动物的内心角度去看问题,通过母鹿(狍子或黄羊)和孩子之间的对话,讲述生命的价值和亲情的宝贵。该歌曲以人类的情感角度,用拟人的手法讲述并演唱,从而也揭示出了维护生态平衡,保护动物的重要意义,被学术界称为"环保之歌"。《母鹿之歌》在鄂温克地区有五六种不同的曲调变体。

例2 《金珠·朱列之歌》是索伦鄂温克叙事民歌,表演形式主要为男女对唱为主。《金珠·朱列之歌》在鄂温克地区被称为鄂温克版本的《梁山伯与祝英台》。原因是其故事情节与《梁山伯与祝英台》相似,同是两个相爱的人被权势压迫,被迫分开的凄美的爱情故事。透过《金珠·朱列之歌》的歌词可以看出,这首叙事民歌具有典型叙事性特征,通过金珠和朱列的对话,阐述了故事情节。鄂温克族叙事民歌的故事来源于人们的生产生活,大多数鄂温克族叙事民歌的产生都充满着浓郁的民族和生活气息。

三、通古斯鄂温克

哈穆尼堪通古斯(内部极为团结的人),被称为"通古斯鄂温克"。哈穆尼堪鄂温克语属于阿尔泰语系满·通古斯语族的哈穆尼堪通古斯地区方言。

早期曾生活在俄罗斯境内的通古斯鄂温克因以狩猎、游猎为生,与外界联系甚少,生活较为困苦。

1880年后,由于通古斯鄂温克人生活在俄罗斯贝加尔湖以东的赤塔河、石勒克河,因而受到了俄罗斯文化和布里亚特蒙古族游牧文化的影响,进而形成了以畜牧为主、狩猎为辅并居住在适合迁游的蒙古包和俄式木房的生产生活方式。通古斯鄂温克人曾经使用过俄语。

1918年以后,一小部分通古斯鄂温克人从俄罗斯搬至中国内蒙古呼伦贝尔,在搬迁到呼伦贝尔以后，使用蒙古文。

1958年，党和人民政府经过调查了解，根据鄂温克人民的意愿，将其统一称为鄂温克族。

目前，通古斯鄂温克人与陈巴尔虎人民为邻已有百年。他们亲身经历了陈巴尔虎人民建旗设乡的发展历程。

(一) 通古斯鄂温克生活地域与人口

当今的通古斯鄂温克主要居住在陈巴尔虎旗鄂温克苏木和鄂温克族自治旗锡尼河东苏木、锡尼河西苏木，约有1600多人。

(二) 通古斯鄂温克民间音乐与特征

通古斯鄂温克从狩猎到游猎再到游牧的过程中也出现了非常多的民歌。民歌的选题与内容丰富多样，和通古斯鄂温克的经济生产及生活方式有密切的关系。根据歌词可分为赞歌、劝诫歌、宴歌、思念歌、政治歌、情歌、祭祀歌等。

(三) 通古斯鄂温克萨满调

萨满教是远古宗教的一种后期形式，在中国北方使用阿尔泰语系语言的民族中广泛传播。"萨满"一词来源于通古斯语，意为"感动的或英勇的人"。萨满教没有固定组织、宗教体系和活动场所。专职萨满负责整个氏族的跳神仪式。萨满教作为通古斯鄂温克的原始宗教一直流传至今。因此萨满音乐形式特征对民歌也有重要影响。从仪式层面来看，萨满仪式中请神音乐和送神音乐对于神灵降临和送神有重要作用。通古斯鄂温克萨满的"神灵"只有听到了熟悉的旋律才会降临。同样，"神灵"在听到了熟悉的旋律之后才会离开。比如，信徒唱的旋律叫作"yor"（意为"征兆"），哪个神灵降临附体取决于唱了什么"yor"，降临的神灵也会为信徒介绍自己是什么神灵。有萨满教信仰民族的民歌都具有短调民歌的特点。例如鄂温克族、达斡尔族、鄂伦春族、满族、陈巴尔虎蒙古族等具有萨满教信仰民族的民歌都具有相似的特点。萨满音乐依靠萨满仪式完成。人的信仰借着仪式的方式体现于音乐。因此，宗教在人的意识形态层面操控人的意识和行为。通古斯鄂温克的萨满调和民歌有一定的内在关联，宗教对通古斯鄂温克民歌的短调形式的特征有重要影响。

四、使鹿鄂温克

历史上使鹿鄂温克人一直游猎在外兴安岭和大兴安岭之间的广大地区。史料记载，距今300年前，鄂温克的祖先就曾经在勒拿河上游的森林苔藓地区游猎生存过。19世纪40年代，他们游动到了黑龙江支流阿玛扎尔河一带。后来，他们向南迁移，渡过黑龙江上游的额尔古纳河地带，进入大兴安岭，栖息于现在的狩猎区。使鹿鄂温克是我国唯一以使用驯鹿和狩猎为主要生产生活方式的民族。使鹿鄂温克语属于鄂温克语中的敖鲁古雅方言。

敖鲁古雅鄂温克猎民的工艺美术品独具风格，具有浓厚的森林狩猎特色，比如桦树皮船（鄂温克猎民用祖传的造船术自制的舟楫）、"库玛兰"（鄂温克猎民役使驯鹿的鞍垫）、撮罗子（鄂温克猎民用来冬御严寒、夏遮风雨的房屋）、太阳花（用兽皮、彩石制作的寓意太阳的吉祥物）等等，是他们创造出的独特民族文化。

（一）使鹿鄂温克生活地域与人口

敖鲁古雅使鹿鄂温克部落是鄂温克族三个部落中人口最少的一个，目前仅有不足三百人。使鹿部落长期生活在位于北纬50°~52°大兴安岭森林深处的敖鲁古雅乡，俗称中国冷极村。

（二）使鹿鄂温克民间音乐与特征

使鹿鄂温克族传统音乐被分为哈安（民间歌曲）、宁恩阿坎（说唱音乐）、伊坎（歌舞音乐）、加日加仁（萨满调）。

1. 哈安（民间歌曲）

使鹿鄂温克人将广为传唱的民歌自称为"哈安"（haean），使鹿鄂温克语为"歌曲"的意思。哈安歌曲按着旋律及节奏特征可分类为长调体哈安和短调体哈安。由于使鹿鄂温克人直到中华人民共和国成立之前一直处于原始社会末期状态，其传统音乐的音乐形态特征也保持着原始狩猎歌曲的特征。使鹿鄂温克民歌的内容，几乎表达的都是他们对赖以生存的大自然的无限崇敬之情。歌词描写着高山、森林、动物，又隐含着使鹿鄂温克人漫长的变迁、艰难的生活变更，以及与此相关的审美价值及萨满教信仰等。

2. 宁恩阿坎（说唱音乐）

"宁恩阿坎"是敖鲁古雅使鹿鄂温克族对其具有说唱音乐特点的叙事民歌的自称，它不具有短调体和长调体的性质和特点。它主要体现在说和唱结合，叙事与代言结合的表演性，表现题材的宏大叙事性（多为篇幅长大、思想内容深刻的神话故事、英雄史诗、长篇叙事等），节奏节拍的自由性等方面。这一点在敖鲁古雅鄂温克人中流传的"宁恩阿坎"《希温·乌娜吉》又名《太阳姑娘》中体现尤为明显。这首《太阳姑娘》讲述的使一个古老的鄂温克族神话故事。鄂温克族历史上出于狩猎和驯鹿饲养的需要，长期居住在寒冷的苔原带地区，经常在冰天雪地中游猎、放牧驯鹿，对于鄂温克族的先民们来说，太阳代表着光明和温暖，因此信仰萨满教、认为万物有灵的鄂温克族群中很早就有太阳神崇拜现象，其宇宙观、宗教观和价值观在这首"宁恩阿坎"中都有鲜明的体现。

3. 伊坎（民间传统歌舞）

伊坎是使鹿鄂温克人的民间传统歌舞形式，伊坎歌曲（舞歌）是指伊坎歌舞形式中的歌曲部分，其词曲结构对称、节奏性较强，适合于舞蹈动作，起到伴奏的作用。伊坎歌舞一般由领舞人"优嫩"（youlen）领唱和领舞，优嫩（youlen）大多由能歌善舞的人担任，在歌舞中形式为优嫩领唱众人齐声模仿跟唱，舞步为双脚一前一后踏步的舞蹈形式，大家手拉手形成一圆圈,按太阳运行方向,围着篝火边歌边舞伊坎歌曲。一般由优嫩(youlen)根据当时的场合和情景进行即兴填词,从而引领众人的情绪最终达到歌舞的高潮阶段。最具代表性的伊坎歌曲有《安道的伊坎》等。

4. 加日加仁(萨满歌曲)

萨满歌曲,是在鄂温克族古老的宗教仪式——萨满仪式中,萨满巫师演唱的神歌。萨满歌曲在萨满鼓"温屯"的伴奏下起到人与神灵之间沟通的作用。萨满歌曲的结构通常短小、节奏强烈多变、大跳音程较多,带有原始宗教神秘、粗犷的色彩。萨满演唱形式为萨满领唱,萨满助手和众人伴唱,气氛十分热烈。萨满歌舞的唱词大多与宗教仪式、驱鬼、治病等内容有关,有时序歌、插曲中也讲述民族历史或者部族起源传说。同时,鄂温克族历史上出现过很多著名的萨满,如贝尔茨河流域使鹿鄂温克族奥尔嘎萨满、妞拉萨满等。

五、鄂温克族音乐在现代的传承传播与创新

(一)以舞台剧《敖鲁古雅》为例

1. 创作背景

舞台剧《敖鲁古雅》是由中央民族大学鄂温克族声乐教授乌日娜担任总导演,著名蒙古族音乐家布仁巴雅尔老师担任艺术总监。作为一部以中国鄂温克族使鹿部落民俗文化为背景的原生态舞台剧。全剧以感恩、和谐为主题。故事根据使鹿鄂温克族精神领袖玛利亚·索老人年轻时的真实经历和具有虚构情节的爱情故事改编,体现了使鹿鄂温克民间艺人的舞蹈、民歌、宗教信仰等多种元素。

舞台剧《敖鲁古雅》的主创团队历时四年,通过多次走访调研,获取大量使鹿鄂温克人文化的相关资料,最后进行整理整合,创编了一部具有民族特征的舞台剧,最终于2010年呈现给观众。在这部舞台剧中,全方面地展现了使鹿鄂温克部落的文化状态,对于抢救和保护使鹿部落文化有着重要的意义。

2. 传播状况

舞台剧《敖鲁古雅》自2010年上演以来,至今已经在世界范围内巡演800多场,2011年该剧团赴智利参加第四届国际民俗艺术节,荣获"世界民族文化特殊贡献奖"。

3. 传统与创新

舞台剧《敖鲁古雅》本就是基于传统的一次创新。剧中的音乐与舞蹈,之所以能被广大观众所接受,在于它在传统形式的基础上进行了创新性改编,舞台化效果明显。这种创新性的改编主要体现在音乐织体和舞蹈编排上。在音乐中,虽然鄂温克人没有太多具有旋律性的乐器,主要以萨满鼓、口弦琴等打击类或节奏型传统乐器为主。而且在剧中大部分的舞蹈音乐的配器也是以这样的乐器为主,但是除此之外一些舞蹈音乐是根据传统民歌的旋律中展现出来的,这时就要通过现代的编曲手法进行再创作,如在一些旋律明显的地方运用弦乐、笛子等等。舞蹈上所能看到的创新性改编,则是舞蹈编制的扩大,原本一人或两

人的舞蹈，通过舞台化效果处理后变为多人群舞，如仙鹤松鸡舞、驯鹿舞等。同时，大量的彩纱、雪纺等材料的使用，配合制作好的舞台场景，塑造出阳光或月光透过森林、雪夜树林等景象，让观众在观看演出的同时，仿佛置身于真实的森林中。这些创新手法的使用，不仅给观众带了较好的观剧体验，更重要的是，这些技术的运用，最终都服务于音乐舞蹈当中，让传统的音乐舞蹈艺术在新的技术下，焕发出新的生命。

(二) 舞台剧《敖鲁古雅》中多种元素的具现

1. 音乐方面

舞台剧《敖鲁古雅》中的音乐，大多以中国敖鲁古雅鄂温克部落的精神领袖玛丽亚·索老人所唱的民歌旋律为主，通过改编与制作，呈现在舞台上。

另外在《敖鲁古雅》中，我们可以在音乐中听到模仿各种森林鸟兽的声音，如驯鹿、熊、狼、仙鹤等声音。这是使鹿鄂温克人独有的喉音发声法，可见鄂温克民族是一个善于模仿的民族，他们通过观察模仿森林中的万物，将自然中的语言加入到自己的音乐艺术当中，似乎在用这些语言与大自然对话，这也体现出鄂温克人在大自然中，善于与大自然沟通，这也正迎合了他们信仰中万物有灵的观念，鄂温克人生活在大自然中，通过自然获取生活资料、学习自然知识，并将它们世世代代地传承。

2. 舞蹈方面

剧中所展现的圈舞、萨满舞等，是使鹿鄂温克人都具有的舞蹈艺术形式，我们记录并收集了敖鲁古雅鄂温克部落安道老人和大玛尼老人表演的舞蹈动作，并结合俄罗斯驯鹿鄂温克人的传统舞蹈动作，通过改编在剧中呈现。

3. 器乐方面

中国的鄂温克民族因长期从事森林狩猎的生产生活方式，物资相对匮乏，很少有可以弹奏出自然音阶的乐器，使鹿鄂温克人，乐器种类更是少之又少。

(1) 口弦琴

口弦是一种金属乐器，且有着悠久的历史，需要衔在嘴里，随呼吸用指甲弹出低音调。长度约为两寸，习惯用的花纹也有许多种，如驯鹿鞍子、树木、野兽、花草和部分外来的图案，非常美观。

(2) 手鼓

铃鼓时萨满法师用来和异度空间的灵魂交流的工具。至今没有它就不能完成任何一项宗教仪式。鄂温克族手鼓是卵形的。关于萨满法师从鸡蛋里出生的神话使得手鼓成了萨满法师灵魂的栖身之所。

(3) 鹿哨

使鹿鄂温克人传统的狩猎工具"鹿哨"加入到乐器行列当中，这种鹿哨由松木制成，一头粗一头细，粗的一头可以吹出类似公鹿叫声的声音，细的一头可以吹出类似母鹿叫的声音。

4. 宗教信仰方面

舞台剧《敖鲁古雅》第一次将鄂温克人的萨满教仪式搬上了舞台,萨满是中俄两国鄂温克人的共同信仰,在鄂温克族人眼中,萨满是一些具有特殊能力的非专职神职人员,他们被看作能够与神灵沟通的人,是神灵的使者,同时他们具有特殊能力,能够呼唤灵魂。

5. 生态保护方面

我们应该坚持人与自然共生共存的信念,像对待生命一样对待生态环境,对自然心存敬畏,尊重自然、顺应自然、保护自然。

舞台剧《敖鲁古雅》中所展示的鄂温克人的传统文化,无时无刻不透露出鄂温克人与大自然之间的关系,他们与大自然共存,从不过剩地从大自然中汲取生活资料,始终保持着对自然的敬畏与感恩之心。

(三)鄂温克族传统音乐文化的传承

1. 呼伦贝尔五彩儿童合唱团

2006年,原创歌曲《吉祥三宝》登上中央电视台春节联欢晚会。既然这样一首短短三分钟的蒙古语歌曲,都可以得到了海内外数亿人民的认可和喜爱,那家乡更多好听的民歌更需要我去挖掘和整理并传承。于是,乌日娜教授与音乐家布仁巴雅尔于2006年底,在家乡创办了呼伦贝尔五彩儿童合唱团。五彩儿童合唱团始终坚持用各民族的本民族语言、地方方言学唱民歌。

2006年创办五彩传说呼伦贝尔儿童合唱团。

2008年参加中央电视台春节联欢晚会。

2012年创办的五彩儿童合唱团赴美国联合国总部演出。

2013年创办的五彩儿童合唱团跟随习近平总书记去俄罗斯访问演出。

2. 鄂温克小鹿艺术团

舞台剧《敖鲁古雅》自上演以来,越来越多的人开始关注鄂温克音乐文化。所以《敖鲁古雅》创办者于2015年在鄂温克自治旗组建了"鄂温克小鹿艺术团",并且小鹿艺术团在2022年登上了中央电视台春节联欢晚会。现如今,小鹿艺术团也成了传承鄂温克传统民间歌舞的后备力量,孩子们学习民间歌舞的同时也了解了鄂温克民族的文化,这对于鄂温克民族的文化艺术传承与保护起到了至关重要的作用。

3. 衍生带动非遗产品太阳花

太阳花是鄂温克族的传统吉祥物,也是自治区级非物质文化遗产。通过在舞台剧《敖鲁古雅》中的多次展示,这些曾经藏在大山中、森林里、草原上的民族非物质文化遗产项目受到了大众的认识和喜爱,并逐步形成产业链条,极大地推动了当地经济发展和非遗文化的传承。

鄂温克旗太阳姑娘文化发展有限公司,现位于鄂温克旗民族文化产业创业园4—141,主要经营制作皮毛手工艺品—太阳花、太阳姑娘饰品、民间服装、民间小乐器等,2021年公司制作的太阳姑娘等6个系列产品被评选为"内蒙古礼物",公司品牌为"太阳姑娘"

并注册商标，登记版权产品有 120 项余，公司生产的以"太阳姑娘"和"太阳花"为主的系列皮毛装饰挂件，深受旅游爱好者的欢迎，因本公司的产品代表着人口不足 3 万人的鄂温克民族的文化印记，产品具有深厚的民族文化底蕴，也承载着鄂温克民族悠远的历史传说。公司积极响应国家政府助力精准扶贫政策，经常派专业技师深入苏木、乡镇街道，教授下岗妇女制作皮毛手工艺品，并且为她们解决原材料及销售问题，让牧民妇女足不出户就能增加收入，以这种订单加工形式间接带动牧民结业 300 余人，是一家集创新研发、生产加工、技术培训、精品展销、连锁销售、就业帮扶的企业。

2015 年太阳姑娘文化发展有限公司制作的"希温·乌娜吉"被自治区政府公示为第五批自治区级非物质文化遗产项目，公司自创建以来，先后获得自治区级呼伦贝尔市级创新工作室称号、自治区巾帼脱贫示范基地、自治区级创业示范店、呼伦贝尔市女大学生创业就业基地、呼伦贝尔市妇女创业就业基地、鄂温克旗特色产业精准脱贫示范户等称号，并参加日本、俄罗斯、蒙古国、澳门等国际、国内省市各种展览比赛，数百余次，每次都满载荣誉而归。

公司制作的皮毛制品在宣传部、文化旅游、就业局等部门推荐，多次参加国家、自治区及呼伦贝尔市举办的各种展览展示活动，近些年为推广产品和产品的技能提升每年参加国家、各省市举办的展示活动及培训班，2019 年赴日本、蒙古国、俄罗斯参加文化交流活动，每年参加国内大小活动有 60 余场。

现已经开发百余种产品，如太阳姑娘、太阳花等系列挂件、摆件、收纳盒、首饰盒、车挂、项链耳环、胸针冰箱贴及各种小饰品，年销售量在万余件以上，为结合旅游市场的需求，研发制作文创产品十余种，并积极创新，已具备多元产品结构、不同大小的批量生产开发与供货能力。公司不断创新产品，如太阳姑娘寓意一样，温暖照耀每一个人。

六、结　语

鄂温克族，作为中国东北的原住民之一，其音乐文化不仅体现了这一民族对自然的敬畏和爱护，也反映了他们对生命和宇宙的理解。从索伦鄂温克的悠扬小调到使鹿鄂温克的萨满仪式，每一种音乐形式都是鄂温克人民智慧和精神的结晶。

在现代社会，尽管面临着文化同质化的挑战，鄂温克族的传统音乐文化仍然在一定程度上得到了有效的保护和传承。通过如舞台剧《敖鲁古雅》等创新方式，使得这一传统文化能够以更加生动和现代的形式呈现给公众，促进了文化的交流与理解，加深了人们对鄂温克族以及更广泛东北民族文化的认识和尊重。

最终，我们认识到，文化的持续生命力来源于不断的传承与创新。鄂温克族传统音乐文化的保护和发展，不仅需要民族内部的努力，也需要社会各界的关注和支持。希望未来，鄂温克族乃至所有少数民族的传统文化都能在世界文化舞台上发光发热，成为连接过去和未来的桥梁，让更多的人了解和欣赏这些独具特色的文化遗产。

·民族交往、交流、交融研究·

和合共生：节庆体系中的交往交流交融
——以甘肃省肃南裕固族自治县为例

张瀚丹*

摘　要：本文梳理了以春节、三八妇女节、五四青年节和祭鄂博等为代表的肃南裕固族自治县的节日体系，在田野调查的基础上分析了不同类型节日中所呈现的文化符号、价值观念以及社会功能，总结了当地节日体系的整体性特征，从而进一步探讨民族地区节日体系促进民族交往交流交融的重要价值。

关键词：中华民族传统节日；新型节日；民族特色节日；民族交往交流交融

"民族交往交流交融"的理念首次被明确提出的时间是在2010年。从2014年中央民族工作会议对其科学内涵的解释，到党的十九大上习近平总书记对三交内涵的明确解读，再到2021年中央民族工作会议上的再次强调，如今关于"民族交往交流交融"理论的发展已经明显地呈现了逐步完善的态势[①]。相关的研究既是对传统民族关系研究的发展和延续，也是在新的历史时期对民族关系更为深入和清晰的把握。作为一个统一的多民族国家，中华大地之上各民族之间频繁的交往互动和相互交融，一直都是贯穿于中华民族各个历史时期的总体趋势[②]。

---

* 张瀚丹，河西学院文学院副教授，主要从事民族社会与区域文化研究。

① 参见：《中共中央、国务院召开第五次西藏工作座谈会》，《人民日报》，2010年1月23日，第1版；胡锦涛：《深入贯彻落实科学发展观努力推进新疆跨越式发展和长治久安》，2010年5月17日，http：//dangshi.people.com.cn/GB/138903/13241236.html；杜青林：《不断推动各民族交往交流交融》，2011年5月8日，http：//www.gov.cn/jrzg/2011-05/08/content_1859739.htm，2011年5月8日；《中央民族工作会议暨国务院第六次全国民族团结进步表彰大会举行》，2014年9月29日，http：//www.gov.cn/xinwen/2014-09/29/content_2758816.htm；习近平：《决胜全面建成小康社会 夺取新时代中国特色社会主义伟大胜利——在中国共产党第十九次全国代表大会上的报告》，《人民日报》，2017年10月18日第1版；新华社：《习近平在中央民族工作会议上强调以铸牢中华民族共同体意识为主线推动新时代党的民族工作高质量发展》，2021年8月29日，http：//www.gov.cn/xinwen/2021-08/28/content_5633940.htm。

② 曹爱军：中华民族共同体视野中的"各民族交往交流交融"研究，《广西民族研究》2019年第3期。

节日作为民众日常生活实践的重要场域，一直以来都是民族交往交流交融的载体和媒介之一[①]。中国的节日体系具有多元性和多样性的特点[②]，有大致相对统一的节日，也有非常具有民族性、地域性或社群性的极其复杂多样的节日。其中包含了以阴历为时间制度的中华民族传统节日，例如春节、端午节、中秋节等；现代政府国家规定的具有特殊意义的节日与纪念日，例如国庆节、五一劳动节、三八妇女节等，还有各个民族与自身历法以及宗教有关的特色节日，例如古尔邦节、那达慕大会等等。当这种复杂而多元的节日体系反映在某个具体的区域之内的时候，就会同时展现出地域生活的独特性与中华民族的共性。本文在田野调查的基础之上，以春节、三八妇女节、五四青年节和祭鄂博等节庆活动相对丰富和集中的节日为例，分析肃南裕固族自治县不同类型节日所呈现的文化符号、价值观念以及社会功能，总结当地节日体系的特征与共性，从而进一步探讨民族地区节日体系促进民族交往交流交融的重要价值。

一、裕固族的春节

在肃南裕固族自治县的总人口中，汉族人口仅占四成，大部分是以裕固族、藏族、蒙古族、土族为主的草原民族。对于依赖草原牧场生存的民族来说，其生产生活的安排与节奏和农耕民族是有一定差别的。岁末年初对于农民来说正好是丰收之后的农闲时节，而对于牧民来说却是一年中牧草最为贫瘠、牲畜生命最为脆弱的艰难时刻，所以春节的时间设定并不完全符合他们的生产生活规律，可实际上，春节也同样成了肃南草原上各个民族最为重视的传统节日之一。根据肃南县志记载，东部裕固族称春节为"察汗萨日娜"或"察干萨日"，意为"白月"。相传在古代，察汗萨日娜是夏天过的，因为夏季是游牧民族最好的季节，水草丰美，牛羊肥壮，裕固族人把鲜奶制作的各种食品叫作白食。夏天是生产和制作白食的最佳季节，所以就是洁白富裕之月的意思[③]。是后来才将节日的时间改在了岁末年初的正月举行。究其缘由可大致追溯到元朝建立初期。裕固族先民的民族主体是明代后期由撒里畏兀儿部落和蒙古部落共同组成的，蒙古族将春节后的第一个月称作"察干萨日"（汉语译为"白月"），这与现在的裕固族极为相似，所以可以猜测裕固族春节时间的改变应该和早期的蒙古族有关。古代蒙古族人的"察干萨日"也是在夏末秋初的时节，直到13世纪下半叶的元朝建立之后，元世祖忽必烈用中原地区汉族的历法取代了蒙古历法，从那时起，蒙古族的"察干萨日"就改在了农历正月，一直延续至今[④]。由此可以基本断定，这也是裕固族在农历年初过春节的主要

[①] 汤夺先、王雯雯：《节日表达与文化共生：节日促进散杂居地区民族乡村民族交往交流交融研究》，《青海民族大学学报（社会科学版）》2024年第1期。
[②] 周星：《关于时间的民俗与文化》，《西北民族研究》2005年第2期。
[③] 肃南裕固族自治县地方志编纂委员会办公室：《肃南县志（1991—2012）》，兰州：甘肃民族出版社，2019年，第455页。
[④] 访谈对象：hj；访谈人：张瀚丹；访谈时间：2022年1月3日；访谈地点：甘州区肃南裕苑小区。

原因。在本人的田野调查当中，大多数的当地人对于裕固族春节改期的原因和历史并不了解，但在经历了漫长的历史岁月之后，各民族在共同的时间节点欢度春节已经成了无须言说的共识与日常生活实践。

饮食是节日在物质生活层面最为重要的传统之一[1]。春节的饮食习俗主要体现在食物准备、拜年聚餐以及仪式活动中。裕固族在春节前食物的准备阶段，牛羊肉的宰杀和储备是最为重要的。此外，包饺子、炸油果子以及购买储备蔬菜、水果和干果也都是必需的流程。这些几乎都与当地汉族的春节食俗别无二致。

案例1：
我们其实平时就吃的是牛羊肉比较多，养成这个习惯了，所以过年也是吃牛羊肉为主。不过过年的肉都得提前准备，基本上头一年农历的十月底就得开始宰羊杀牛储备冬肉了[2]。

案例2：
我们过年也会提前包饺子，有的人家是过年的跟前才包，也有的是杀完羊那两天就着新鲜肉就包了，提前包好放到羊肚子里冻起来，过年的时候，奶茶一喝，肉一吃，饺子一吃，就饱饱的了[3]。

案例3：
我们家以前就会炸麻花和油翘翘，他们山丹人的油果子炸得各式各样的都有呢，我也是有一年到别人家帮忙去了学下的这种油花花，不过我们裕固族的油果子要比你们自己做的或者在外面买的更香更好吃，因为我们在里面不仅加的牛奶多，还放了酥油着呢，成本确实高，但也确实好吃[4]。

案例4：
这已经很多年了，我们的年货都是到张掖去买的。从我记事起，这条路上就已经有班车了，只不过最早的时候班车一天只有一个来回。那时候也没啥钱，去到张掖就买些糖啊，烟啊，再买点瓜子花生啥的。后来交通越来越方便了，东西也越来越多了，我们过年吃的也就和张掖城里的人差不多了。你比如说我们这两年买水果，都是儿子直接把车开上拉到张掖新区的那个绿洲市场去，一持子（一口气）把那大家爱吃的水果和菜买着来，像砂糖橘这种，我们都是一买两箱子，拿回来，过年的时候，来人

---

[1] 萧放：《中国传统节日资源的开掘与利用》，《西北民族研究》2009年第2期。
[2] 访谈对象：sql；访谈人：张瀚丹；访谈时间：2022年1月8日；访谈地点：康乐镇康丰村。
[3] 访谈对象：tym；访谈人：张瀚丹；访谈时间：2022年1月13日；访谈地点：康乐镇榆木庄村。
[4] 访谈对象：zyf；访谈人：张瀚丹；访谈时间：2022年1月15日；访谈地点：康乐镇赛鼎村。

了，慢慢吃①。

案例 5：
我这儿的糖都是从内蒙古的阿拉善那边进的货，主要是老口味的水果糖和奶糖，虽然看着一般，但我们这跟前有的裕固族的老年人就爱吃这种的，每年过年前早早地就到店里来问着买来了②。

图 1　蒙古族与裕固族的年夜饭(张瀚丹2022年春节期间摄于白银乡及康乐镇)

作为日常生活以及岁时节日中必备的元素，食物总是具体地联系着一方民众的生活，不断地进行着自身的调整，吸收着其他文化中的符号和内容，从而呈现一种复合性的特征。从前文的案例中可以发现，牛羊肉本身就是牧民们日常生活中最经常吃到的食材，所以在春节期间也一定是必备的；油果子的制作和食用则与周边以从事小麦种植和生产为主的汉族民众的生活习惯有着密切的联系；而随着时代的发展，交通更加便利，物资流通的种类更加繁多，民众的消费水平逐步提高，裕固族人春节餐桌上的食物也开始变得越来越丰富。

与此同时，拜年聚餐也是裕固族民众在春节期间最为重要和频繁的活动之一。

案例 6：
过去的裕固族过年有个习惯，家里来的客人，先倒奶茶，给馍馍，第一碗奶茶喝完之后，就在碗里非常紧凑地码满一整碗油果子，倒上奶茶，再给客人吃。另一个习惯是煮整块的羊脊背肉招待客人吃。这些都是我们小时候的习俗，现在不是太讲究了。不过有的习惯就一直都有，比如说拜年的时候一定是有喝酒唱歌跳舞的。咱们汉

---

① 访谈对象：ms；访谈人：张瀚丹；访谈时间：2022年1月15日；访谈地点：康乐镇赛鼎村。
② 访谈对象：tym；访谈人：张瀚丹；访谈时间：2022年1月13日；访谈地点：康乐镇榆木庄村。

族人是划拳玩牌喝酒，裕固人是歌声不断、酒不断，人人都唱，不论唱得好不好，都要唱①。

案例 7：

我的冬场之前和几家子蒙古（族）人连着，那时候每年过年的时候，我们都会互相拜年喝酒。我们用龙碗敬酒，他们用银碗敬酒。我们敬酒是敬 2 杯，他们是敬 3 碗。他们过年献哈达，我们过年也献哈达。走别人家拜年要拿哈达上去。进门礼品一放，哈达献上去。蒙古（族）人也是一样②。

案例 8：

我们这边的人过年就特别欢乐，比你们张掖人欢乐。牧业上几乎家里都有射灯。我们肃南人，才不分什么高低贵贱，不分你家里是当官的还是放牛的，只要你过年到家里来，就高高兴兴地唱歌跳舞喝酒吃肉，说唱就唱，说玩就玩。就是个气氛，不会唱、不会跳的人来了，跟上也能高兴一下，氛围就把人都感染上了③。

案例 9：

我们这边敬酒的习俗叫作"歌声不断酒不断"。敬酒的时候要用白色的哈达包裹酒盘子，然后在盘中放上专门的银碗盛酒，这被叫作"金碗银碗迎亲人"。主人在给客人敬酒时，只要歌声没有停下来，就要不断地把喝浅下去的酒杯斟满；而客人的基本礼节是要用右手的无名指蘸取少许白酒，朝天弹三下，意为共同祈求风调雨顺、牛羊肥壮、吉祥安康。前两次斟满酒杯的时候都会稍稍喝上一小口，等歌声结束的时候，再一口气喝完第三次蓄满的白酒④。

在田野调查期间，当地人都特别强调拜年聚餐时节日气氛的重要性。大口吃肉、大碗喝酒以及唱歌跳舞都是裕固族拜年聚餐时家家户户都不可或缺的环节。在中国，吃饭喝酒的活动一直以来都是最民间化的活动，节日中的筵席本身就是民间狂欢形象体系中最重要的形象之一⑤。只是在肃南，这种狂欢的氛围被进一步放大了，这与草原民族的性格特点有着很大的关系。美酒与歌舞就像一条线串联起了相聚的所有人。

---

① 访谈对象：ls；访谈人：张瀚丹；访谈时间：2022 年 1 月 13 日；访谈地点：康乐镇榆木庄村。
② 访谈对象：sql；访谈人：张瀚丹；访谈时间：2022 年 1 月 8 日；访谈地点：康乐镇康丰村。
③ 访谈对象：txm；访谈人：张瀚丹；访谈时间：2022 年 2 月 10 日；访谈地点：康乐镇榆木庄村。
④ 访谈对象：ych；访谈人：张瀚丹；访谈时间：2022 年 2 月 24 日；访谈地点：康乐镇赛鼎村。
⑤ 万建中：《狂欢：节日饮食与节日信仰》，《新视野》2006 年第 5 期。

图 2　裕固族的拜年、敬酒（张瀚丹 2022 年春节期间摄于赛鼎村）

除此之外，与汉族春节的文化表达类似，裕固族春节中也有辞旧迎新、祭祀祖先的仪式活动。在除夕的傍晚，牧民们要在自家草场找一块干净且没什么人走过的地方，摆上五色布和提前准备的各种食物，在上面洒上酒，然后全部烧掉，表示是给祖先供奉的供品。大年初一的早上要早起给长辈敬酒，有时长辈会给晚辈的额头上抹酥油，表示祝福。全家人还要去羊圈里看种羊的头朝向的方向，头朝哪边，年就是从哪边来。还要给狗吃黄白两种馍馍，吃了黄馍馍（油果子）就表示来年运势比较好，白馍馍（烤饼）就表示年成一般。尽管仪式活动的表现形式与汉族有所不同，但是其中重视家庭、崇宗敬祖、祈福迎祥的精神内核却是完全一致的。

从时间的意义上来说，春节作为我国大部分民族最为重要的传统节日，是整个中华民族集体时间意识的原点。它使整个民族的生活秩序得以建立，这是民族意识中最重要的时间自觉。这种时间自觉一旦确立，经过年复一年的实践强化，就成为民族文化的凝聚点，变成一种生活模式，对整个民族精神世界的模塑产生了极大影响[1]。春节已经不是简单的时间节点，它被赋予了十分厚重而多元的价值，成为了一种中华民族文化的象征[2]。它既

---

[1] 陈连山：《春节：中华民族的时间元点与空间元点》，《民俗研究》2010 年第 2 期。
[2] 萧放：《传统节日与当代社会》，《民间文化论坛》2005 年第 1 期。

有普遍的节庆意义，又在不同区域呈现丰富的地域色彩，这对增强中华民族文化认同、凝聚各族民众情感等具有重要意义[①]。春节成为了一个承载着整个中华民族集体记忆和集体意识的共同符号，在节日周期性的重复当中，属于整个中华民族的向心力和凝聚力也在不断地增强[②]，所以各民族共同庆祝的春节，在时间的角度上既是文化交融的起点，也是文化交融的终点。从文化内核的意义上来说，中国是一个多民族的国家，一方面各民族由于生产生活方式的差异性，在各自的社会发展历程中，形成了各自独具特色的民族文化。另一方面，各民族因受大杂居、小聚居这一地缘关系的影响，在各民族的发展进程中，促成了政治、经济和文化上的相互交流和互动。以春节为代表的中华民族传统节日之所以被各个民族所共有和共享，一方面是历史上各民族社会发展和文化交流的结果，另一方面，又是各民族相互间文化交流的平台、文化认同的载体和交往互动的助力[③]。因此，传统节日的多重样态在各地民众生活的文化记忆和社会发展历程中被不断地建构，成了对中华民族共同体认同的重要生活实践，形态多样化的表象之下蕴含的其实是价值观念和文化内核在底层逻辑上的一致性[④]。

作为全民参与的节日，包容性是春节最大的特点之一，在这种共有的传统节日中，各民族的民众都会在节日活动的互动中相互交流和影响，整合或者是创新出多种共享的文化符号，从而促进不同民族之间在情感和认同上的相互交融。在漫长的历史过程当中，春节的习俗并不是一成不变的，其构成元素和表现形式在不断地变化，不断地吸收着异质文化，随着参与者的增加，最终成了被整个中华民族共享的节日。这种融入不是刻意和强制的，而是无数的民众在生活与交往中自然而然产生的精神共鸣与情感联系。因此，我们在裕固族春节的各种节庆活动中，既能够看到各民族节日文化中的共性，也能看到草原民族共享的文化元素，同时还能发现一些保留有裕固族自身独有文化特征的文化符号。有保留也有融合，这大概就是春节的生命力所在了。

中华民族的传统节日凝结着深厚的民族情感，作为一种精神纽带对于维护民族团结和促进国家统一有着重要意义，是提升国家和民族认同的重要途径之一。作为中华民族共享的传统节日，不同民族和不同文化传统中呈现的节日习俗，不仅从经验层面印证了费孝通先生"中华民族多元一体格局"的理论判断，也进一步丰富了春节的文化内涵[⑤]。春节强化了"一国"的文化共享观念，在民族国家的框架下理解、建构和实践春节。通过传统节日的文化实践，进一步增强了各民族同胞的国家认同和文化认同。

---

① 张士闪：《春节：中华民族神圣传统的生活叙事》，《河南社会科学》2010年第1期。
② 陈建宪：《春节——中华民族的时间元点与空间元点》，《民俗研究》2010年第2期。
③ 李松：《中国少数民族节日在国家文化建设中的地位和意义》，《艺术百家》2012年第5期。
④ 吴佩琦：《赣南中秋节与客家人的中华民族认同研究》，《中华民族共同体研究》2022年第4期。
⑤ 熊威：《节日的跨民族传播与地方性实践——以德昂族重阳节为例》，《人类学研究》，2023年第2期。

二、政府搭台群众娱乐的新型节日

新型节日一般是指由官方引入或创造的具有现代意义的节日[①]。在肃南裕固族自治县，国家层面设定的三八妇女节、五四青年节以及县政府层面设定的"旅游文化节"等新型节日，虽然其文化内涵和农牧民的生产生活经验距离较远，但在实际生活中却是民众参与度极高的节日活动。

首先是以行政村为单位开展的三八妇女节庆祝活动。近十几年来，肃南县的各村每年都会组织开展以表彰先进、节目展演、娱乐游戏为主要内容的妇女节活动。2022年春节过后，ymz村村委会就已经向村民们发出了开展三八节活动的通知，由群众自行排练并报送节目，并要求在活动当天以家庭为单位携带食物到活动现场。节日当天，本村村民大多数都来到村委会大厅参与联欢庆祝活动。首先是村委会为本年度的致富女能手、好婆婆、好媳妇、五星文明户等先进典型颁发荣誉证书和奖品。紧接着是节目表演，所有节目都是村民们自发表演的，其中包括了二胡演奏、独唱、音乐小品以及多个舞蹈。除了节目，村委会还安排了多个喜闻乐见的集体游戏，包括了弹瓶盖、吹纸杯、蒙眼吃香蕉、抢板凳、击鼓传花和踩气球。大家对所有的游戏都有非常高的参与热情，活动从当天中午一直持续到晚上天黑才结束。传统文化以外的节日要被接纳和认可，外因需要政府层面的引导和支持，内因则需要符合当地民族的内在文化逻辑。三八节成了当地与国家主流意识形态联系的途径之一。三八节活动的举办与政府部门的指导和广大民众的积极参与都是离不开的，但凡缺少了任何一方的支持，活动都不一定能坚持举办。节日之所以成为文化体系中重要的组成部分，主要是因为它能满足人们的需要，三八节的娱乐功能其实就是吸引普通民众最直接的因素。对于普通的民众来说，并不需要过多的铺垫和引导，当节日活动中具备了他们所需要或者想要的功能及作用，节日的共享便成了必然。

其次是全县共庆的五四青年节。以唱歌跳舞或是民族服饰展演为表现形式的节庆活动在肃南县十分的普遍。以2022年的"肃南县庆五一、迎五四集体舞大赛"为例，在过节前的一个月，各乡镇和县政府部门一直在利用闲暇时间组织人员积极排练节目。节日当天，来自县城以及各乡镇的群众已经早早聚集在了广场周围，消防大队、县医院、县图书馆等单位提前在场地周围摆上了宣传展板，积极进行宣导活动，县融媒体中心的工作人员也通过各个网络平台开始了网络直播，通过虚拟空间扩大了节日的互动场域。中午1点半，"肃南县庆五一、迎五四集体舞大赛"正式开始。首先是所有参赛队的入场，紧接着是领导讲话以及宣布优秀团组织和优秀团员的名单。颁奖结束以后进入比赛阶段。全县共15支参赛队伍参与了比赛展演。

[①] 韩晓莉：《革命与节日：华北根据地节日文化生活（1937—1949）》，北京：社会科学文献出版社，2019年，第105页。

表1 肃南县庆五一、迎五四集体舞大赛节目单

出场顺序	演出单位	节目名称	舞蹈元素
1	文旅口	多彩家园	各民族舞蹈融合
2	皇城镇	夏日塔拉的绿水青山	裕固族舞蹈
3	文化馆	祁连山下彩虹飞	裕固族舞蹈
4	马蹄乡	青稞香	藏族舞
5	明花乡	中华民族一家亲	各民族舞蹈融合
6	文化馆	游牧时光	蒙古舞
7	祁丰乡	吉祥的日子	藏族舞
8	教育口	幸福中国梦	各民族舞蹈融合
9	党群口	纳孜尔库姆	哈萨克族舞蹈
10	白银乡	草原儿女心向党	蒙古舞
11	文化馆	雪域欢歌	藏族舞
12	政府口	踏上共同富裕路	藏族舞
13	康乐镇	一起向未来	各民族舞蹈融合
14	大河乡	追梦人	裕固族舞蹈
15	红湾寺镇	民族健身操	各民族元素融合

作为纯政府指导举办的节日活动，尽管参赛队伍的成员都是来自肃南县的各职能部门和基层政府单位，但吸引到的更多是众多普通民众的关注，在五四青年节这样一个时间点上形成了很强的凝聚力。而把舞蹈的表演和比赛作为节日具体的表现形式，其本质主要是一种用来表达和展示文化象征意义的集体活动①。舞蹈作为一种具有文化特色的符号被凸显了出来，使得不同民族文化元素的交融被具象化和直观化了，从而具有了更强的感染力。而更重要的是，这种以舞庆祝的形式并不是被刻意生造出来的，而是迎合了普通民众发自内心的热爱。例如文化馆的舞蹈队总共展演了三个不同民族的舞蹈，这种对于活动参与的积极程度，大概也只有热爱能够解释得通了。

再次是贯穿整个夏天的文化旅游艺术节。肃南县的各个乡镇每年都要举办"文化旅游艺术节"，举办的时间大概都集中在夏天的七八月份，且都会互相沟通，避免举办时间的重叠，这样做的目的主要是让邻近乡镇的群众都能有机会参加彼此的盛会。关于这个时间点的选择是有客观原因的。一方面与气候有关，肃南县全境海拔都比较高，气候特点被当地人称作是"长冬无夏，春秋相连"，冬季漫长，春季和秋季温差大、风沙大，夏天的时

---

① 薛亚利：《庆典：集体记忆和社会人认同》，《中国农业大学学报（社会科学版）》2010年第2期。

间很短暂,但却是本地气候最为舒适的时节。另一方面与畜牧业的生产规律有关,牧民在夏天是一年四季中相对比较清闲的时节,在这个时间段组织各类活动,参与的人数会更多。而所谓的"旅游文化节"早期的主要目的并不是吸引更多的外来游客,而是为了给本地不同乡镇不同民族的民众提供一个欢聚的场合。政府在其中只是起到牵头和组织的作用,搭建一个平台,让民众们通过自己的方式进行娱乐。活动的组织方式也大多是以歌舞表演为主。

从上述新型节日的节庆活动中不难看出,唱歌跳舞一直以来都是当地最喜闻乐见的娱乐方式和展演形式。在这里,这些风格大致统一的歌曲被统称为"草原歌曲",舞蹈被统称为"民族舞蹈"。如果细心观察能够发现,这些"民族舞蹈"的动作是蒙古舞、藏族舞和广场舞的组合体,舞蹈作为一种情感宣泄的身体表达,在娱乐场景中主要是一种对自我的展示和呈现,所谓民族特色的边界已然不再重要。而这些"草原歌曲"则大多是藏族、蒙古族的音乐风格、汉语的演唱表达以及代表草原文化符号的词句。音乐所体现出的少数民族特色与歌词意向有超越普通流行歌曲的独特魅力,但汉语的演唱表达则有效地增加了歌曲的传播途径。尽管用"歌"和"舞"来体现民族之间的交往交流交融显得过于粗浅和表面,但是对于普通的民众而言,这种最直白的表达方式体现的就是他们最本真的对于民族关系的理解与认知。

总的来说,新型节日是国家政府层面搭建的平台,在展现各民族多元文化的同时,使得基层民众能够在节日的时间和空间中参与到共同的文化娱乐活动之中,从这个角度来说,新型节日成了促进交往交流交融的新途径。不仅在形式上构建出了符合当地各族群众文化习惯与兴趣爱好的节日符号系统,还在实践层面增加了各族群众共同经历,从而构建了新的共同记忆,更是在思想上促进了中华民族共同价值观的传播。

三、草原民族共享的特色节日祭鄂博

祭鄂博最早是一种以祭祀为主的民族节日。鄂博又称"敖包",源自蒙古语音译,意为"堆子",大多为石头或沙土堆砌而成,是祭祀神灵的场所[①]。肃南县的裕固族、藏族和蒙古族都有祭鄂博的节日习俗。在肃南县地域范围内,几乎每个村落都会有自己的鄂博,尽管祭祀的时间和仪式的细节会略有不同,但是鄂博的形制和祭祀的流程基本是一致的。关于鄂博的修建地点和祭祀的时间,早期一般是由活佛确定的,通常会建在高山顶上,或者是两座山连接的中间部位。在确定建鄂博的地方,首先要挖一个一米左右的深坑,把提前准备好的装有聚宝瓶的木箱放进去,四周砌上砖石用土掩埋。再用较粗的木杆围栽搭成,或者是用石头堆叠起来。正中间会竖起高高的旗杆,挂上写满经文的旗帜,由旗杆向四周延伸会挂满各色的经幡。在鄂博的旁边还会单独砌一个煨桑台。传统的祭鄂博仪式较为复杂,且宗教信仰的成分比较浓厚。节日当天大家都会穿上自己的民族服饰,带

[①] 杨永贤:《裕固族祭鄂博》,《中国民族博览》2000年第4期。

上各类祭祀用品来到鄂博周围。不仅要请活佛念经,还要当场宰杀活羊,献祭羊头。仪式中,大家要煨桑以及献上各种食物的供品,并将大量的哈达和经幡系在鄂博之上。接下来有人会磕头,有的人会按顺时针方向围着鄂博转圈,并向着天空用手中的柏树枝泼洒牛奶或者奶茶,还有的人会向着天空抛撒"飞马"。祭祀之后,大家会围坐在一起分享带来的食物,最后在聊天交谈、赛马射箭、顶杠拔河等活动中结束一天的节庆活动。

2022年农历的四月十五和四月十六两天,是肃南县白银乡的祭鄂博。老的鄂博修在较远的山上,考虑到老人和孩子上山比较困难,后来就在居住地附近修了广场鄂博。由于两个鄂博距离较远,所以近些年就把祭鄂博的时间改为了两天。对于大多数本乡蒙古族的民众来说,两个鄂博没有本质上的差别(只在祭祀功能上略有区别,山上的老鄂博主要保佑人平安顺遂,山下的新鄂博主要保佑一方土地太平安稳[①]),山下的祭鄂博单纯是前一天仪式活动的延续,但由于乡政府的介入和主导,此次节庆活动被命名为了"敖包节暨喀尔喀民俗风情体验区启动仪式",并且在乡政府的微信公众号上发布了邀请函,欢迎各界朋友共同前来参加活动。

图3 敖包节暨喀尔喀民俗风情体验区启动仪式邀请函(白银乡政府微信公众号)

在此次祭鄂博的节庆活动中,民间的祭祀仪式与官方启动仪式被放置在了同一空间场地的两侧同时开始进行。一边是挂满了经幡和哈达的鄂博,点燃了煨桑的柏枝,围满了摆

---

① 访谈对象:tym;访谈人:张瀚丹;访谈时间:2022年5月16日;访谈地点:白银乡广场鄂博。

放供品、泼洒奶茶的村民。另一边是摆满了鲜花铺上红毯的舞台，伴着燃放的礼花，进行着旅游的宣传和民族歌舞的表演。

表2　白银乡祭鄂博活动流程

5月16日活动安排		
	西侧广场(喀尔喀民俗风情体验区)	东侧广场鄂博
9：00	布置启动仪式会场	装饰鄂博
9：30	政府部门的宣传展板布置、民族体育项目报名	活佛念经
10：00	启动仪式开始及文艺表演	煨桑、祭鄂博
11：30	启动仪式结束，蒙古大营就餐(无禁忌)	蒙古包内聚餐聊天(没有荤腥)

祭鄂博原本是当地村落中民众生日常生活的一部分，其背后的功能与意义是比较单一的。对于个体而言，祭祀与祈祷的行为主要是为了在精神上获得安慰与满足，通过祭鄂博表达祈求风调雨顺、人畜平安的朴素愿望。而对于一个群体而言，这种周期性举行的共同参与的仪式活动，有着重要的个体联结和族群认同的整合功能。祭鄂博中的宗教信仰、仪式记忆、娱乐活动等元素巩固了个体之间的社会网络，增强了个体对自身族群身份的认知以及整个族群的凝聚力[①]。特别是在过去漫长的岁月里，草原地广人稀的地理特点和逐草而居的生活方式使得祭鄂博仪式以及节庆活动在交往和凝聚方面具有十分重要的价值和意义。但是当祭鄂博和官方的仪式活动结合在一起的时候，其表现形式变得更加多元，代表的意义和具备的功能也变得更加复杂，从而更进一步促进了各民族之间的交流，推进了民族团结的建设。

从具体的活动形式来看，首先是场所的改变。不同于山上鄂博的道路崎岖难以到达，广场鄂博不仅方便了本村的民众，也方便了周边其他地区的人前来观赏和参与活动。鄂博原本是有着空间范围限定的一种仪式活动，当活动被确定下来之后，广场鄂博就不再仅仅是社区内部的个体与家庭互动的场域，而是成了整个社区与外部世界互动的交点。节日的空间并未因信仰因素而存在限制，而是有一种开放而包容的状态，对于外来者的加入十分友好。其次是活动的名称的调整。在对外宣传的过程中，活动名称被确定为了"敖包节暨喀尔喀民俗风情体验区启动仪式"，地方话语体系中的"祭鄂博"被替换为了"敖包节"。"祭鄂博"是肃南县的裕固族、藏族、蒙古族对于这一仪式的统称，而"敖包节"的叫法则具有了独属于蒙古族的特色，这种变化的原因，应该主要是出于吸引旅游的考虑。尽管名称发生了变化，但是能够发现，场地两侧的活动始终呈现一种和而不同的特点，始终流动着一种包容与和谐的氛围。再次是表演和娱乐活动，过去没有歌舞表演，民族体育活动

---

① 贺卫光：《裕固族祭鄂博仪式的功能研究》，《西北师大学报(社会科学版)》2014年第6期。

也都是为了自娱。现在增加了民族歌舞表演、赛马等民族体育运动项目，也邀请了周边其他区县、其他民族的参赛者一同竞技。

图4 祭鄂博与旅游启动仪式（张瀚丹2022年5月16日摄于白银乡西牛毛村）

从节日的性质来看，首先是参与主体的多样性与兼容性。组织者们既是本民族文化的传承者，也是基层政府部门的工作者；既要参与鄂博的装饰与搭建，也要为官方启动仪式的顺利进行做好本职工作，他们的身上充分地体现出了地方性知识与国家意识形态之间的互动过程。他们是节庆活动中不可或缺的组成部分，这些个体的行为促成了一个彼此协作的共同体的形成，特别是那些负责活动组织具体工作的蒙古族党员，成了活动能够顺利进行的重要力量。而节日的参与者范围也有了很大程度的拓展，到场参与和融入节日的不仅有本地村民，还有周边乡镇的各族群众，跨区前来祭鄂博的蒙古族同胞，被邀请的县城演出团队，市区慕名而来的摄影协会，其他区县赶来做生意的流动商贩以及县红军纪念馆的宣传工作人员等等。

其次是宗教信仰的功能相对减弱，而文化宣传、旅游推广的功能有所增强。这种功能的转变其实与以乡政府为代表的国家在场有很大的关系。传统节日中往往存在着两类仪式活动，一种是娱神的祭祀活动，另一种是娱人的世俗活动。这些活动不仅强化了社区内部的生活秩序和公众道德规范，也使社区与外部世界、上层各级权力进行了广泛的交流和对话①。传统的祭鄂博在现代复杂社会中得以存在和运行，并且和新的官方活动融合在了一起。其中的仪式行为、象征符号以及结构关系都值得关注和思考。祭鄂博在民间是当地人日常生活与民族文化中最基本的构成部分之一，而此次活动的个案则很好地展现了国家层面对民间进入的一个过程。因此这次的活动为探究民间社会与国家交互过程以及作用提供了一个很好的一个视角。民间节庆仪式被官方借用是具有其合理性的。对于民间仪式来说，国家与官方的在场很大程度上增加了其存在的正当性与合法性。近30年来，肃南县各村落的祭鄂博本身就是在政府的支持之下才得以复兴的，特别是在2008年，祭鄂博仪式被列入甘肃省省级非物质文化遗产名录之后，原本局限在小范围空间内的文化符号被纳入了国家的话语系统之内。对于官方来说，民间仪式作为民族文化的标志性符号，首先是能够吸引旅游资源带来经济价值，其次还是区域安定团结最直接的表现，所以官方对于民间仪式的征用并不是生硬和强制的，而是顺其自然的。而对于身处其中民众来说，民间仪式和官方活动背后最终的价值意义是共同的。祭祀是为了祈求神灵保佑生活过得更好，而官方的活动则是在实际操作上扩大了节日活动的影响力，吸引了外来群体的注意，增进了对不同民族文化的接触和进一步了解，对地方的文化、经济等方面的发展带来好处，所以说当本地老百姓知道政府要在祭鄂博的同时举办旅游活动的启动仪式，态度非常积极，并且高度认可。

如今的祭鄂博已经具备了复合型的多元文化现象，具有了多种的内涵和社会功能。作为多种文化相互交融、和谐共存的产物，祭鄂博本身代表的就是一种草原文化的共性，体现了一种草原民族开放包容的性格。尽管在形式和性质上都发生了一定的变迁，不变的是节日中各民族所体现出的其彼此包容和彼此尊重，作为民族文化的呈现和民族历史的积累，在新时代它依然在促进和融洽民族关系方面有着重要的作用。

四、结　论

肃南裕固族自治县的节日体系是由中华民族传统节日、新型节日以及民族共享特色节

---

① 郭于华：《仪式——社会生活及其变迁的文化人类学视角》，郭于华主编《仪式与社会变迁》，北京：社会科学文献出版社，2000年，第4页。

日等类型构成的。从前文的分析与论述中能够发现,以春节为代表的中华民族传统节日,定型的时间已经非常久远,体现出的民族交融历史悠久且程度深厚,尽管有着多元的表现形式,但其代表的价值观念和精神内核却是具有共同性的。以三八妇女节、五四青年节等新型节日,形成的时间比较晚近,对于各民族而言起点都是一致的,节庆活动的举行符合各民族文化发展的趋势,对于参与其中的民众而言,是创造了新的共同记忆,成了建设共有精神家园的重要路径。以祭鄂博为代表的民族特色节日古已有之,在新时期在国家政府的帮助与支持下,不仅得以复兴,还在外在形式和内在性质上都发生了一定程度的转型变迁,焕发出了全新的生命力。

"和合共生"一直是中国传统文化所强调的思想观念之一,民族交往交流交融当中所强调的"和而不同"其实也是这种文化观念的一种印证。节日的传统正是在这样的一个文化大传统中形成的,具有了超越地域、时代以及民族的意义[1]。从这些纷繁复杂的节日中能够发现,"并置"与"涵化"是我们中华民族的节日文化中最为重要的特征之一。节日原本是民众们根据自然的时间秩序和岁时周期来标记日常生活节奏的一种方式,从而在时间上建立自然与社会之间的联系。不同时间体系中多种节日的并置,为身处其中的群体之间的涵化与互动创造了条件,使得我们能够在同一时间体系的维度当中去理解它们在生活方式与文化特征方面的共性。节日的最终目的之一是社会融合,是为了通过节日当中的各种仪式、活动以及象征元素来建立一套共享的价值观念。节日的文化认同功能决定了人们在选择过什么节、怎么过节以及和谁一起过节的时候,实际上就是在对自己的文化身份做出选择[2]。这些种种不同类型的节日交织在一起,形成了一副和合共生的多元文化图景。

---

[1] 萧放:《传统节日与当代社会》,《民间文化论坛》2005年第1期。
[2] 王霄冰:《节日:一种特殊的公共文化空间》,《河南社会科学》2007年第4期。

黄河上游节庆间多民族文化交往交流交融考察

马婧杰[*]

摘　要：民族间的交往交流交融不仅是中国多民族间社会关系的历史时间性的积累结果，更是生成并依赖一定的地理、人文空间条件之中。节庆包含了历史与当代，信仰、仪式、傩祭、礼仪、节日庆典、娱乐等综合文化内容，是具有周期性、集体性和传承性的一定地域范围内的群体文化实践的总称。因而，在多民族共生的河湟地区，节庆成为民族的接触、涵化的重要平台。本文以河湟地区黄河沿岸的六月节庆为视角，阐述其中的民族文化交往交流交融内容。

关键词：河湟地区黄河沿岸；节庆；多民族文化交往交流交融

河湟地区地处黄河上游青藏地区的东缘，青藏高原与黄土高原、蒙古高原的接壤地带，是西北民族走廊的组成部分，历史至今都是多民族交往交流交融的典型区域。河湟地区黄河沿岸中的族际互动与交流的内容既包括家居、聚落以及景观等物质形式的空间，也包括传统惯习、艺术节庆以及信仰仪式等非物质形式的内容。其中，河湟地区黄河沿岸间的节庆仪式，是多民族在长期的交往互动生活中共同生产出的文化形式，其承载了族际间共生互补的社会生活实践，同时这一过程也是族际间共同的社会文化意义的生产过程。

一、有关节庆与民族间交往交流交融的理论探讨

(一) 关于节庆的研究

节庆包含了历史与当代，信仰、仪式、傩祭、礼仪、节日庆典、娱乐等综合文化内容，是具有周期性、集体性和传承性的一定地域范围内的群体文化实践的总称。西方学界的相关概念源于节日(Festivals)和事件(Events)两类研究的综合，有关节庆的探讨主要包

---

[*] 马婧杰(1979—)，女，辽宁绥中人，中共青海省委党校民宗教研部副教授，主要研究方向：民族关系。

含文艺、庆典、节日活动、会展、体育赛事以及相关研究等[1]。中国的节庆概念与立法中的阶段性时空观念"节"相关联。以"节"为周期，或"祝祷"或"祭祀"，"庆典"成为节庆文化的源流和基础。因而，国内关于传统节庆的研究成果主要有关于传统民俗、信仰、傩祭、传统节日仪式研究，如范建华认为我国传统节庆活动起源于古代傩祀和信仰活动，其中的仪式性内容成为中国传统节庆的源头和基础。节庆文化也是随着社会的发展而不断变迁内容，我国传统节庆历经了自然崇拜、鬼神信仰、祖先祭祀、庙会庆祝、"礼法"仪式、娱乐竞技等内容转化[2]。现代节庆研究则侧重于现代旅游、文化经济、庆典、娱乐竞技以及节庆中的传统文化延续等内容开展。相关研究成果关注到了节庆这种文化载体所具有的群体动员、社会交往和经济社会价值。其中，旅游、文化经济、民俗研究以及体育竞技方面的研究居多。如马凌从旅游经济视角探讨传统节庆与旅游体验的关联程度，认为节庆文化在中国的旅游感知中发挥了重要的作用[3]。相似的研究还包括地域文化品牌营建[4]、区域旅游发展研究[5]等议题。亦有研究关注到了节庆作为传统文化的延续，在非物质文化遗产保护、文旅融合等内容中的价值和地位。从地方文化的场景中来看，节庆这类文化事项，起到了延续传统、文化整合、集体记忆、群体动员等社会交往功能。如认为节日节庆是一定地方或村落中的非物质文化遗产重要传承内容[6]。厉建梅认为具有地域文化特色的传统民俗节庆、表演、技艺等特色文化资源同时也是一种品牌资源[7]。节日以公共的时间和空间为基础，以戏剧、表演和仪式为形式。创造了"集体的文化认同、公共的价值观念与和谐的社会环境"[8]。在此基础上，节庆与族际交往、文化认同的议题也成为节庆文化研究中的重要面向，刘成菊从集体记忆和认同角度讨论了川西地区康巴藏族传统节庆体育文化，认为节庆的变迁展现了集体记忆到文化认同的过程中，促进民族内部的情感交流，并加强民族团结[9]。

(二)关于多民族交往交流交融研究

民族交往交流交融作为我国有史以来的重要社会文化内容，受到了学界的关注和研究。相关学者从社会学、民族学、政治学等学科出发，从社会交往行动论、马克思相关理论、学理研究层面的民族关系的宏观结构体系和内部逻辑、民族心理、社区文化等角度对民族关系等层面进行研究探讨。

---

[1] 戴光全、保继刚：《西方事件及事件旅游研究的概念、内容、方法与启发》(上)，《旅游学刊》2003年第5期。
[2] 范建华、郑宇等：《中国节庆文化与节庆文化产业》，昆明：云南大学出版社，2018年，第27、57、62页。
[3] 马凌、保继刚：《感知价值视角下的传统节庆旅游体验——以西双版纳傣族泼水节为例》，《地理研究》2012年第2期。
[4] 陈素平、黄波：《论我国传统节庆旅游品牌的培育》，《社会科学家》2007年第2期。
[5] 韦福巍：《基于因子分析法的区域节庆旅游发展水平评价指标体系研究——以广西为例》，《广西大学学报(哲学社会科学版)》2012年第2期。
[6] 季诚迁：《古村落非物质文化遗产保护研究》，博士学位论文，中央民族大学，2011年。
[7] 厉建梅：《文旅融合下文化遗产与旅游品牌建设研究》，博士学位论文，山东大学，2016年。
[8] 王霄冰：《节日：一种特殊的公共文化空间》，《河南社会科学》2007年第4期。
[9] 刘成菊、刘玉：《康巴藏族传统节庆体育集体记忆与文化认同》，《边疆经济与文化》2022年第7期。

自 2010 年 1 月 18 日，中央第五次西藏工作座谈会上，把有利于各民族"交往交流交融"作为衡量民族工作成效的重要标准之一，提出"把有利于民族平等团结进步、有利于各民族共同繁荣发展、有利于民族交往交流交融、有利于国家统一和社会稳定作为衡量民族工作成效的重要标准，推动各民族和睦相处、和衷共济、和谐发展"[1]。促进民族交往交流交融成为中央民族工作中的重要内容，此后的历届中央民族工作会议，均提出促进民族间交往交流交融的工作要求，如 2021 年 8 月 27 日至 28 日召开的第五次中央民族工作会议提出"铸牢中华民族共同体意识，促进各民族交往交流交融"。

学界关于民族交往交流交融思想的理解，主要包括如下观点：一种是认为"民族交往交流交融"体现了意识层面的中华民族一体化思想，是中国"第二代民族政策"实行的理论基础。倡导不断强化中华民族整体的身份意识和认同，推进中华民族一体化和对国家的认同，实现民族交融一体和繁荣一体。以胡鞍钢、马戎等教授为代表。第二种是郝时远[2]等学者为代表的观点。认为民族三交理论是基于对"中华民族多元一体"客观和理论的认识提出的，"民族交往交流交融"中的"交融"不等于"熔合"。民族间的交往交流交融的理论源于民族交往的社会、文化实践。有学者将民族间的交往交流交融置入一定区域内的社会生活之中，从社区居住空间角度讨论和诠释民族交往。例如杨荣从云南各民共居的互嵌社会结构入手，探讨了互嵌社会结构和民族交往交流交融的内在联系："民族间的交往交流交融是民族地区嵌入社会结构和社会关系的根本动因，成为民族间的共存、共荣和互嵌生活的内在逻辑，因而互嵌表现为人口互嵌、生存空间互嵌、政治互嵌、经济互嵌、文化互嵌。"[3]

由于河湟的民族交往交流交融一直处于动态演进过程之中，因此诸多学者从河湟地域文化中找寻多元共存、往来互动的民族关系内生规律。如秦永章系统论述了历史中甘宁青地区多民族间的社会互动，以及河湟地域文化多元一体的文化特征和内在结构，并从历史中的农业发展、水利灌溉、民族贸易、儒学教育的推广等方面论述了清代甘宁青地区各民族的交流共生[4]。索端智认为，元明时期，汉族与蒙古族的迁徙，对黄河流域的藏区各民族间文化的交流与融合起到了重要的推动作用[5]。丁柏峰认为河湟地区是与周边政治、经济、文化力量伸缩进退、相互消长的中间地带[6]。其中一些研究中，观察到了地方性的节庆、民俗活动及地方曲艺等文化实现中的族际交往和认同内容，如河湟地区的农业丰收节庆"六月会"中，集体傩祭、仪式、地区间的集体动员等内容，成为族际间互动、交往的平台[7]。再如一定区域的民俗、地方文艺展演在河湟地区多民族的交流互往中，成为多个

---

[1] 《中共中央、国务院召开第五次西藏工作座谈会》，《人民日报》2010 年 1 月 23 日，第 1 版。
[2] 郝时远：《关于构建中华民族的几点思考》，《中国民族报》2012 年 4 月 27 日，第 6 版。
[3] 杨荣：《云南民族互嵌研究》，博士论文，云南大学民族学与社会学院，2015 年。
[4] 秦永章：《甘、青、宁地区多民族格局形成史研究》，北京：民族出版社，2005 年，第 109—154 页。
[5] 索端智：《元明以来隆务河流域的民族融合与文化共享》，《青海民族研究》2001 年第 3 期。
[6] 丁柏峰：《河湟文化圈的形成历史与特征》，《青海师范大学学报》（哲学社会科学版）2007 年第 6 期。
[7] 孙林：《青海隆务河流域六月会中的宗教仪式与族群认同——以同仁县尕沙日与日合德村为例》，《青海民族大学学报》（社会科学版）2012 年第 2 期。

民族所共享的节庆文化内容①。因此，在多民族聚居的河湟地区，节庆在民族间交往交流中起到了重要的作用。

从文化视角来看，河湟地区间族际间共享的节庆文化体现了民族文化间交流与重构的过程。不同时期形成的节庆文化呈现不同的族际间文化交往交流交融内容：传统节庆活动多生发于各民族传统的信仰和傩祭内容，民族间文化交流多以神圣化的事物呈现，因此多宗教共存，以及民间信仰层面的涵化与融合成为民族节庆文化交流的主要手段和呈现方式。现代，族际文化关系集中体现"共同繁荣"，并着力塑造"中华民族共同体"的精神意识，河湟地方节庆以公共文化服务、文化经济、非物质文化遗产保护等内容为主。

二、河湟传统节庆中的族际文化涵化与镜鉴

以农牧文化际遇中信仰、仪式和节庆来分析多民族文化间的交流与整合并塑造中华民族同一性的过程。

（一）族际间的信仰：游走在藏汉文化之间的汉神

信仰是民族原生文化中重要组成，也是维系族属认同的重要维度，信仰仪式为观察民族间文化涵化共生提供了最佳视角。因而，民族间交流与互动，往往通过信仰互动和仪式展演来实现交流和整合。于是，信仰和仪式成为河湟地区节庆文化重要的内容，尤其是民间信仰象征体系，在一定程度上映现了族际间的社会关系内容。如河湟地区的诸多汉族村庙中，既有道教八卦符号，也有藏式哈达、煨桑等供奉仪式，在藏族村落中的文昌、二郎神神像绘制于唐卡之上②。民族文化在宗教交流过程中因信仰相异而产生各民族文化的多样性，同时也形成了各民族所共享知识传统③。其中，民族文化的特殊性成为了组织、沟通和规范多元文化之间的互动秩序④，而共同的信仰元素则促进了"和而不同"文化格局的构建。

案例：河湟地区黄河沿岸文昌信仰中多民族文化交流与互借鉴

在河湟民间信仰历史变迁中，出现了诸多的民族间文化交流濡化的特征，如二郎神和文昌神信仰以村落庙宇、定期的庙会事物的组织管理为纽带，维系信仰和集体活动。除了庙宇的日常事物管理和仪式活动中的参演组织外，祭祀和庙会的参与还是以村落为单元轮流举行庙会仪式。其中文昌信仰、二郎神信仰、龙王信仰等跨越了村落

---

① 徐燕、袁同凯：《河湟走廊上的民族交往交流交融——以临夏州唐汪人为例》，《西北民族研究》2021年第3期。
② 据笔者2020年7月20—30日对黄南州同仁县、郭麻日村等地的村落传统文化和节庆仪式等内容的调研整理。
③ ［美］韩明士：《道与庶道：宋代以来的道教民间信仰和神灵模式》，皮庆生译，南京：江苏人民出版社，2007年，第8页。
④ ［挪威］费雷德里克：《族群与边界〈导言〉》，高崇译、周大明校，《广西民族大学学报》（哲学社会科学版）1999年第1期。

边界，还桥联了藏、汉、蒙古、土等民族信仰、习俗文化内容。如文昌信仰就是因唐代木版印刷术等文化传播，从梓潼地方神灵转化为民间信仰。文昌信仰随着移民文化流入到河湟地区，经历了地方化重塑过程，如文昌神在河湟地区的黄河沿岸贵德县一带的藏语中被称作"赤嘎尤拉颇章"，贵德文昌庙宇除传统汉文化的内容外，融合了诸多藏文化内容；其间的文昌庙宇中往往设有置放酥油灯的灯箱柜子，并设煨桑坛。其中汉藏元素杂合一处，有装有五色粮食的曼扎、酥油灯，文昌像也为哈达所围裹。殿内悬挂着印有藏文的经幡，后部还置放有文昌的唐卡像，殿前设有一桌，桌上摆放着卦签。上有汉藏两种文字抒写的签文。进入到贵德的文昌信仰，其神祇功能与藏文化中的因果报应观相互整合后由执掌文运转为"尤拉"（藏语音译：地方保护神）。而其作为中原文化中推崇的爱民的道德化身仍然在贵德的民间信仰中得以延续和保留。多民族间社会文化的际遇、交流与整合推动了文昌信仰的在地化。

在河湟地区的汉藏两个文化圈的共同影响和染濡之中民间信仰在地方化的建构过程中，采撷了汉、藏、蒙古、土等民族民间文化中内容，也融摄了和睦共处、和而不同的文化观念和文化共处经验。同时也呈现了我国民族文化多元一体格局之中民族相互交织的文化事实和客观。

（二）族际间节庆交往与民俗文化整合

河湟地区间，由汉代"河开西郡"的屯军戍田政策带来的基层村落中的游神、酬神庙会成为河湟地方传统节庆中的重要内容。在河湟传统地域文化中，农历六月间是庄稼成熟的时节，也是地方节庆最为集中的时节。在多民族社会、经济、文化的交流背景下，河湟地区的六月节庆成为，所民族文化交往交流交融的重要途径。此处以河湟地区黄河南岸的贵德六月节庆案例来讨论，民族文化间的交流整合形成独特的地域节庆文化内容。

案例：河湟地区黄河沿岸节庆中多民族经济、文化互动与整合

农历六月节期间，贵德刘屯村的村民将村庙中供奉的文昌神轿神抬出，周屯村民将其民间信仰中二郎神的神轿抬出，一路游行到贵德县河滨公园的广场内，举行"甥舅会"。按当地的信仰传说，文昌神与二郎神之间是外甥与舅舅之间的关系。六月庄稼成熟，人神共娱。人们为了酬谢两位神灵庇佑丰产的功劳，抬两位神明游庙会。在民间信仰的安排下，两位神灵也在节日里相互拜访。以世俗的社会关系逻辑来安排信仰空间的圣神事物，并安排信仰体系之中的内容。在贵德县的二郎神庙中二郎神的形象既包括传统汉族民间文化典型内容：三眼，一身武将装束，身旁还有哮天犬的塑像，带有明显的中原民间传统文化印记[①]，也包含藏文化影响下的蓝面、赤面的忿怒

---

① 据笔者2020年7月16—18日间，在青海省海南藏族自治州贵德县对其间举办的"六月神节暨物资交流会"以及该县境内文昌宫的调研资料整理。

形象，也存在上述两种形象并存在同一信仰场所中的显现，成为当地藏汉文化交流的重要例证。

当地的农历六月节庆中，以游神的形式促进了多个村落间的社会经济交往，并得到藏、蒙古、土等民族的参与：村庙—各大姓氏人家—周边村落（包括一些藏族村落或多民族杂居村落）—县城中毕家寺（藏传佛教寺院）—城隍庙—再次回到村庙当中。此类节庆具有两项主要的活动：丰收酬谢神灵的民间信仰活动和基层的贸易集市。这种节庆活动在多民族共生的区域间起到多重作用，不仅是地域文化的交流与整合，还体现在社会交往层面中，如多民族间在生产、生活中的互助互补、族际间的通婚。

在上述节庆仪式中，多民族民间民俗文化在地方化中，实现了进一步交流与互动。原流行于各个村落的祭祀和庙会中的各民族文化传统，也被合并，并重置于城镇广场等空间中，成为民俗和商贸活动的合体。而凝结在民间仪式空间中的民族交往内容，也从社区村落单元中文化互动，拓展到商贸交往等其他社会交往模式之中。

三、节庆再造：非物质文化遗产与族际往来

现代的旅游发展和文化保护下，节庆成为河湟地区重要的文化经济形式。节庆源于民族间社会组织和文化，也是政府实现植入国家意识和地方公共文化管理和规划的场域。然而不同时期的节庆承载着不同的文化形式，也映射一定的社群关系。在传统社会情境下，是传统社会结构和秩序的一种文化手段，乡土社会中血缘、地缘维系认同。当代，节庆以非物质文化遗产的身份再造，承托了文化经济发展及民族团结等国家意识，也成为塑造中华民族共同体认同的重要场域。

案例：非物质文化遗产保护与贵德县的六月会的再造

贵德县政府为了提振地方旅游经济和民族团结进步创建，贵德县旅游文化局将六月会进行重塑和组织和报送，将这一民俗节庆打造为近年获得国家级非物质文化遗产。为此，贵德县政府将六月会的相关传统内容进行改造，为六月会的参演人员定制服装，"传统上六月会服装主要是戴礼帽，穿长衫，马足（抬轿者）和锣鼓手穿着区别不大。为彰显地方民族文化特色，政府通过在整理民族间文化资源，依照周屯节庆穿藏服的习惯，并为了体现民族团结，将周屯参与展演者的衣服定制为藏服，并且按仪式中的角色不同，将打旗者、马足和法师改为不同的颜色；刘屯基本是礼帽长衫，仅在颜色上有所区别。此外，因刘屯文昌庙在20世纪80年代重建的时候，刘屯和下排村中的几户人家通过募化的形式重建文昌宫，其余村中的人员没有参与重建。文昌宫的庙宇经济从村集体中脱离出来。因而，现代仪式中，转五姓法门（到村落中各个宗家中的巡游仪式）的环节也取消了，此外刘屯中的法师传承基本中断，刘屯的表演现在采用雇佣的形式。政府对六月会相关民间组织采取了扶持的措施，每年拨给相关展

演的队伍一定的款项用以维持活动运转。

在地方政府的整合与营造过程中,六月会完成传统的现代性适应,转型为非物质文化遗产,并入选2020年国家级非物质文化遗产名录。现代的仪式展演中体现了国家意识内容,2020年突出民族团结的主题,六月会的宣传语为"我们的六月会";2021年,由于六月会申请非物质文化遗产成功,因此今年的宣传横幅为"非物质文化遗产的六月会"。此外,六月会在国家意识的形塑之下,分化两种叙事展演模式,在周屯村和文昌宫内以传统的民间信仰仪式为主,在六月会会场以民间民俗展演为主,除了传统的两神相会仪式外,还增加六月会开幕式、领导致辞、现代文艺节目会演,此外还增设地方民族民俗展演内容,如藏族民间谚语比赛、格萨尔文化展演,以及多民族共享的花儿展演。为突出旅游经济内容,六月会延续了近现代的商贸交流,通过招商吸引省内外的商人进行贸易交流。

如上述所讨论的每年在贵德河滨公园举行的"六月神节暨物资交流会"中,在现代仍保留民间信仰中的"两神相会"活动。但其中所象征的社会文化内容,却在现代社会文化的境迁中,展现出不同的内涵和意义。

正如兰德尔·柯林斯(Randall Collins)所认为,仪式形成了社会资源交换互动的空间:"仪式互动理论"的概念,互动仪式是一种市场,人们在参与的过程中付出了时间成本、情感成本以及文化资本等资源,同时这些仪式情感混合起来,又共同唤起人们在特定场合中的同步参与的社会互动[1]。"两神相会"仪式和各种民间贸易、民间文艺展演一同,建立起一个复合社会符号系统结构,透过文化象征以及公共空间的秩序的形塑形成了新的社会关系内容。在庙会这个公共空间之中,仪式是与神圣事物相关联的文化符号。而这仪式中,通过二郎神与文昌两位神祇表现出世俗世界中社会关系的续接。同时,跳神作为物资交流中文化象征结构又与其他文化资源一起展现了国家话语体系,在六月会的开幕式由贵德县的文化宣传和旅游部门领导发表讲话;借此向外界推介贵德的文化旅游等形象宣传。会场中的"两神相会"民间信仰内容与藏族民俗"谚语大会"、民歌"拉伊",多民族民族"花儿"等文艺展演一同,成为贵德地域传统非物质文化遗产的内容,并作为民族团结等主流意识形态宣传的组成部分[2]。

上述节庆空间中的人际互动模式,承载了多民族文化间的互动和交流内容,现代的节庆活动中,各民族参与的经济文化的主体意识增强,并通过族际文化经济互动,形塑中华民族认同意识。基于民间庙会衍生出的地方性节庆空间,汇集了多民族间的文化内容,成就了民族间社会人际往来。在这一节庆文化空间的整合过程中,包含了民族民间文化间的涵化与兼容,国家意识对于民族团结和民族间共同性理念的倡导和营建,民族文化、经济间的相辅相成,这些内容都有机结合,成为形塑多民族交往社会空间的力,并塑造了节庆

---

[1] [美]兰德尔·柯林斯:《互动仪式链》,林聚任、王鹏、宋丽译.北京:商务印书馆,2012年,第126页。
[2] 据笔者2019年7月17日对贵德县河滨公园内举行的六月会跳神暨物资交流会的调研资料整理。

空间中同一性、共享性的文化意义体系。

四、结　语

(一) 多元文化情境中的文化共生与交流

从宏观层面来看，河湟地区的民族间互动关系生成于外围多元共生与交流的社会文化环境。多元社会文化间的接触、交流与共生是民族间互动的外部性结构因素。自汉代以来，各民族人口的迁徙流动以及中原政权所实施的治理边疆策略，经济上的东西物资流通，使得河湟的社会生境始终处于多元文化因素的影响和交流之中。因而，地方性的文化节庆、景观空间中都呈现民族文化交流、涵化的特征，如民间节庆中汉藏文化风俗的借鉴与整合，成为地域性的标志文化内容等。民族文化间的吸纳借鉴都是由于人口迁徙流动、政治、经济交流所促成的，包括现代性因素影响下，民族间共建的文化内容也不断得到充实和创新。

(二) 社会生活的过渡性与民族文化间的彼此调适

河湟地区的民族文化间互动、涵化与整合得益于该地区民族社会社会生活空间的之间兼容与互补。而在社会生产中的农牧过渡以及生计互补，都有相应的文化意义建构内容。民族间的共处的社会实践和文化意义的组织一同建构了民族交往的社会空间，因此文化意义的整合与建构成为社会空间形成的中介。

其中，传统文化伦理中包含的包容通和理念促使各民族间相互理解、相互尊重、相互包容，是"平等、团结、互助、和谐"民族关系的天然基础。而本章中讨论的仪式、文化景观以及公共文化等内容则是不断被塑造的文化意义体系。其中集合各民族共同建构和创造的结果，这种创造的合力使社会空间具有内在的向心力和凝聚力。

(三) 共同性文化理念的形塑

从文化观念层面来看，河湟地区各民族文化中平等、和谐观念形成了民族间文化观念层面的共通性逻辑。如在公共的文化活动和经贸往来中，共同参与、共同繁荣的朴素理念，形成了你中有我、我中有你的文化协作观念。

随着现代化的进程，宏观层面的社会文化环境、中观层面的经济社会结构以及微观层面的观念和文化心理都处于不断的变化之中。例如，现代旅游发展趋势之下，民族的传统习俗与民间信仰文化元素一起参与到旅游、景观建设和公共文化内容之中。民族间的文化互动也面临着新的适应与变迁，随着经济模式的多元化，文化交流方式也多样化，民族间的交流更多地作为一种文化理念存在于现代社会生活之中，表现为文化整合、文化沟通以及传统文化现代性适应等内容。

多民族经济生活依存关系的历史与现实探析
——基于青海省热贡地区的调查[*]

马瑞雪　何润润[**]

摘　要：本研究通过田野调查和历史文献分析，探讨了青海省热贡地区多民族经济生活依存关系及其历史与现状。研究发现，回族、汉族、撒拉族等民族在热贡地区定居后，由于各自的经济结构和生产方式差异，与当地藏族、土族等形成了互补的经济模式。这种经济互补性不仅推动了该地区社会经济的进步，还促进了文化层面的交流与融合。文化的紧密联系进一步巩固了经济联系，实现了经济与文化的相互嵌入。长期的经济互依关系致使当地藏族群体对商业的态度发生了转变，商业意识得到增强。对于藏传佛教和伊斯兰教两大族群文化体系下的各民族而言，频繁且友好的经济互动有助于拓宽视野，接纳商品经济价值观，并在两大信仰体系内形成共同的价值观念和思维模式。这一过程不仅加强了民族团结，也为各民族交往交流交融奠定了坚实基础。

关键词：热贡地区；经济生活依存关系；文化交融；互补共生

一、问题的提出

自 2021 年 1 月起，随着中共中央和国务院举办第五届西藏工作座谈会，并首次强调推动各民族"交往、交流、交融"，这一理念逐渐在多次官方场合被重申，突显出在当前时代背景下，深化民族间的互动与融合已成为中国共产党民族政策的关键任务，并引起了学术领域的广泛关注和讨论。学者从不同角度对该问题的研究充分说明了这一问题的重要

---

[*] 本文系青海省省级社会科学青年项目"历史上'甘青民族走廊'形成与延续中的各民族共生关系研究"（项目编号23Q064）、青海省"昆仑英才. 高端创新拔尖人才"（培养）阶段性成果。

[**] 马瑞雪，女，青海西宁人，青海师范大学法学与社会学学院讲师、青海省高原科学与可持续发展研究院成员，主要从事民族学研究；何润润，女，新疆乌鲁木齐人，澳门大学社会科学学院社会学系，博士，主要从事民族学研究。

性及紧迫性,然而,围绕各民族经济生活依存关系方面的探讨尚不充分。本文以青海热贡地区多民族交往交流交融的发展历程作为研究脉络,通过文献挖掘、整理,结合笔者的田野调查,从各民族经济生活依存关系的角度讨论各民族交往交流交融的历史基础及现实境遇。将费老提出的"中华民族多元一体格局"作为参照,在这个区域,不同文化、群体间的互动与共生充分体现了"多元一体"格局,而对这一区域内不同群体间共生关系的内在逻辑作进一步的阐释,则是对"中华民族多元一体格局"补充和应用。

本文的田野点青海热贡①地区地处我国青藏高原游牧文化和中原农耕文化的接合地带,自古这里就是多民族迁徙、互动的地区,亦属于中国西部重要的民族走廊的一部分。独特的自然地理环境和人文地理位置,使得这里一直以来都具有重要的战略地位及研究价值。经过历史的沉淀,在政治、经济和文化等多种因素的共同作用下,逐渐形成了包括汉族、藏族、回族、土族、撒拉族、保安族等在内的多民族共同居住和交融的人口分布模式②。截至2022年8月,同仁县总人口10.1万人,其中少数民族占总人口的90.2%,是一个以藏族为主,汉、土、回、撒拉、保安、蒙古等多民族聚居区③。从经济形态来说,热贡处于农业区与牧业区的过渡地带,为研究不同生产方式对多民族格局的形成及族际关系的影响提供了便利。具体来说,热贡处于河湟谷地区域,隆务河流域造就了较为肥沃的谷地,同仁县特殊的谷地使其成为较为适宜的农耕地区,而泽库县和河南县则以牧业为主,这样的地理结构和经济形态对其丰富多样的民族、文化格局的形成具有基础性的作用。首先,交通贸易方面,历史上这里是茶马交易的地区之一,而同仁县县府所在地隆务镇也因民族间贸易往来的需求而兴起;其次,在宗教文化方面,这里是藏传佛教文化、伊斯兰文化和中原儒家文化汇聚之地,是汉族、藏族、回族等民族文化的边缘和交汇地带,热贡地区多种文化、宗教共存,为研究不同宗教、文化对族际互动的影响提供了现实场景;最后,从各民族交往来说,传统上这里既是汉族聚居区和藏族聚居区的交界地带,历史上又因社会、政治、经济的原因成为土族、回族、撒拉族、保安族等多民族迁徙、交往、互动的主

---

① 注:藏族学者热贡·卡尔泽加认为安多地区素有"十八个大察"之说,遍布青海各地,如黄南藏族自治州的尖扎(尖察)、海北州的刚察等。"热贡"代表着一种缩写的地名,含义并不是"金色谷地"或"梦想成真的地方",实际上是指地处热擦三部落(分别为热察、伊察、姜察,散居在今循化、甘肃临夏以及甘南藏族自治州夏河县的部分牧业地区)上部的地区。详见热贡·卡尔泽加:《浅谈"热贡文化"范围界定》,黄南报,2006年5月21日,第4版;隆务寺的久美腾却乎活佛认为,热贡与"热萨"村有关,先有热萨村,后有热贡。详见久美腾却乎著《隆务寺志》(藏文),西宁:青海民族出版社,1988年;当代藏族学者吉美桑珠则质疑热贡因地处热察三部落上部地区而得名的说法,他认为热察三部落形成以前"热贡"这一地名就已经存在了。详见吉美桑珠著《安多热贡历史广说》(藏文版),北京:民族出版社,2013年5月。本文的热贡地区为"小热贡",指以隆务寺囊锁管辖的隆务河流域地区,即如今的同仁县及周边地区。
② 注:根据西北地区的区域文化权力网络划分的两大宗教—族群文化体系:藏传佛教—族群文化体系和伊斯兰教—族群文化体系的划分,本文的比较研究主要以这两大文化体系展开,因此多民族包括以下几个民族:汉族以及从属于藏传佛教—族群文化体系的藏族、土族;从属于伊斯兰教—族群文化的回族、撒拉族、保安族等民族。此外,由于当地族群称谓在自称与他称方面的特殊性,其中,回族、撒拉族、保安族等民族在访谈内容或某些叙述中的族群称谓均以"回族"的形式出现。
③ 同仁县政府网站:同仁概况(人口民族),2022年8月8日:http://www.hntongren.gov.cn/html/5796/414274.html,引用于2022年11月8日。

要区域。20世纪60年代以来，特别是改革开放及西部大开发以来，人口流动现象和规模不断增加。因此，以这一地区多民族经济生活依存关系作为切入点来探讨民族交往交流交融，是对中国多民族杂居地区复杂的民族结构和文化类型能够和谐共生的最好阐释。

二、热贡多民族经济依存关系的历史

马克思、恩格斯认为，生产力与经济的发展水平对民族关系的密切程度具有基础性的决定作用。也就是说，生产力的发展使人与人之间逐渐建立起了普遍的交往，打破和消灭了原始的各民族互不往来的孤立形态，各民族之间建立复杂多样的交往关系就成为必然趋势[1]。正如学者所言，作为人类社会的基本组成部分，经济体系也必然要对社会的各个方面包括文化发生深刻的影响，给它们打上自己的烙印[2]。从热贡地区各民族交往交流交融的历史来看，互补的经济依存关系是各民族互动的内驱力，热贡地区民族文化虽然多元，但却始终能聚合在一起，它们之间虽然存在较强的异质性，但却蕴含着千丝万缕的联系，各文化之间存在割舍不断的联系，这个联系便是经济生活中的依存关系。特别是对于藏传佛教—族群文化体系和伊斯兰教—族群文化体系的各民族来说，生计方式的互补使各民族间在生活上互通有无，并形成了相互依赖的关系。各民族在经济生活中的这种互补模式，不仅为这一地区社会稳定和各民族互动、族际关系的和谐发展提供了保障，也是各民族在长久的相处中实现文化共生的先决条件。

清末，热贡地区隆务寺第六世夏日仓活佛为发展当地经济，从临夏、循化等地招募了八十户"能人"（藏语称"克哇加曲"）在隆务寺附近从事商贸活动。这八十户商人和工匠，以汉族、回族、撒拉族、保安族等人口为主。为便于商人和工匠的生产生活，在活佛的倡导下，经三大扎仓商议，决定在隆务寺院坡下的隆务河西岸灌木林地建一座供商匠居住的土城，这座土城便是如今的隆务镇。随着隆务街的建成和外来人口的不断增加，不仅促使当地物资和贸易的流通，也使当地单一的宗教、文化开始向多元化发展。如今在隆务古镇上，当地人时常喜欢和外地人说起一些关于他们祖辈们的故事。他们中的一些人，会不时地强调当年"八十能人"是如何在艰苦的条件下跟当地藏族做生意，搞活当地经济的；另一些人则更乐意提起隆务古镇昔日的繁华及隆务街和睦友好的邻里关系、族际关系。"隆务"不仅仅代表了一个因商业发展而形成的城镇这个地域性的概念，同时它还是当地人想象自我的一种方式和工具。支撑他们这种"能人后代"想象的背后，是隆务镇曾经繁荣的传统行业以及曾经作为经济、文化中心的种种荣耀。

（一）回汉兼营的商业、手工业

以"全民皆商"来形容清末民初隆务汉、回等民族的从业状况，或许有些言过其实，

---

[1] ［德］马克思、恩格斯：《马克思恩格斯选集》（第1卷），北京：人民出版社，1972年，第51页。
[2] 朱国宏：《经济社会学》，上海：复旦大学出版社，2003年，第427页。

但经商无疑是隆务汉、回等外来民族首选的谋生之道。很多隆务古镇上的人，特别是如今居住在隆务街汉族、回族及朝、向阳两村的回族，都认为他们的先辈是在隆务做生意的。对于旧时同仁地区的商业发展状况，《同仁县志》记载：

> 19世纪初，一些内地商人进入同仁地区经商，以茶叶、布匹、食糖等日用品，换取当地畜产品。以后天津、上海一些洋行代理人，常来收购羊毛、皮张，同仁与内地贸易往来开始活跃。①

可见，由于同仁地区商品经济发展缓慢，市场空缺较大，加之藏族聚居区丰富的畜产品，对内地商人来说具有一定的吸引力。内地商人在此进行"以物易物"的商贸活动。丰富的畜产品，不仅吸引内地商人，也吸引了一些外国传教士进行皮毛收购活动。对于旧时内地商人为何未在同仁地区形成固定的交易场所进行长期的贸易往来，笔者认为可能有以下原因：其一，从内地商人的角度来说，在地理位置偏远的高原进行商贸往来存在气候适应及语言障碍、风土人情了解的匮乏等文化适应问题；其二，从当地藏族人的角度来说，长期处于较为封闭、传统的藏族社会，存在较为强烈的地域认同意识，对来自高原以外的人存有些许陌生及不信任感。发生在光绪年间著名的"保安教案"便是一个例证②，通过文献考察，从伊斯兰教在同仁地区的发展历史可以看出，同样作为外来异质文化的伊斯兰教从元时传入同仁地区后并未仅因宗教的异质性而引起藏传佛教宗教权威的驱逐，相反，关键原因往往是诸如土地、水源等利益的纠葛。从根本上来说，这就是传统藏族社会地域认同意识③的体现。因此可以说，当地藏、土民族有着较强的地域认同意识。

此后，有临夏、循化等地的回族在同仁地区进行商贸活动，他们在同仁设点，长途贩运经销货物。这些商人租住在隆务寺院的僧舍以客居的形式流动做生意，在隆务寺院门口摆摊经营。这种贸易形式一直持续至6世夏日仓活佛招揽商匠时，在夏日仓活佛的倡导支持下，在隆务土城修建铺面、住房，小集市逐渐形成。起初，这些商户从事经商、贩运及小手工业等经营，进行物资交流。他们将当地积压的畜产品运往外地，并将藏族群众所需的粮食、茶叶、布匹、食盐及日用百货运入同仁，活跃了当地市场。在长期的商贸活动积累下，资金、货物得到扩充，逐步形成了经济实力雄厚的四大商号以及经济实力中等的

---

① 同仁县志编纂委员会编：《同仁县志》，西安：三秦出版社，2001年，第384页。
② 光绪二十五年(1899)英国传教士傅德夫妇在保安传教期间，两人压价收购羊毛、加价倒卖的行为引起了当地藏族群众不满，聚众包围傅德住所，驱逐其出境，并联名上报循化厅。循化厅惧怕洋人势力，不但没有受理，反而出兵保护傅德夫妇，并将其送到循化城暂住。傅德以仓皇出走而损失了器物为由，迫使西宁当局勒令当地藏民照数赔偿。对于这一事件，有学者认为在早期藏区传教活动中，传教士们普遍会遭遇驱逐，"保安教案"是因外来异质文化的介入引起的区域文化体系反应的结果。也有学者认为"保安教案"是19世纪60年代全国反洋教大背景下既有宗教冲突，又有经济冲突，乃至族群冲突的一个较为典型的驱逐洋人的案件。
③ 学者对同仁县民族认同感与地域认同意识的研究调查认为，当地藏族和土族都有较强的地域认同意识，其中藏族占57.3%，土族占56.2%，而回族和汉族分别占39.7%、23.3%。(祁进玉：《青海藏区民族关系追踪研究——以青海省黄南藏族自治州同仁县为个案》，《中央民族大学学报》(哲学社会科学版)2011年第2期第38卷。)

"8 小家"商号，经商最盛时有 110 多户①。这些汉、回等族商人所从事的便是被学术界称为"东引西进"的商贸活动：他们中的一些大商户就地收购牛羊毛(皮)等畜产品和鹿茸、麝香、虎、狼、豹皮等名贵土特产品，运往内地销售，又从内地运进藏区所需粮食、茶叶、食盐、布匹和一些生活日用品等，进行就地销售或集散到牧区交易。以此时市场的功能及其覆盖范围来看，应属于施坚雅所说的基层市场的范畴。这种基层市场的职能首先在于满足农民的需求而交换他们的产品②。

    韩三福的店铺主要经营与牧民群众生产、生活息息相关的日用杂货。每到夏季驮运货物走圈串账，以物易物。他的两个儿子上松潘、走西藏，收购羊毛、牛羊皮等畜产品；下江南、走广州出售畜产品，购回牧区急需品。虽说盗匪不少，路途不安，吃了不少苦，但有夏日仓和扎仓的保护，隆务这地方住的比较服坦(舒服)。自那以后，僧人们光顾的也不少，牧区藏民朋友越来越多，关系越来越热，他的家成客店了，吃住随意，进出方便，生意比在尖扎的时候好多了。由于经营有方，成为当地知名的商人之一③。

隆务地区民族贸易的发展，形成了以如今的隆务街为中心的基层市场社区，以此为核心结成了如雇佣、婚姻、娱乐等各种社会关系，促进了各民族间的友好往来，也使当地经济、政治、文化有了进一步的发展。除商业外，手工业在回族社会经济生活中也占有相当比重，亦是当地汉族主要从事的行业。"雷银匠""张炮匠""谢木匠""索瓦匠""韩铁匠"等为主的手工匠人④，与上文所说的近 60 户商人近 300 人便是最早的"克哇加曲"。

(二) 以回族、撒拉族为主的餐饮及牛羊屠宰、牛羊肉售卖业

俗语道"回回手里两把刀，一把切肉，一把切年糕"很好地诠释了回族擅长的两种传统行业，饮食业和牛羊屠宰、牛羊肉售卖业。笔者认为回族擅长这两个行业的原因与其宗教信仰下形成的生活习俗有着密切的联系。西北回族恪守伊斯兰教各项教规，在饮食方面有着较为严格的禁忌。因此，在回、撒拉等民族形成聚居区后，出于生活需求，必定会出现一定数量的饮食业从业者。关于这一时期隆务饮食业的发展情况，《同仁县志》记载：

---

① 同仁县志编纂委员会编：《同仁县志》，西安：三秦出版社，2001 年，第 384 页。据了解，隆务地区的回、汉大商户"海和元"商号赵家、"兴盛隆"商号王家、"协泰成"商号方家、"福佑宫"商号章家等四大商号；"元盛昌"商号康家和"福盛"商号马家以及六七马老爷、炮队大人、靠顺娃、王成安、马俊德之父、敏颜欧、范三娃、黄吾老、韩三福、陈光财、马六七、马元福、铁老板、撒拉阿布都、马全成等大商户为主的大小商户约 60 多家，大部分人以开商铺、摆地摊、经营小百货，开饭馆、旅店和跑山串乡打零工为生。(同仁穆斯林概况编写组：《同仁穆斯林概况》(内部资料)，2008 年，第 30 页。)
② [美]施坚雅：《中国农村的市场和社会结构》，史建云、徐秀丽译，北京：中国社会科学出版社，1998 年，第 25 页。
③ 根据笔者对韩三福曾孙的访谈内容及《同仁穆斯林概况》内容整理。
④ 同仁穆斯林概况编写组：《同仁穆斯林概况》(内部资料)，2008 年，第 37 页。

"同仁县隆务镇的穆斯林群众较多,她(他)们有做生意、开饭馆的特点。长期以来,他们经营饭馆、小吃等,制作考究,花样繁多,清洁卫生而闻名。"[1] 结合笔者访谈可知,隆务街上有从事餐饮行业者,但数量不多,且规模不大,以小饭馆和小吃为主。在饮食业的发展下,回族传统屠宰、贩售牛羊肉行业应运而生。清真牛羊肉是民族传统餐饮业的重要原料,屠宰也是青海回族的"垄断"行为[2]。就隆务而言,在前文所言屠宰者须是穆斯林及传统藏族忌"杀生"的双重影响下,隆务屠宰行业全系回族、撒拉族。有关同仁县屠宰业的发展情况,虽无相关资料记载,但据笔者访谈得知旧时隆务地区从事屠宰及牛羊肉售卖业的大部分为回族,20世纪80年代同仁县屠宰厂设隆务街,此后由于环境污染问题被关闭。尽管在隆务街从事屠宰行业的多为回族,但80户买卖人中却没有从事屠宰行业的,从事屠宰行业的较多是后来迁移而来并在此地无法通过其他渠道谋生的外来回族。

(三)以汉族为主的贩运业

马贩、驼队及其长途贩运业也是回、汉民族普遍从事的传统行业。在交通条件的制约下,商业贸易的发展催生了如云南马帮、河州脚户等专门从事贩运的行当。历史上,同仁与夏河间的商贸往来及文化交流比较频繁,但两地之间山多险峻,路道崎岖,因此一直采取人背畜运的传统运输方式。这其中,河州和青海的汉、回脚户充当了重要的角色。这些脚户作为两地之间的中间商,不仅是区域物资的传递者,也是民族文化的传递者。早期无论是长途贩运,还是短途贩运,均采取人背畜驮的形式。人力背货物的脚户被称为"背脚",一般都结成十几人的帮队;畜驮的脚户利用骡、马、牛、骆驼等畜力驮运货物,一人赶二至三头牲口,近则百里左右,远则数百里甚至数千里,这类脚户被称为"驮脚"[3]。他们大部分是为商人驮运货物,也有一些为自己或他人驮运,有时也为官府或军队驮运各种物资。

> 我是脚户出生,大半生是在旅途度过的。……民国十八年大旱,记得有二三年无收,饿死了许多人,前面死的还有人埋,后面死的连埋尸的人都没有了。还有不少人逃难去了。我们家因为有些积蓄,就在兰州城里典了人家的房子住。我和大哥赶着毛驴从青海往兰州驮粮吃也给别人贩卖一些。后来度过了灾荒年景,我们买了两头骡子和一头驴,开始当脚户搞驮运生意。那时脚户的贩运生意很灵活,消息比较灵通,南来北往的脚户朋友很多,随时都能得到各地的生意行情,听到哪里什么东西行情好,就赶快把那样东西驮运过去,一般都落不了空。那时内地和西南地区一般都比较缺少食盐,不少地方的群众用当地的盐土搭土盐实用,有些咸中带苦涩味,因为缺盐,不得不食用。他们能希望能吃上青海察卡盐湖的青盐,当时把青海盐称为"大盐",也

---

[1] 同仁县志编纂委员会编:《同仁县志》,西安:三秦出版社,2001年,第403页。
[2] 喇秉德、马文慧、马小琴等:《青海回族史》,北京:民族出版社,2009年,第212页。
[3] 袁立孝:《脚户足迹达四方》,载黄南州政协文史资料委员会编《黄南文史资料》第6辑,内部资料,2006年,第44页。口述者袁立孝,甘肃人,访谈时76岁,为退休工人,在尕撒日家中养老。

有叫"青盐"的，尽管青海的大盐多得无其数，但青海以下的大部分人很难经常吃上青盐，主要是运输力量太弱，全靠牲口驮人背。那时我们就瞄准这种生意……到20几岁，年轻力壮，走南闯北，经验多了，胆子也就大了，逐渐向东南方向发展，最远到四川广源和陕西南部的汉中……①

清末民初，西北地区社会环境困顿，身处社会底层的各族劳动阶级面临着来自地主阶级、官僚资本的双重剥削，加之甘肃地区灾荒频发，甘肃汉、回等族不得不外出寻找各种营生。贩运业作为各营生中投入本钱较低、商贸讯息较为灵通的行业，成为汉、回等民族普遍投身的行业。交通运输不发达的年代，脚户南来北往，足迹遍布西北、西南各地。曾因从事贩运业而留居同仁的河州及甘肃其他地区的脚户成为如今同仁地区多民族人口来源之一。

经过各民族商匠长期的共同建设，这座小城逐渐得到发展，汉、回民族先后在隆务土城创立了私营商业、手工业、服务等行业，其中有杂货店、饭馆、骡马店、染坊、铁匠铺、银匠铺、铜匠铺、靴匠铺、木匠铺、毡匠铺和药店诊所等②。民国十八年（1929）7月，国民政府在隆务街设同仁县政府③。至此，中央政府的行政管制从保安转移到隆务。隆务镇逐渐成为同仁地区的政治、经济、文化中心。汉、回、撒拉等外来民族在这一时期完成了从"客居"到"定居"的转变。不过，尽管当时的隆务镇比较繁华，但隆务毕竟只是一个农村集镇，市场容量十分有限，加之受官僚商业"德兴海"垄断市场，私营商业生意仅供人民维持生计。据1949年底调查，县城隆务街有坐商16户，共有流动资金21995元（硬币），其中经营布匹的5户，流动资金11121元；经营百货的11户，流动资金10874元。另外，小本经营的小摊贩不足20户④。

三、热贡多民族经济依存关系的现实

如前所述，热贡传统社会中各民族由于生计方式的差异，而形成了一种"互补共生"的经济依存关系。20世纪70年代以来，改革开放加速了热贡地区的城市化、工业化发展。特别是在市场经济的推动下，热贡已经融入到全国统一开放的市场体系中，在文化旅游业等行业的发展下，地域间的界限被打破。笔者重点关注在市场经济导向下，生计转型后经济逐渐趋同下热贡地区各民族经济依存关系的变化。

---

① 袁立孝：《脚户足迹达四方》，载黄南州政协文史资料编委会编《黄南文史资料》（第六辑），内部资料，2006年，第44页。口述者袁立孝，甘肃人，访谈时76岁，为退休工人，在尕撒日家中养老。
② 同仁穆斯林概况编写组：《同仁穆斯林概况》，青海（内部资料），2008年，第33页。
③ 同仁县志编纂委员会编：《同仁县志》，西安：三秦出版社，2001年，第403页。
④ 同上，第385页。

（一）文化旅游业冲击下藏族商业观念的变化

近年来随着经济社会的发展和现代教育观念传播，热贡地区各民族传统生计取向发生变化。这种变化体现在：文化旅游业的冲击下，当地藏、土等民族投入到以热贡文化为主的旅游及文化产业中，商业观念加强，改变了热贡地区长久以来形成的以回商为主、汉商为辅的商业体系，各民族间原有的经济依存关系逐渐发生变化。

同仁县境内广阔优美的自然景观及独具藏地异域风情的人文景观使得旅游业逐渐成为同仁县，乃至整个黄南地区的支柱产业之一。20世纪80年代以来，当地政府开始了对当地旅游资源的开发和利用。从发展旅游业的先天条件来看，同仁县具有较好的地理交通条件，是青海省黄河旅游线和环西宁旅游圈及冬季旅游的重要景区。近年来，同仁县利用同仁作为全国重要历史文化名城得天独厚的自然景观和深厚的文化底蕴，将热贡文化融入到旅游发展中，围绕"文化带动旅游、旅游促进文化"的发展理念，将发展文化与旅游相结合的文化旅游产业作为同仁县旅游业的基本发展定位[1]。如今，同仁县不仅是青海省文化旅游工作重点县，也是青海省国际游客的主要接待点。

表1 2010—2017年同仁县文化旅游产业相关数据[2]

年份	文化产业收入	接待旅游人数	旅游收入	文化旅游从业人员
2010—2013年	/	373.2万	13.14亿	/
2015年	4.3亿	145万	6.88亿	20000
2016年	5.2亿	170万	8.32亿	/
2017年	5.96亿	201.3万	10.16亿	25200

从上表中可以明显看出：自地方政府将文化与旅游发展结合以来，同仁县的游客数量每年都以较大的比例快速增长，2015年至2017年同仁县接待旅游人数是前三年的1.5倍。一方面，数量庞大的游客为同仁县带来了巨大的旅游收入，2015年至2017年文化旅游收入是前三年收入的3倍；另一方面，文化旅游业的发展进一步打破了同仁地区的地域封闭性，加快了与外界社会的往来，使得以"热贡文化"闻名遐迩的热贡地区成为青海省主要的旅游地区之一。同时，文化旅游业的发展与第三产业相辅相成。在文化旅游业的发展下，带动了餐饮住宿、热贡艺术品、房地产销售、民俗体验等其他产业等发展。为同仁地区社会经济的繁荣与发展注入活力的同时，解决了农牧民增收、扶贫开发及社会就业问

---

[1] 注：2008年8月，文化部正式批准设立国家级热贡文化生态保护实验区，成为全国第三个国家级文化生态保护试验区，并出台《热贡文化生态保护实验区总体规划》，重点选择同仁县县城及隆务河流域为重点保护区域，从国家层面支持同仁县文化产业发展，对同仁县做大做强文化旅游产业给予有力支持。

[2] 数据来源：同仁县文体广电旅游局（2014年具体数据缺失）。

题，同仁县呈现文化事业发展和群众增收致富双赢的局面。

受宗教及生存环境的影响，藏族传统观念里对于经商行为较为排斥，从商者较少，藏族聚居区经商者多为回、汉等外来民族。20世纪80年代以后，国家对传统的计划经济体制进行了改革，经济体制的改革使得传统的计划经济逐渐向以市场为导向的商品经济转变。改革开放以来，随着市场经济的深入发展，地域界限打破，外来移民增多，在与外界的广泛接触下，同仁少数民族切身感受到经济发展的巨大差距。特别是当地藏族，随着农牧区原有的乡土社会的瓦解，市场观念的发展，改变了藏族传统的价值观念，商品交换的意识逐渐加强。同时，为提高当地经济水平和少数民族经济的发展，地方政府推出了相应的措施和政策。在政府的引导和支持下，越来越多的藏族加入到相关行业的发展中来。文化旅游业发展的同时，大量外来游客拥入同仁地区，打破了同仁的地域封闭性，进而将这一地区纳入现代化的社会体系中。地区经济的发展，普遍的商业意识和发展生产的意识对偏远传统、宗教氛围浓厚的民族地区带来的冲击是巨大的，追求现世的经济利益、享受物质生活的观念打破了原有的社会意识，促使民族地区传统观念的转变。对于居住于同仁地区的藏族社群而言，文化旅游业的兴起不仅极大地促进了当地经济的繁荣，为居民带来了显著的经济收益，而且也有助于保护和弘扬其独特的热贡文化遗产。通过这一进程，传统文化得以在更广泛的范围内被认知和传播，实现了经济发展与文化传承的双重目标。

（二）生计方式趋同下的经济依存关系

藏族生计取向的改变，进而使得热贡地区传统的"共生互补"经济依存关系模式出现了新的变化。如果说，传统的"共生互补"模式更多地突出"互补"这一特点的话，如今的"共生互补"模式则更多地体现"竞争"的一面。文化旅游业的兴起推动了市场经济体制在同仁地区的深入，并在资源配置中发挥了核心作用，塑造了商品市场的开放性和竞争性特点。这一体制促进了当地经济的快速增长和社会转型，同时也引发了民族间经济结构的趋同和商业竞争。尽管如此，这种竞争是在良性机制下进行的，对地区发展具有积极影响。

首先，餐饮行业结构多元化。正如前文所述，餐饮业曾是隆务回族的传统行业。然而，近年来藏族从事商业的人口也逐渐增多。同仁县的餐饮行业，已从原来回族、撒拉族等经营的清真餐发展为汉餐、清真餐、藏餐三足鼎立的局面。其中，经营汉餐的以四川人的川菜馆为主；清真餐主要有老炒、火锅、快餐、小吃、拉面等类型，经营者多为附近州、县及临夏等附近地区的外来人口为主；藏餐作为近年来在同仁新兴的餐饮类别，以酥油奶茶、糌粑、牦牛肉、酸奶等传统藏式餐饮为主，经营者多为本地人，同时消费人群多为本地人与外来游客。汉餐、藏餐分布在同仁县新城区，清真餐分布在同仁县新城区及隆务古城，特别是在隆务古城，基本都是清真餐厅。

然而，即使餐饮行业格局发生改变，清真餐厅仍在同仁地区占多数。笔者虽未进行具体数据的统计，但三类餐饮类型数量的差别直观可辨。由藏族经营的餐厅主要集中在四合吉社区，有八家左右。其中，纯藏餐占半数。这些藏餐在当地人眼里是较为"正宗"的藏餐，主打酥油奶茶、手抓羊肉、糌粑等传统藏式餐点。笔者调研期间走访了几家藏餐，这些藏餐厅的装潢考究、古朴，充分彰显了藏族聚居区的民居特色，菜式类型较为统一，以传统藏式餐饮为主。除四合吉外，如今同仁县新城区也有一些藏餐吧，如阿罗仓风情茶餐、仁和美食城、岭·珠姆藏餐厅等。这些藏餐厅是传统藏餐与新式茶餐厅的结合，较为适合商务人士。如今，藏餐如雨后春笋般在同仁地区渐渐增多。这是藏族民众商业观念加强的表现，也是市场经济在同仁地区不断发展、深化的结果。这表明，在市场经济发展迅速的今天，自给自足的传统生计方式已无法适应当下社会发展的需求，要想在获取物质利益的同时提升自身生存能力就必须顺应市场的需求。同时，随着当地藏族餐饮行业的崛起与当地回族形成的商业竞争关系是市场经济体制下不可避免的。这种竞争不仅使得当地饮食业呈现多元化的趋势，也激发了餐饮业的活力。

其次，运输行业以当地藏族为主。如笔者在前文中所述，运输业曾是当地汉、回等民族为主的传统行业之一。从最初的脚户到后来的马帮发展到如今的汽车运输业，当地回、汉等民族在其中充当了先锋的角色。随着国家城镇化建设的步伐加快，加之同仁地区文化旅游业的发展，当地藏族普遍投身于运输行业。笔者调研期间重点考察了同仁县客运出租车的行业状况，发现在同仁地区的客运出租车行业呈现以藏族为主，汉、藏、回共同竞争的特征。

20世纪50年代后期，随着五河公路、同夏公路、兰采公路、扎毛公路、年夏公路等多条主干公路的修建及重建，同仁县汽车、客车运输业逐步发展起来。同仁地区的客运，一直由青海省客运公司统一经营。80年代以来，出现了大量的集体运输、个体运输从业者，冲击了当地运输市场。由于集体运输、个体运输从业者经营方式灵活，于旅客和货主而言更为方便、快捷，因此，争得了很大的运输市场。这不仅方便了广大群众的出行安排，还加强了同仁与其他地区的交流往来及人员流动。近年来，集体、个体小型客车加入到各路段的运营中，在方便当地群众、活跃运输市场的同时，解决了部分群众的就业问题。以客运出租车为例，笔者多次乘车发现，在同仁县从事出租车行业的人员大多数为藏族，鲜有其他民族。这些藏族司机，以中青年男性居多，也有一些中年女性。他们中有很大一部分人来自县城以外的乡镇，为贴补家用，选择闲余时间，从事出租车行业。有些人家中只有一人从事出租车行业，这些人以跑出租为主；有些则和家中其他成员轮流换班，跑出租之余，兼干其他行业。在社会转型阶段，相对于城镇人而言，乡镇人民遇到的困难及面临的问题可能更为深刻。特别是对于那些中年人而言，工业化、城市化步伐加快的今天，他们大多数不适应城市的生活，更没有适应城市生活的生计能力。在生计方式改变的情况下，如何找到合适的新的生计方式成为他们面临的最大难题。也就是说，在社会转型阶段，对于边疆少数民族来说，特别是那些中年人，在没有足够适应城市生活的生计能力的情况下，出租车行业、餐饮业及其他商贸行业之所以成为他们普遍投入的行业，原因可能在于这些行业的准入门槛较低、投入成本也较少。

同仁县现有客运出租经营业户一家，合法经营的客运出租车辆共计296辆，从业人员400人。其中，98%为藏族，回、汉族占2%。农村客运152辆，专跑16条农村路线。农村客运的行车证落户个体名下，属于个体运营。2009年以后，出租车行业无非法运营情况，都属于交通部门统一管辖。在出租车行业，我所严把客运出租车辆准入关，对经营者的资质、驾驶技能进行审核，对同仁县汽车运输有限公司的经营行为进行监督[1]。

在同仁县交通运输管理部门的监督、管理下，如今客运出租市场逐步发展为具有规模化、集约化、市场化、公司化等特点的管理模式。从从业人员审批原则可以看出，结合同仁县经济发展现状及就业情况，出租车审批原则有所倾斜。材料显示，2008年为解决同仁铝厂地皮工办理9辆客运出租车；2012年对依法关闭的沙料厂审批7辆出租车手续；2015年对家庭困难户由县政府陆续审批15辆；2016年在259辆出租经营者中有下岗职工82人，占客运出租经营者总数的34.5%，农村务工人员有173人，占客运出租经营者总数的63.4%，非同仁籍人员有8人（转卖所得），占客运出租经营者总数的2.1%[2]。这也是目前客运出租车行业中本地藏族、农村务工人员多的原因。

最后，多层次、多民族合作的虫草挖掘、交易。如果说在以上两个行业中，各民族间较多地展现了商业竞争的一面的话，那么在虫草行业这种竞争则是以互助与合作的形式出现。历史上，同仁牧业区农牧民赖以生存的畜产品主要有牛羊皮、牛羊肉、牛羊奶、牛毛绒、山羊绒、山羊毛及各类奶、奶制品等。近年来，虫草交易在虫草产区掀起了"挖虫草"的热潮下，虫草成了农牧民的主要经济收入来源。资料显示，同仁县境内7乡19个村均有虫草资源分布，主产区农牧民60%以上收入来自虫草[3]。同仁地区虫草行业经过多年的发展，形成了如今各民族间彼此既竞争又合作的运作模式。

每年4月开始，同仁地区便进入了一年一度的"挖草"季，从这个月开始当地农牧民便赶虫草产区进行虫草采挖。采挖期要持续将近50天左右，直到5月中旬左右，第一批采挖工作基本结束，陆续有人拿着虫草下山，这时候虫草老板、收草人、刷草人等纷纷进入同仁虫草交易市场。同仁县虫草交易主要集中在德合隆南路三岔路口附近的市场，经过多年的发展，当地虫草交易模式发生变化，如今，基本形成了由当地藏族主要负责采挖，外地及本地回、汉民族收购并倒卖的模式。近年来，虫草价格上涨，外来挖草及收、贩人口增多，传统的虫草交易模式发生改变。这种改变主要体现在：首先，草场权属发生临时性变更，出现了草场承包现象。草场主每年以一定的金额将自家的虫草草场承包给他人，收取当地人称为"草皮费"的费用，再由草场承包人雇佣人员采挖虫草，获取利润。有时，草场承包人也会将承包的草场再次承包给他人，获取相应利润。其次，牧民逐渐以牧

---

[1] 同仁县交通运输管理所所长，男，回族，笔者2018年5月28日访谈内容。
[2] 材料来源同仁县交通运输管理所：《同仁县客运出租市场调研报告》，2016年10月11日。
[3] 材料来源同仁县草原工作站：《同仁县冬虫夏草资源分布情况调查报告》，2010年6月8日；尼玛措：《同仁县冬虫夏草资源现状调查与存在问题分析》，《青海畜牧兽医杂志》2017年第47卷第2期。

民身份向生意人的身份转变。如今，随着虫草产业成为同仁地区经济发展的主要行业，虫草收入成为当地牧民的主要经济来源，草山是他们赖以生存的生产生活资料，草场归个体所有。在虫草交易中，牧民不再是单纯草山所有者，他们还是虫草采集者，可以自由选择雇佣工人采挖虫草或将草山承包给他人。无论选择哪种方式，他们都是一手老板，能从中赚取利润。此外，在采挖后的虫草收购环节，他们是虫草所有者，与收购者进行交易或直接将虫草买到市场中，是虫草交易的主要交易者。最后，出现了如草场承包商、收草人、雇挖人、刷草人等新的群体，虫草交易从传统回、藏之间的简单交易成为由不同民族、多层次交易角色共同参与的交易模式。

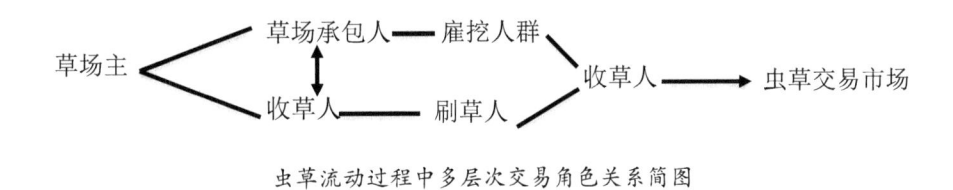

草场主 → 草场承包人 → 雇挖人群
草场主 ↔ 收草人 ← 刷草人
收草人 → 虫草交易市场

虫草流动过程中多层次交易角色关系简图

从上图可以看出，在整个流程中，草场主起到了关键性的作用。如果没有草场主的许可，草场承包人和收草人无法得到草场和虫草，接下来的环节也无法进行。在虫草交易丰厚的利润驱动下，各层次的交易角色都不同程度地被卷入到虫草流动的整个链条中，形成或直接或间接的关系。虫草交易已不再是过去牧民与回商之间的简单的交易，更多地成为不同层次交易角色的群体交易行为。在这种交易中，市场需求、商品优劣、利润大小都能成为彼此交易与否的衡量尺度。

从同仁地区的虫草交易来看，回族仍扮演着中间商的角色，尽管本地回族逐渐在虫草交易被外来回族所替代，但回族作为中间商的角色没有发生根本性的变化。但是，随着当地藏族介入虫草生意的主动性越来越强以及不同民族、地区的其他角色的加入，使得虫草交易逐渐冲破了传统藏族聚居区民族贸易以回藏为主、回族充当中介的模式，更多地转变为一种多民族、跨区域的交易行为。在这种交易模式中，藏族在虫草流动各环节的重要性逐渐凸显，他们所充当的角色也越来越多元。

四、结　语

如前所述，基于不同的地理环境，热贡地区各民族的个性、传统文化各不相同，有重牧轻商的，有重商传统的，也有兼容并重的。具体来说，汉文化的文化构成基础是农耕经济，藏文化的基础是以畜牧业为主，而在伊斯兰教本土化的过程中，相较而言，回、撒拉、东乡、保安等民族居住在城镇及其周边的群众从事商业活动的人数比其他民族多，生活在农村的这些民族以农业经济为主，因而其所依赖的经济基础是亦农亦商的经济形态，这一经济体系与农耕经济和畜牧经济有着很强的互补性。在这种互补性下，以回族为代表的各族商人充当了农业区与牧业区、民族之间的"中介"角色，在长期的商贸往来下，各民族间之间的往来不断加强。无论是历史上共生互补的经济依存关系，抑或是现实中生计方式逐渐趋同下的经济依存关系，都表明经济社会生活是维系各民族间关系的基础与纽带。热贡地区各民族文化虽然多元发展，但是始终能聚合在一起，各民族之间虽鼎足而立，但是蕴含着割舍不断的有机联系，这个联系就是热贡各民族社会经济上的关系，也是热贡地区文化共生格局形成的核心。在汉、回、撒拉等外来民族在隆务形成聚居区后，在长期的商贸往来、互通有无下，形成了以隆务为中心基层市场区域，在这个基层市场区域内，结成了其他各种社会关系，集中体现在历史与现实中普遍存在的族际通婚、共享节日节庆及日常交往等各个方面。长期置身于主流藏文化中，使得热贡汉、回、撒拉等民族在社会生活及文化方面保持了各自信仰的基础上，在语言、服饰、饮食习俗等方面均受到了藏文化潜移默化的影响。

从整体来看，热贡地区多民族经济依存关系是一种民族间良性互动的共生关系。纵观历史与现实，热贡地区各民族一直以来皆呈现一种交错互居的格局。虽然，热贡地区各民族间冲突、碰撞事件偶有发生，但交流、兼容、吸收、并存仍然是热贡地区族际关系的主流，热贡地区多元文化并存的历史铸就了各种文化间以互相尊重为前提，形成了一种和睦相处、兼容并蓄、广容博纳的共生关系。

国家通用语言能力对多民族乡村社区经济发展的影响研究

朝克赛

摘　要：本文以一个内蒙古多民族乡村社区罕乌拉嘎查为例，展现了当地各民族在畜牧业和商业交往中的语言使用情况，说明了以国家通用语言为主的多语言能力对于个体发展和地方经济发展所产生的重要影响。本文认为语言是多民族乡村社区经济活动、社会关系和共同体情感得以紧密交织的纽带。推广国家通用语言文字有利于提高各民族之间的了解、信任和认同，促进各民族交往交流交融，为地方经济发展提供社会环境保障，为铸牢中华民族共同体意识奠定坚实基础。

关键字：国家通用语言；乡村社区；经济发展；中华民族共同体意识

党的十八大以来，以习近平总书记为核心的党中央就推广普及国家通用语言文字做出了一系列重要论述。习近平总书记曾指出："语言相通是人与人相通的重要环节……语言不通就难以沟通，不沟通就难以达成理解，就难以形成认同。少数民族学好国家通用语言，对于更好地就业、更好地接受现代文化、更便捷地融入现代社会都有利。"[1] 在2019年指出："文化是一个民族的魂魄，文化认同是民族团结的根脉。……推动各民族文化的传承保护和创新交融，树立和突出各民族共享的中华文化符号和中华民族形象，增强各族群众对中华文化的认同。"[2] 在党的二十大报告中强调实施科教兴国战略，强化现代化建设人才支撑，加大国家通用语言文字推广力度[3]。因此，语言作为交流工具、文化内容和经济资源，推广普及国家通用语言文字将为国家经济建设和社会事业的发展、各民族交往交流交融和铸牢中华民族共同体意识提供有力的保障。

---

* 本文系内蒙古自治区哲学社会科学规划项目 "内蒙古牧区多民族乡村社区全方位嵌入研究（2022NDC160）的阶段性成果。

** 朝克赛，内蒙古大学讲师，主要从事民族理论、牧区发展相关研究。

[1] 国家民族事务委员会编：《中央民族工作会议精神学习辅导读本》，北京：民族出版社，2015年，第205—206页。
[2] 习近平：《在全国民族团结进步表彰大会上的讲话》，《国务院公报》，2019年9月27日。
[3] 习近平：《高举中国特色社会主义伟大旗帜为全面建设社会主义现代化国家而团结奋斗——在中国共产党第二十次全国代表大会上的报告》，《人民日报》2022年10月26日。

一、研究背景

在以往的语言经济学研究中,学者们指出,语言是一种人力资本,学习语言是使用者的一种经济投资,语言的经济价值和效用取决于市场和人际交往中的使用程度[①]。语言是一种经济资源,是信息交流最为重要的载体,是经济交往活动得以组织、进行的基本前提[②],语言能力在微观上有利于促进劳动力流动,提升劳动力就业机会和收入水平;在宏观上有利于产业优化及创新发展,有利于区域经济的发展[③]。语言与经济的关系也是国家语言规划的重要参照点,语言政策制定时需要从经济学角度评估个人净市场价值和社会市场价值[④],寻求社会福利的最大化[⑤]。

中华人民共和国成立以来,我国语言文字事业迅速发展,国家通用语言文字推广普及取得巨大成就,极大地促进了社会经济发展,为全面建设社会主义现代化国家奠定了坚实基础。在通用语能力影响个人就业情况、收入效益的研究中,赵颖证明了中国劳动力市场上,劳动者较好的语言能力对收入具有显著的正面提升作用[⑥]。陈媛媛指出通用语对全国劳动者经济收入产生显著影响,主要体现在提高工作寻找效率、提高工作效率、扩大社会网络等方面[⑦]。王兆萍和马小雪指出国家通用语言能力尤其是口语能力,对少数民族收入有明显的提升作用,且在中低收入层次劳动力中体现得更加显著[⑧]。姜太碧和刘嘉鑫指出汉语能力对城市少数民族求职、人际交往、做生意、结交朋友和扩大社会关系网络等方面都有很大帮助,汉语综合能力更好的城市少数民族家庭收入更高[⑨]。王国洪证明了民族地区农村居民在外出就业的过程中,语言对其能否就业及就业后收入的高低有着重要的影响,农村居民的普通话越好,其从事非农就业的可能性就越大,相应其收入水平也越高[⑩]。丁赛和阎竣指出通用语能力可以提高各民族劳动力就业率和经济收益,有利于各民族间的交往交流交融,促进中华民族共同体意识[⑪]。可见,从微观层面来看国家通用语言文字能力,可以丰富个人知识和技能,拓宽交际范围和可获资源,进而提高就业可能性,使其更好地适应社会发展和市场选择机制。

在通用语影响地方经济发展的研究中,常安指出推广普及国家通用语言文字是对各民

---

① 许其潮:《语言经济学:一门新兴的边缘学科》,《外国语(上海外国语大学学报)》1999年第4期。
② 李宇明:《认识语言的经济学属性》,《经济研究》2008年第2期。
③ 黄少安、王麓淙:《民族地区语言扶贫的经济理论基础和实证分析》,《语言文字应用》2020年第4期。
④ 张忻:《语言经济学与语言政策评估研究》,《外国语(上海外国语大学学报)》2007年第4期。
⑤ 黄少安、张卫国、苏剑:《语言经济学及其在中国的发展》,《经济学动态》2012年第3期。
⑥ 赵颖:《语言能力对劳动者收入贡献的测度分析》,《经济学动态》2016年第1期。
⑦ 陈媛媛:《普通话能力对中国劳动者收入的影响》,《经济评论》2016年第6期。
⑧ 王兆萍、马小雪:《中国少数民族劳动力普通话能力的语言收入效应》,《西北人口》2019年第1期。
⑨ 姜太碧、刘嘉鑫:《城市少数民族汉语能力与收入效应分析》,《民族学刊》2020年第5期。
⑩ 王国洪:《人力资本积累、外出就业对民族地区农村居民收入的影响——基于2013-2015年民族地区大调查数据的实证研究》,《民族研究》2018年第3期。
⑪ 丁赛、阎竣:《国家通用语言能力对民族地区农村劳动力非农就业的影响研究》,《民族研究》2021年第1期。

族经济社会权力的保障,是完成脱贫攻坚、实现全面小康和现代化的必经之路①。王春辉认为在"精准脱贫"的政策落实中,有必要在贫困地区加大普通话推广力度、实施语言文字精准扶贫的策略。不同民族语言区和汉语方言区的民众提升通用语水平将有助于特困地区经济的发展②。韩江华指出民族地区乡村通用语能力建设与乡村振兴之间是一种"互为助力,共同发展"的关系③。杜敏和刘志刚指出在乡村振兴背景下,推普工作应当注重提升乡村各类人员的语言能力,克服语言因素对他们全面发展所产生的阻碍,进而提高生产、生活和内生性发展能力④。李琳指出高质量区域经济发展过程伴随着语言接触机会的攀升,语言能力在个体层面、群体层面和国家层面的发展中都将发挥越来越重要的作用⑤。石琳指出推广普及国家通用语言文字可以提高地方社会的经济水平,提升贫困人口的内生动力,为全面建成小康社会提供有力支撑,可以加快交往交流交融,对于铸牢中华民族共同体意识具有重要且深远的影响⑥。可见,从宏观层面来看,推广普及国家通用语言文字有利于保障各民族多方面的基本权利,促进各民族群众社会流动和全面发展,提高他们的收入水平,进而推动地方经济发展,最终为铸牢中华民族共同体意识,实现中华民族伟大复兴提供有力支撑。

综上所述,首先,通用语能力的就业影响和收入效应的相关研究主要分析了全国劳动力、全国少数民族劳动力、城市少数民族劳动力就业情况和民族地区农村劳动力非农就业情况,缺乏对民族地区畜牧业经济中通用语影响力的相关研究。其次,通用语和地方经济发展的关系中,学者们主要从宏观层面分析了精准扶贫、乡村振兴和高质量发展过程中通用语的作用,缺乏以具体的乡村社区研究案例,深入探讨通用语影响地方经济发展的实证研究。最后、从经济领域细致分析通用语能力如何促进各民族交往交流交融的研究并不多见。因此,本文以内蒙古多民族乡村社区罕乌拉嘎查为例,展现当地畜牧业经济和商业交往中的社会经济发展特点和语言使用情况。通过这种微观社区中鲜活的案例试图说明推广普及国家通用语言文字对于各民族经济发展、交往交流交融和铸牢中华民族共同体意识所发挥的关键作用。

二、罕乌拉嘎查概况和语言使用情况

罕乌拉嘎查隶属于内蒙古自治区呼伦贝尔市鄂温克族自治旗锡尼河东苏木,是由鄂温

---

① 常安:《论国家通用语言文字在民族地区的推广和普及——从权利保障到国家建设》,《西南民族大学学报》2021年第1期。
② 王春辉:《论语言因素在脱贫攻坚中的作用》,《江汉学术》2018年第5期。
③ 韩江华:《民族地区乡村国家通用语能力建设与乡村振兴:共生互助与实现路径》,《西北民族大学学报(哲学社会科学版)》2022年第6期。
④ 杜敏、刘志刚:《论语言扶贫在乡村振兴战略实施中的可持续性》,《陕西师范大学学报(哲学社会科学版)》2020年第2期。
⑤ 李琳:《区域经济发展与语言能力建》,《吉首大学学报(社会科学版)》2020年第3期。
⑥ 石琳:《民族地区推广国家通用语言文字与铸牢中华民族共同体意识的协同共进路径》,《民族学刊》2021年第8期。

克族、蒙古族、汉族、达斡尔族、俄罗斯族构成的牧业乡村社区。嘎查的各民族在 20 世纪 10 年代至 60 年代陆续迁徙到这里，时至今日，当地各民族在空间、经济、社会、文化等方面建立了全方位嵌入关系[1]。据 2020 年统计，罕乌拉嘎查总人口 345 人，162 户，其中鄂温克族 255 人，蒙古族 60 人，达斡尔族 10 人，汉族 18 人，俄罗斯族 2 人。当地各民族之间的语言接触、语言兼用、语言转用现象十分普遍，主要使用语言为汉语和蒙古语，部分居民掌握达斡尔语和鄂温克语，呈现较好的多语言交流融汇态势。笔者于 2015—2021 年间以民族关系为主题在罕乌拉嘎查进行了近 13 个月的田野调查，在 2022 年 6 月以国家通用语言文字使用情况为主题进行了一个月的田野调查，深入了解了当地民族关系、经济发展和语言使用情况。

罕乌拉嘎查的鄂温克族属于哈木尼干支系（也称为通古斯鄂温克族），他们在 20 世纪 10 年代迁徙到这里，母语为哈木尼干鄂温克语和哈木尼干蒙古语，但如今只有少数老人掌握鄂温克语，大多数鄂温克族以哈木尼干蒙古语为母语，这一语言也受到了布里亚特蒙古语的一定影响。鄂温克族的汉语掌握情况为，老年人（60 岁以上）不怎么使用汉语交流，掌握简单的听说能力。中年人（45—60 岁）人可以使用汉语自由沟通，口语不算标准，掌握一定的文字能力。青年人（18—45 岁）掌握更好的语言文字能力，年青一代汉语使用频率越来越高。除了汉语以外，部分鄂温克族在成长经过程中与达斡尔族有较多的接触，有一定的达斡尔语能力。罕乌拉嘎查的蒙古族属于布里亚特支系，他们在 20 世纪初来到这里，母语是布里亚特蒙古语，其他语言使用情况与鄂温克族基本相似。

汉族在 20 世纪 50—60 年代从山东迁徙到这里，他们的汉语为标准的普通话。除汉语之外，老一辈汉族长期与当地少数民族接触，基本学会了蒙语和达斡尔语，有些人的汉语口音也受到一定影响，外地人有时听口音误以为他们是少数民族。中年汉族的蒙语水平不如他们的父辈，但是可以了解简单的日常用语。汉族的青少年基本没有掌握蒙语。

达斡尔族在 20 世纪 50—60 年代来到罕乌拉嘎查，最初主要使用达斡尔语和汉语，后来受到鄂温克族和蒙古族的影响逐渐使用了蒙语。30~60 多岁的达斡尔族在上学时在蒙语授课学校就读，因此他们的蒙语水平较好，同时掌握达斡尔语和汉语。达斡尔族的青少年跟其他民族一样，最主要使用的语言成了汉语。

从整体来看，罕乌拉嘎查各民族主要使用汉语和蒙语，大部分居民掌握两种语言，部分中老年人掌握三种语言。汉语作为国家通用语言在罕乌拉嘎查得到了较好的普及，成为各民族之间交流的主要语言之一，通用语和少数民族语言形成了各司其职、功能互补、和谐共生的模式。少数民族在家庭领域、日常生活和仪式庆典中主要使用蒙语，在多民族互动、畜牧业劳动、商业交流等领域中也经常使用汉语。在访谈中，当地居民普遍认为掌握国家通用语言文字是必要的，具有不可替代作用。少数民族语言也有重要价值，应当好好保护和传承。多语言能力十分重要，在经济、文化、社会交往等领域都发挥重要作用。

---

[1] 朝克赛、阿拉坦宝力格：《内蒙古牧区多民族乡村社区互嵌研究——以罕乌拉嘎查为例》，《中华民族共同体研究》2022 年第 3 期。

三、畜牧业中的语言使用情况

内蒙古草原牧区是我国北方重要的生态安全屏障和北疆安全稳定屏障，是能源和战略资源基地和农畜产品生产基地，是向北开放的重要桥头堡建。草原牧区的发展在经济、生态、能源和民族关系等方面具重要的研究价值。目前学术界对于内蒙古草原牧区进行的研究硕果累累，但从多民族社区和通用语能力角度探讨畜牧业发展的研究十分罕见。罕乌拉嘎查的各民族在长期的历史过程中逐渐形成了经济上相互借鉴、相互帮助、共同发展的特点。20世纪初，哈木尼干鄂温克族和布里亚特蒙古族从贝加尔湖以东地区迁徙到锡尼河地区时带来了丰富的畜牧业生产经验和较为先进管理生产技术、畜牧品种和生产工具，为呼伦贝尔地区，乃至内蒙古的畜牧业注入了崭新的活力。20世纪50—60年代，锡尼河地区的个别嘎查的牛羊数量在全区名列前茅，并在畜牧业机械化、改良畜种、生产致富等方面打下扎实的基础。20世纪70—80年代，罕乌拉嘎查干部和牧民在定牧、草场边界确定及促进畜牧业稳定发展的过程中一直十分重视民族团结。2015年罕乌拉嘎查牲畜头数15983头/只，其中大畜2939头/匹，小畜13045只。汉族、鄂温克族和蒙古族在畜牧业经营方面都有着较为成功的经验（见表1）。这些内容充分说明了罕乌拉嘎查各民族在畜牧业经济中相互借鉴，相互学习，共同发展，实现共同富裕的现实。

表1 罕乌拉嘎查2015年畜牧业情况

户主	老李	小李	小王	小法	其木德	小林	老苏	扎布	王军
民族	汉族	汉族	鄂温克族	汉族	蒙古族	汉族	鄂温克族	鄂温克族	蒙古族
牲畜总数	2634	929	920	890	811	517	463	401	349
大畜	184	129	38	20	42	166	86	70	121
小畜	2450	800	882	870	769	351	377	331	228

罕乌拉嘎查居民中鄂温克族和蒙古族人口较多，他们在畜牧业和日常生活中最常使用的语言为蒙语，但由于市场经济的影响和当地民族的多样性，汉语逐渐显现出不可或缺的重要性，人们主要在邻里合作、雇佣关系和市场交易中使用汉语。

当地各民族的居住分布早已实现了交错杂居，空间互嵌的格局，他们在社会经济领域有着广泛互动。笔者在田野调查期间一直居住在老苏（鄂温克族）家，与他家来往最密切的三个邻居是小法（汉族）、老王（蒙古族）和其木德（蒙古族），邻居们在搭建棚圈、牲畜打针、剪羊毛、洗羊、打草等劳动中经常共同合作；不同年份也会选择合牧；协商解决草场边界问题；相互借用草料、拖拉机、机械工具等。在这些情景中，少数民族家庭与汉族家庭交流时主要使用汉语，比如，老苏和小法在共同劳作时经常交流畜牧业方面的内容和经验，也会通过电话或微信探讨时下情况，商议下一步工作计划，平时经常到彼此家中做客聚餐。在罕乌拉嘎查，像老苏一样的中老年牧民在日常生活和畜牧业劳动中使用汉语交流并不存在困难，年青一代汉语能力更加熟练。

当地畜牧业中另一个重要的民族交流情景是雇佣关系，由于近年来经济水平提高和生产内容的变化，牧民经常在放羊、打草、剪羊毛等劳动中雇劳工。笔者在田野中了解到，当地很多牧户都会雇羊倌儿，一般雇佣时间为几个月，有些牧户和羊倌儿之间也会建立多年的合作关系。羊倌儿主要来自呼伦贝尔地区或黑龙江地区的各民族，其中一部分是汉族。老苏家在2015年2—3月雇佣了来自呼伦贝尔市扎兰屯市的汉族老韦，4—5月雇佣了来自黑龙江的汉族老张。其中老韦对畜牧业劳动较为熟悉，而且干活细腻认真，因此得到了老苏的认可。他们平时的饮食起居和劳动都在一起，经常讨论经济社会各方面的问题，关系较为融洽。在这些情景下，少数民族牧户和汉族羊倌儿、汉族牧户和少数民族羊倌儿之间交流语言一般都是汉语。

除了雇佣关系外，罕乌拉嘎查部分牧民已经不再经营畜牧业，把草场租给外来租户，租户以家庭为单位来到当地生活，成为当地人的暂时邻居。2022年老苏的邻居把草场租给了来自扎兰屯市的汉族老吕一家。老吕和当地牧民相处十分融洽，经常来老苏家商议事情、请教问题或闲聊。这一年笔者来到老苏家时，正逢他家宰羊宴请邻居，老苏邀请了平时关系密切的几位亲戚和邻居，也请了老吕。宴席上，人们有蒙古族、鄂温克族和汉族，主要使用蒙汉双语交流。过了几天，老吕也宰羊宴请老苏和其他邻居，宴席的准备工作从早晨开始，老吕希望用当地习惯烹制羊肉，因此他一上午开车奔走于几位邻居之间，请他们来帮忙宰羊、烧火、煮羊肉。宴席从下午2点多开始，到场的客人包括老吕的一些重要邻居，由汉族、蒙古族、鄂温克族、达斡尔族构成，大家主要使用蒙语和汉语相互交流。这些场景充分体现了当地经济活动和日常生活中的多语言使用情况，以及各民族间的亲密关系。

罕乌拉嘎查畜牧业中市场交易过程也是多民族多语言交流场景，包括牲畜买卖、购买日常用品和生产资料（草料、兽药、五金用品、器械零件等）。笔者在田野中了解到，当地牧户主要在秋季将牲畜卖给中间商（当地称为老客），这些老客会专门到牧区收牛羊，他们当中汉族和蒙古族较多，主要使用汉语沟通。因此当地少数民族经常需要与老客使用汉语讨价还价，达成共识，他们的汉语能力十分重要。在购买日常用品和生产资料时当地人会从苏木、镇或市里的商店超市、五金店、药店购买，这些交易过程中普遍使用汉语交流。在访谈中，牧民们认为牲畜买卖中如果老客是汉族，那牧民必须掌握汉语能力。购买生活用品和生产资料时也需要一定的汉语能力，尤其在市镇交易场合。

综上所述，以通用语为主的多语言能力成为罕乌拉嘎查牧业生产的必要条件，其中蒙语在少数民族日常生活和经济生产中仍然占主要位置，而汉语也发挥着不可或缺的作用。本文展现了通用语能力在农牧业经济中占据的重要作用，根据表1的数据和笔者的田野调查可知，罕乌拉嘎查畜牧业发展最好家庭都掌握较好的多语言能力。其中，汉族家庭母语是汉语，同时掌握蒙语、达斡尔语等语言。而少数民族家庭母语是蒙语，同时具备较好的汉语能力。因此在畜牧业经济中，语言作为人力资本和经济资源，可以扩大和促进牧民的社会关系网络，使他们与邻居更好地合作、结交更合适的雇工、在市场交易更加得心应手。可以拓展牧民的信息获取渠道，降低交易成本，丰富经营畜牧业的信息、经验和知识。可以提高牧民的在邻里关系、雇佣关系中的劳动效率，提高他们的畜牧业收入，进一步推动社区经济发展水平。

四、商业交往中的语言使用情况

在牧区各民族社会互动中，族际商业交往是重要互动形式，为各民族经营者提供了生计来源和社会身份，从而建立更加深入的互嵌关系[①]。由罕乌拉嘎查居民所经营的商店、饭馆、旅店和巴士始发站都集中在东公社，当地各民族间的商业交往主要发生在这些场域，其中经营者的多语言能力是事业成功的重要条件。

罕乌拉嘎查牧民老李告诉笔者，东公社一家较大的商店和乡镇之间的巴士运输一直是由他长子李强所经营，汉族善于探索畜牧业以外的多种经济发展途径，开商店和开巴士正好是配对营生，巴士运输可以大大降低经营商店的运输成本。李强的汉语能力更擅长处理零售业和运输业中所需社区以外的社会经济交往。而在嘎查范围内，一些老人只能用蒙语交流，商店经营要求一定的少数民族语言能力，李强的妻子是蒙古族，更适应当地少数民族的语言环境。因此，李强夫妇的族际婚姻结合了蒙汉两族的文化和语言优势，很好地适应了零售业、运输业所需多语言需求。笔者在田野中经常乘坐李强的巴士穿梭于乡镇之间，观察到乘客大多是罕乌拉嘎查的各族居民，大家彼此十分熟悉，跟李强也十分熟悉，在巴士行使期间经常用汉语和蒙语聊天交流，巴士到了东公社以后，李强会把乘客送到家门口，方便他们搬运从镇里买来的东西。商店主要由李强的妻子管理，她可以自由地用蒙汉语跟前来购物的各民族交流。这样的经营方式确保了生意兴旺，也为当地居民提供了便利。而商店和巴士是重要的促进多民族、多语言、多文化交流，凝聚彼此的场合。

东公社最大的一家饭店（包括餐饮和住宿）是由罕乌拉嘎查一对中年夫妇所经营，丈夫是达斡尔族小包，妻子鄂温克族小敏。饭店位于东公社中心地带，是一栋双层的彩钢房，饭店的墙和窗户上用蒙汉双语写各种信息吸引顾客，饭店内部一楼是饭馆、二楼是旅店。顾客包括来自外地游客、工人和当地居民，春、夏、秋季生意较好。饭店为当地和外地的各民族提供了餐饮住宿场所，也成了整个嘎查的人们在东公社重要的聚餐交流场所。

笔者在2022年田野调查期间居住在小敏的饭店，了解到饭店的成功一定程度上与小敏、小包家族的文化、社会、语言背景相关。小敏的祖父是汉族，祖母是鄂温克族，小敏和哥哥从年轻时就愿意探索多种营生途径，从事过畜牧、餐饮、修理、运输等多方面的工作。小敏擅长蒙语，与嘎查各民族居民的关系十分密切。小包的父亲是蒙古族，母亲是达斡尔族，他在镇上长大，擅长汉语，有着更广泛的社交关系。因此，小包和小敏各自的家族，以及二人婚姻都是由多民族构成的大家庭，多元的文化背景、社会关系和语言能力给

---

① 李静、于晋海：《从地域认同到文化共享——牧区民族互嵌式社区的实践路径》，《贵州民族研究》2019年第4期。

饭店事业带来了额外的优势。小敏在访谈①中告诉笔者，一方面，由于熟练的汉语能力，丈夫主要负责接待使用汉语的顾客、进货、宣传等汉语交流场合。另一方面，饭店主打蒙餐特色，小敏的语言能力和文化背景成为经营的核心。她从小就对食品制作感兴趣，在多年的饭店经营和学习中已经熟练掌握各种蒙餐制作技艺，肉饼、烩菜、肉粥、包子等做得十分美味，而她的蒙语能力在牧区社会关系中也起到重要作用。小敏夫妇有一段时间也曾去呼和浩特市经营蒙餐饭馆2年，获得了较好的收益。她说在创业过程中丈夫的汉语能力起到了很大的作用，自己的汉语也提高了不少。

笔者参加了小敏饭店2022年度开业庆典，在庆典的准备阶段，小敏夫妇的亲朋好友都会来帮忙，布置场所，准备饮食，包括鄂温克族、蒙古族、汉族、达斡尔族等各民族。大家彼此交流都是蒙汉双语沟通，这样的情况在罕乌拉嘎查也是十分普遍的。庆典上来了更多宾客，成了多民族、多语言交流的绝佳场所。小敏夫妇二人分别用蒙汉语主持庆典，交流互动，到场的宾客也大部分掌握多语言听说能力，选择自己最擅长的语言进行交流。

综上所述，在多民族乡村社区，民族互嵌的社会结构可以促进语言的交流和普及，也成了多种商业经营得以成功的条件。经营者的语言能力可以更好地适应当地多语言交流环境，可以扩大经营者的社会网络；吸引和稳定客源；丰富信息交流渠道；提升经营者在经营、进货、宣传时的成效；使他们生意兴隆，扩大收入。而这样的商业经营进一步为当地民众提供了便利，丰富了民众生活，促进了语言交流、地方经济发展和各民族间的交往交流交融。

五、结　语

总结全文，本文以罕乌拉嘎查的案例说明了在内蒙古多民族乡村社区，国家通用语言为主的多语言能力对于个体发展和地方经济发展形成的重要影响。一、有利于提高个体的经验、知识和技能，强化他们发展经济的自身能力和内生动力，优化工作效率和合作效率，从整体上提升社区各民族的素质，提高社区经济收入。二、有利于扩大个体的社会关系网络，使他们更好地与其他民族合作，从整体上促进社区各民族间、社区与外界之间的交流沟通。这样的社会交往可以促进社区居民之间的经济合作，降低社区居民和外来雇工之间的交流成本，巩固当地商家与顾客之间的关系，调整和扩展经济贸易渠道。三、有利于丰富个体的信息和资源获取渠道，使他们更好地了解市场行情，调整买卖价格，寻找合作伙伴，布置发展计划。从整体上促进乡村社区信息畅通，使得社区居民共享和交流信息资源、促进社区各民族共同发展。

与此同时，本文通过多民族乡村社区的案例说明了语言能力、经济发展和铸牢中华民族共同体意识之间的细致关系。首先，罕乌拉嘎查各民族在长期历史过程中建立了空间、经济、社会、文化、心理方面的全方位嵌入关系，这样的民族互嵌关系可以促进语言的交

---

① 小敏，女，鄂温克族，30多岁，2022年7月16日采访于东公社。

流、传承和普及，促成通用语和少数民族语言形成各司其职、功能互补、和谐共生的模式。其次，语言相通反过来也会促进各民族相互间的沟通、合作、信任和认同，人们在畜牧业邻里合作、雇佣关系、市场交易、商业经营等过程中共同参与生产消费，产生经济价值和社会价值。最后，畜牧业劳动和商业经营为当地各民族提供了多种互动场合，为语言的交流和传承，为民族间的交往交流交融提供了良好环境。因此，以国家通用语言文字为主的多语言文化是经济活动、社会关系和共同体情感得以紧密交织的纽带，是各民族交往交流交融、地方经济高质量发展、铸牢中华民族共同体意识的坚实基础。

·高校教育与铸牢中华民族共同体研究·

铸牢中华民族共同体意识视野下马思聪新疆题材作品创作历程与传播效应

格日措 李双

摘 要： 如何在文艺创作中汲取新疆优秀文化元素，推动新疆文化与内地文化交流和融合，进而形成具有代表性的中华文化元素符号，一直是文艺界急需思考的重大命题。著名音乐家马思聪通过收集新疆民歌、观看新疆歌舞、赴新疆演出交流和实地采风等方式，汲取新疆音乐元素，改编和创作了一系列经典作品如《青春舞曲》《新疆狂想曲》《热碧亚之歌》等，为新疆音乐在内地传播发展提供了广阔的空间和更大的平台。马思聪创作的新疆题材作品是新疆与内地音乐艺术交流交融史证，不仅为中华文化的发展注入了强劲的生命力，还显示出了多民族文化交流在促进民族团结和提升中华民族凝聚力中的重要作用。对此，学界应加大挖掘、整理、宣传新疆与内地文化名人交往交流交融的真实案例，进而推进铸牢中华民族共同体意识研究和文化润疆工程。

关键词： 马思聪；中华文化；新疆文化；民族团结；文化润疆

马思聪（1912—1987）是我国著名的小提琴演奏家，作曲家和教育家，中央音乐学院首任院长。他的许多作品被世人认为是值得世代传扬的中华文化之作，代表作《内蒙组曲》《西藏音诗》《新疆狂想曲》等带有浓郁的边疆民族元素，为边疆民族音乐进入内地文化大舞台发挥了重要作用。目前，学界对于马思聪的研究著作颇为丰富，聚焦马思聪的生平事

---

* 本文为广州市哲学社会科学发展"十四五"规划2022年度共建课题"岭南与西藏文化交往交流交融研究——以马思聪《西藏音诗》为例"（2022GZGJ275）；青海教育科学"十四五"规划2023年度课题"青海省高校铸牢中华民族共同体意识的实践路径研究"（22QJG13）；青海省哲学社会科学项目'青海"两弹一星"精神在铸牢中华民族共同体意识中的价值挖掘'（22CZQ077）的阶段性成果。

** 格日措，青海兴海人，博士，青海师范大学马克思主义学院副教授。研究方向：铸牢中华民族共同体意识理论与实践研究。李双，湖北随州人，广东技术师范大学民族学院副教授。研究方向：铸牢中华民族共同体意识理论与实践研究。

迹、作品创作、演奏技巧、历史地位方面,有关马思聪新疆题材作品的著作较少①。有鉴于此,笔者将以马思聪与新疆文化交流和互动为切入点,阐释他改编和创作新疆题材作品的时代背景、演出与传播历程,以此为政府推进文化润疆工程提供一定的借鉴意义。

一、在那遥远的地方:民国时期马思聪改编新疆音乐作品

抗日战争全面爆发后,面对日益严重的中国边疆民族危机,中国文化界在"救亡图存"的共同目标下展现大团结和凝聚共识,主张文化要关照现实社会,进而发起了去边疆地区写生的"本土西行"运动②。张大千、丁玲、戴爱莲、茅盾、王洛宾等文化界名人纷纷前往西部地区寻找遗落在民间的中华文化瑰宝,创作出一批优秀的文化作品,并通过战时陪都重庆这个文化大舞台传遍全国③。

此时马思聪正在重庆担任中华交响乐团团长。这是中国第一个国家级交响乐团,一方面演奏西方音乐招待各国使节,一方面演奏中国当代艺术家创作的优秀曲目。这一平台为马思聪收集民歌提供了便利。

民歌是音乐创作的源泉,是新音乐创作发掘对象,经过音乐人改编与大众传媒推广,脍炙人口的民歌逐步从地方走向全国。在传播新疆音乐的道路上,许多音乐人付出了自己的辛劳,马思聪就是其中之一。马思聪一直重视新疆民歌的收集与整理工作,许多新疆民歌影响了马思聪音乐创作。马思聪在《创作的经验》一文中专门谈到他处理民歌的经验:"首先以它的旋律、风格、特点、地方色彩感动了我。这民歌是个情歌,或是个轻快的小调,表现着某个地方的特殊的风味。"④ 1939年,中国著名民族音乐家王洛宾对搜集到的一首新疆喀什噶尔民歌改编成汉语歌词,命名为《青春舞曲》。1941年,王洛宾将《青春舞曲》的歌词和谱曲发表在期刊《新西北》⑤。很快《青春舞曲》在重庆青年中传唱,马思聪注意到这首欢快热烈,富有音乐感、动作感的新疆民歌。

1941年,马思聪将《青春舞曲》改编成适合钢琴伴奏的曲目。近代以来,随着西方音乐理论和演奏技巧的传入,人们对音乐有了更高的精神追求,尤其经过受过西方音乐训练的音乐人采用多种形式改编的传统优秀民歌作品,提炼出传统民歌的音乐精华,突出传统音乐中的新特色。于是,马思聪在原民歌基础上,加入了新的时代元素和演奏技巧,在传

---

① 限笔者视野所及,仅有数篇文章论及:齐青,麦子:《马思聪创作歌剧〈热碧亚〉》,《人民音乐》1985年第7期;梁茂春:《论马思聪音乐创作的历史贡献》,《中国音乐学》1989年第3期;陆斌:《试论马思聪〈新疆狂想曲〉中的独特组织手法》,《艺术探索》2006年第S2期;邬晶琳:《马思聪在美时期的声乐创作研究》,《中央音乐学院学报》2013年第4期;阮婷:《论马思聪作品中的现代性与民族性》,中国艺术研究院硕士论文2014年;王芳:《看新疆民族音乐在中国现代音乐中的继承与创新——以〈新疆狂想曲〉钢琴部分为例》,《艺术品鉴》2018年第8期等。
② 黄宗贤:《格局重构与视野转换——抗战时期中国美术家的文化抉择》,《南京艺术学院学报(美术与设计版)》2013年第5期。
③ 李双:《国民政府治藏文化宣传措施评析——以西藏电影为研究对象》,《西藏研究》2018年第1期。
④ 《马思聪全集》编委会:《马思聪全集》第7卷,北京:中央音乐学院出版社,2007年,第21页。
⑤ 王洛宾:《青春舞曲(新疆喀什噶尔民歌)》,《新西北》1941年第5—6页。

承音乐的同时又进行了发展，满足了当时国人精神文化的需求。同时马思聪邀请著名舞蹈家戴爱莲参与《青春舞曲》舞台表演的编排工作。戴爱莲女士在英国接受过系统的西方舞蹈训练，有着扎实的舞台功底，回国后投身于发掘、弘扬我国民族舞蹈的事业当中。当接到马思聪的邀请后，她开始用现代舞蹈编排《青春舞曲》，表现出了新疆人特有的热情和幽默①。同年，《青春舞曲》的音乐舞台剧在重庆和桂林上演，颇受民众欢迎，推动了新疆歌舞在内地的传播发展。

1944年10月，国民政府正式接管新疆政务，为新疆与内地文化交流打开大门。1946年3月，戴爱莲联合国立边疆学校和育才学校的师生，在重庆和上海举办"边疆音乐舞蹈大会"，将新疆舞蹈《青春舞曲》《康巴尔汗》推向全国中心舞台②。1947—1948年，由西北行辕主任张治中发起组织约50人规模的新疆青年歌舞团，先后在南京、上海、杭州、台湾等地演出上百场新疆歌舞节目。新疆青年歌舞团的精彩表演博得内地和台湾观众的喜爱与称赞，为内地和台湾文艺注入一股活力③。

在此期间，文化界人士将新疆音乐作品大规模地介绍到内地。尤其王洛宾收集、整理、改编、创作的新疆民歌陆续发表在《新西北》《歌讯》《新音乐（上海）》等报刊。1942年著名报人张西洛的"江津大公书店"出版了王洛宾的《西北民歌集》，在重庆学生群体中广泛流传。为此，王洛宾的许多新疆民歌在音乐人、精英阶层和学生群体中传唱，成为国内流行歌曲。"王洛宾现象"再次引起了马思聪对新疆民歌的关注。1946年至1948年，马思聪又陆续为收集到的新疆民歌《流浪之歌》《马车夫之歌》编配钢琴伴奏。

《流浪之歌》是由王洛宾在甘青地区收集整理的一首哈萨克族民歌，发表在《歌讯》1947年第1期，讲述哈萨克族在反动统治者压迫下被迫从家乡流浪到河西走廊的心酸历程。1947年，马思聪为它编配钢琴伴奏，先后发表在1947年第3期《新音乐》和1949年第1—5期《音艺新辑》。

《马车夫之歌》也是由王洛宾收集整理的新疆吐鲁番民歌，又名《达坂城》。1941年，王洛宾以"你要娶她吗？"为题发表在《新西北》第3卷第5—6期。起初多为新疆马车夫所唱，因曲调活泼跳跃，歌词诙谐幽默，常常在婚礼和节庆日的聚会上演唱④。由于《马车夫之歌》在演唱过程中有难度，乐谱中特别标出带"#"符号的音是需要升高半个音，对于初学者而言，是不容易唱准的，最好跟着琴音唱。为此，马思聪专门为其编配了钢琴伴奏，对初学者的学习添了更多助力。

民国时期，新疆对于未临其境的马思聪而言，在地理空间上是一个在那遥远的地方。但马思聪通过阅读新疆音乐作品，与新疆文艺人士交流，逐渐认识到新疆文化在中华文化中的地位，产生了亲切感，拉近了与新疆的心理距离。为此，马思聪积极参与新疆音乐作

---

① 孙景琛：《中国乐舞史料大典》，上海：上海音乐出版社，2015年，第634页。
② 刘青弋：《1946："边疆音乐舞蹈大会"——七十年后值得钩沉的历史》，《北京舞蹈学院学报》2017年第1期。
③ 李双：《文化交流与情感沟通：1947—1948年新疆青年歌舞团参访演出启示》，《北方民族大学学报》2022年第4期。
④ 李双松：《民族唱法经典歌曲集》，北京：金盾出版社，2016年，第146页。

品的改编和演出工作，不仅为其以后新疆音乐作品创作打下基础，还为内地音乐爱好者学习新疆音乐提供了便利。

二、人民新生的赞歌：《新疆狂想曲》的创作与传播

中华人民共和国成立后，马思聪任中央音乐学院院长、《人民音乐》主编，这为他收集一手的新疆民歌材料和直接向新疆音乐人学习音乐艺术提供了平台和资源。在他的带领下，《人民音乐》为新疆音乐交流提供了学术平台，1950—1954 年，《人民音乐》刊登文艺工作者陆友、丁辛等人在新疆的见闻和收集的新疆民歌。中央音乐学院也开始招收新疆学生，1954 年还设立少数民族音乐音乐室，收集和整理少数民族音乐，有关新疆音乐的书籍和唱片就有《新疆民间歌曲集》（1951）、《十二木卡姆》（1951）等。这些经历，让马思聪认识到新疆音乐的魅力："新疆维吾尔族的音乐，不像我国其他地区的民族大多有五声音阶的倾向，其来源是中亚细亚、土耳其、印度等。新疆歌舞鼎盛，新疆人可说是一个歌舞民族。"[1]

1949 年 9 月 25 日，在中国共产党领导下，新疆和平解放，新疆人民成为自己的主人，人民欢欣雀跃，展现出勃勃生机。马思聪同样感受新疆的巨变，备受鼓舞，于 1954 年创作了《新疆狂想曲》。《新疆狂想曲》是马思聪汲取新疆音乐养分，"将哈萨克、柯尔克孜、维吾尔族三个民族风格的六个主题熔为一炉"[2]，加之之前对新疆民歌学习和钢琴伴奏的经验，借鉴西方《狂想曲》的演奏技巧和经验，展现出新疆人民在中国共产党领导下获得新生后的热情奔放、轻松欢快的气息，"狂想曲抒情地、悠闲地开始，渐趋活跃，新的舞蹈一个接一个，一个放浪形骸的男声独唱，在鼓声中升起，又是狂歌热舞，节奏越来越快、越狂烈，女孩子们还高声尖叫，终于在鼓声的摆动中，欢乐的乐曲告终"[3]。《新疆狂想曲》的成功之处，还在于马思聪掌握了"新疆地区的特性音程，采用了大量具有民族韵味的旋律，还将民族化的调性、速度布局手法渗透到结构的组织之中"[4]，遂成为一首具有显著民族性、时代性特征的音乐作品。

1955 年，音乐出版社出版了《新疆狂想曲》。然该作品的创作并未止步。之后，马思聪两次前往新疆，倾听新疆人民的心声，亲身感受到新疆人获得新生的喜悦之情，学习新疆人民表达欢乐喜庆的方式，进而不断改进和丰富《新疆狂想曲》。1983 年 12 月，旅居海外的马思聪开始给《新疆狂想曲》加第二小提琴，至 1984 年春完成[5]。

《新疆狂想曲》是人民新生的赞歌，主要服务和演奏对象是劳动人民。1959 年，马思聪为庆贺国庆十周年，作文《十年来的管弦乐曲和管弦乐队》，专门谈到中国音乐家要在中

---

[1] 《马思聪全集》编委会：《马思聪全集》第 7 卷，北京：中央音乐学院出版社，2007 年，第 169 页。
[2] 杨宝志：《马思聪与小提琴艺术》，《中央音乐学院学报》1994 年第 4 期。
[3] 《马思聪全集》编委会：《马思聪全集》第 7 卷，北京：中央音乐学院出版社，2007 年，第 170 页。
[4] 陆斌：《试论马思聪〈新疆狂想曲〉中的独特组织手法》，《艺术探索》2006 年第 2 期。
[5] 《马思聪全集》编委会：《马思聪全集》第 7 卷，北京：中央音乐学院出版社，2007 年，第 181、211 页。

国社会主义建设中发挥应有的责任，要让普通民众有听音乐的机会，提高音乐的受众面，交响乐团、乐队不仅要在城市演出，还应该组织小型的乐队到工厂、农村和部队演出小型的中国乐曲和外国名曲①。

为此，《新疆狂想曲》一经创作，马思聪将它搬上演奏舞台，面向全国普通市民、工人、矿工、农民。尤其1956—1962年，马思聪每年抽出数月时间在北京、上海、广州、武汉、柳州、海口、银川、兰州、西宁等数十个城市进行旅行演出。每次旅行演出都受到观众热烈欢迎，每地的演出因听众的要求增加场次，1956年广州演奏的听众就达一万三千余人。在这些演出中，《新疆狂想曲》是马思聪演奏节目之一。该曲有新疆特有的载歌载舞的气息、充满欢乐的气氛，让国人感受到了新疆人民欢乐的时光，呈现新中国的新气象，深受大家的喜爱。

1961年5月21日，《羊城晚报》刊登了作曲家、民族音乐学家黄锦培评论马思聪《新疆狂想曲》的文章："作者的《新疆狂想曲》是运用富有新疆歌舞特点的、节奏性很强的旋律，来表达他对新疆的新气象的歌颂……把听众带进一幅新疆人民在解放的欢乐日子里载歌载舞的图画中。"②

1960年、1962年，马思聪前往了新疆乌鲁木齐、喀什、和田、阿克苏等地进行旅行演出和音乐采风。在新疆演出期间，马思聪深入牧区、矿区、工厂等地，与少数民族民众进行广泛的交流，如《人民音乐》1960年第11—12合刊专门刊文《马思聪与乌鲁木齐南山牧区哈萨克族人民公社牧民在一起》③。马思聪创作新疆题材作品和赴疆演出，让新疆人民感受到了内地音乐人创作新疆音乐的热情和国家对新疆文化的重视，促进了新疆与内地文化的交流和互动。

作为马思聪第二成熟期的代表作，《新疆狂想曲》突出了这一时期马思聪创作内容和风格。其一，创作内容大众化，与人民生活息息相关，紧贴时代发展脉络，展现新疆人民获得新生的喜悦之情；其二，创作风格民族化，大量采用新疆音乐元素，并通过演奏节奏所产生重音的错落感，展现新疆民族独特韵味。同时，在马思聪个人努力和国家制度的保驾护航下，《新疆狂想曲》在传播过程中逐渐成为各族群众共同的历史记忆，增进了中华文化认同。

三、游子梦中桑梓情：《热碧亚之歌》和《热碧亚》的创作与演出

《热碧亚之歌》和《热碧亚》是旅居海外的马思聪与女儿马瑞雪共同完成的描写新疆维吾尔族青年男女的凄美爱情的歌剧，从开始打磨初稿，历经20年，才最终完稿，是马思聪晚年最重要的几部作品之一。

---

① 《马思聪全集》编委会：《马思聪全集》第7卷，北京：中央音乐学院出版社，2007年，第115页。
② 同上书，第255页。
③ 同上书，第440页。

20世纪60年代，马思聪的学生从新疆寄来了由维吾尔族诗人阿布都热依木·纳扎尔写下的叙事诗《热碧亚与赛丁》，这首长诗描写了喀什地区疏勒县柯克奇的富人亚库甫别克的女儿热碧亚与穷人依不拉音的儿子赛丁之间的爱情故事。赛丁与热碧亚自幼长在一起，彼此爱慕。赛丁成年后，日夜思念热碧亚，依不拉音为此请媒人前往亚库甫别克提亲。亚库甫别克大怒，于是狠心将女儿嫁给同村的富家子弟。赛丁听闻后，伤心不已，跳河殉情。热碧亚得知后，亦跳入河中殉情。

《热碧亚与赛丁》深深打动了马思聪父女，遂对新疆歌剧产生了浓厚的兴趣。20世纪60年代，马思聪两次前往新疆演出和采风，与新疆人民结下了深厚情谊。在新疆演出活动期间，马思聪与业余小提琴爱好者进行了座谈，对他们进行了音乐知识辅导，听取他们对音乐会的意见。此外，他还与这些学子保持通信，交流新疆和内地音乐文化，《热碧亚与赛丁》正是通过这种通信渠道传送到他手中。

在马思聪的影响下，马瑞雪一直向往新疆，憧憬着新疆洁白巍峨的冰山，纵马驰骋的大草原，荒无人烟的戈壁滩，多姿多彩的民族文化等。为此，马瑞雪便向父亲提议对叙事诗《热碧亚与赛丁》进行再创作，由马瑞雪作词，马思聪谱曲。后因"文革"爆发，此事被耽搁下来。

旅居海外的马思聪为解思乡之情，重读中国传统文化经典，再次进行音乐创作。1973年马思聪和女儿马瑞雪商议共同创作未完成的新疆歌剧。马瑞雪在《马思聪最后20年》中，曾多次提及了关于出创作《热碧亚》这一歌剧的相关细节。在创作之前，他们对新疆民歌、风俗习惯等作了许多功课，在创作中尊重维吾尔族的民族特色。歌剧中的人物，如吉木德、巴拉姆、玛依拉、阿依夏木等都是马瑞雪在民歌或新疆朋友中能找到的名字。

之后，马瑞雪以那篇叙事长诗的内容写了《冰山下的恋歌》。马思聪从中选取一段，写成女高音独唱《热碧亚之歌》三章，之后谱曲。1973年12月刊于赵琴主编的《每月新歌》，并由台湾"中国广播公司"音乐风节目出版，台湾乐韵出版社发行①。1977年，马思聪第三次赴台湾举行"马思聪作品音乐会"，《热碧亚之歌》作为节目之一，颇受台湾民众欢迎，中国香港、台湾以及美国等地的歌手均演唱此歌。

为充分表达出故事情感和新疆文化特色，马思聪很好地将新疆维吾尔族的音乐元素融入其中。由于维吾尔语言绝大多数词汇的重音基本上落在最后的音节上，进而造成"在维吾尔族音乐中，伴随着语言节奏的特征是旋律的重音向后移动，从而出现各种切分节奏"②。马思聪抓住新疆音乐这一节奏特点，如《热碧亚之歌（一）》中的创作就有较明显的切分节奏的旋律，"是有明显的切分节奏的旋律。它听上去热情而悲怆，建立在七声调式音阶基础上，这条旋律的旋法和欧洲音乐有所不同，它并没有以大小调3度叠置的和弦音乐为基础，而是以三音列的特殊4度进行为基础，具有典型的维吾尔族音乐调式音阶的特

---

① 邬晶琳：《马思聪在美时期的声乐创作研究》，《中央音乐学院学报》2013年第4期。
② 叶丹：《关于北方少数民族音乐的几点认识》，《大众文艺》2010年第10期。

点"①。

　　1983年，马思聪要求马瑞雪把诗剧改名为《热碧亚》，并要求重新写一稿。1984年以后马思聪完全投入创作《热碧亚》之中，1985年7月写第二稿。1986年12月23日，完成第四稿。其间，马思聪致信台湾"行政院"文化建设委员会主任陈奇禄商谈《热碧亚》在台湾演出的事宜。1987年5月20日，马思聪与世长辞，《热碧亚》遂成为他生前最后的作品。

　　在马思聪亲友的努力下，1988年11月26日，由曾道雄导演，马水龙担任制片人，钱南章配乐，主演陈丽婵（饰热碧亚）、陈思照（饰赛丁）等的歌剧《热碧亚》在台湾"国立戏剧院"公演。

　　歌剧《热碧亚》体现出了新疆民间歌舞载歌载舞的特点，感染力极强，公演三天，博得满堂喝彩。台湾《民生报》专门报道《马思聪遗作〈热碧亚〉昨首演》，扩大了歌剧的社会影响力②。《热碧亚》也得到大陆音乐人的青睐。中国小提琴教材之父蒋雄达选取《热碧亚》片段，对其进行改编，配置了管弦乐谱③。2012年5月7日，"马思聪百年诞辰纪念音乐会"在广东汕尾市举行，盛中国、濑田裕子、杨宝智、周步田、徐娅璐等音乐家组成庞大的演出阵容，联袂演绎了《热碧亚》。以上音乐人的努力，都是对马思聪《热碧亚》的补充和发展，赋予新疆音乐文化的时代活力，大大地推动了新疆文化在内地和台湾地区的传播发展。

　　《热碧亚之歌》和《热碧亚》是马思聪父女依据新疆的诗歌、风俗习惯及音乐形式加以创作的，不仅带有浓厚的新疆民族特色，还超越民族和地域界限，成为马思聪与新疆互动的历史见证。正如马瑞雪说："《热碧亚》是反映新疆人民的生活，这部作品是属于全体中国人的。"④《热碧亚》还与我们耳熟能详的《梁山伯与祝英台》《孟姜女传说》等民间故事均是讲述了青年男女的凄美爱情故事。从中可以看出，无论是汉族，还是维吾尔族，均通过民间故事的形式表达了人民对封建婚姻制度的不满和对爱情的美好向往。这种根植于中华大地上的民族故事主题，容易产生情感共鸣，普遍唤醒在这片土地共同生活的民众的历史记忆，而共同的记忆凝聚着群体共同的情感和价值观，成为个体牢牢凝聚在一起，形成统一集体意识的重要力量和纽带。

四、文化张力：马思聪新疆题材作品的影响

　　1985年8月16日，身在美国费城的马思聪在回复好友徐迟的信中特别强调："春季草了（《热碧亚》）草稿，待我从西双版纳出来，立即跑新疆"⑤。这是马思聪逝世前一年多的

---

① 邬晶琳：《马思聪在美时期的声乐创作研究》，《中央音乐学院学报》2013年第4期。
② 《马思聪全集》编委会：《马思聪全集》第7卷，北京：中央音乐学院出版社，2007年，第271、476页。
③ 蒋雄达：《弦乐合奏中国通俗作品集》，合肥：安徽文艺出版社，2014年，第47—52页。
④ 马瑞雪：《马思聪最后二十年》，广州：广东人民出版社，2002年，第113页。
⑤ 《马思聪全集》编委会：《马思聪全集》第7卷，北京：中央音乐学院出版社，2007年，第187页。

信件，从中可以看出新疆在马思聪心中的分量。可以说，新疆赋予马思聪创作活力，他也为推动新疆与内地文化交流做出了较大贡献。

其一，新疆文化成为马思聪艺术创作的来源。新疆地处欧亚大陆腹地和丝绸之路中段，上千年来一直是多民族文化交往交流交融地带，历史文化底蕴深厚和民族文化绚丽多彩，为中华文化的形成和发展注入了强劲的生命力。通过收集新疆民歌、观看新疆歌舞、赴新疆演出交流和实地采风，马思聪深刻体会到新疆歌舞文化具有浓郁的乡土气息、热烈活泼、节奏感强的独特魅力。对于马思聪而言，这是本土文化的滋养，这种滋养为他的创作带来更多灵感和素材，陆续改编和创作了一系列新疆题材作品如《青春舞曲》《新疆狂想曲》《热碧亚之歌》《热碧亚》等，不仅成为他个人的代表作，还成为中华民族文化经典之作。

其二，马思聪创作的新疆题材作品，为新疆文化在内地发展提供了广阔的空间和更大的平台。马思聪是近代以来一位极具创作性和影响力的音乐人，由他创作的新疆音乐题材作品，大多会通过演奏会和唱片的形式面向普通民众，受众范围广。同时他的一些新疆音乐题材作品写进课本，走进课堂教学，成为全国各族学生共同学习的文化知识，进而为新疆文化汇入中华文化架通了桥梁。

其三，马思聪创作的新疆题材作品，增强了中华民族凝聚力。马思聪创作新疆题材作品，是新疆文化与内地文化的交流产物，在其推动下逐渐融入奔流不息的中华文化之中，让新疆人民认识到新疆文化在推动中华文化形成和发展中的重要作用，必然使浸润其中的人产生对这种文化的认同，产生了主人翁意识，增强了中华文化认同。

"文化大革命"时期，马思聪前往海外，多次前往台湾演出。谈到去台湾演出，马思聪说："因为台湾观众也是我的同胞，我去台湾是为我的同胞演出。"[1]《新疆狂想曲》是马思聪在台湾演奏的节目之一，《热碧亚之歌》《热碧亚》的首演在台湾，均深受台湾人民的喜爱。可见，马思聪新疆音乐题材作品，在文化交流上贯穿两岸，进一步证实了中华子孙同文同脉的精神，增强了中华民族凝聚力。

由此可知，马思聪在个人音乐创作中汲取了新疆文化养分，通过多种艺术手法，创作出一批反映新疆题材的优秀音乐作品。这些作品通过一系列的舞台演奏和互联网技术的传播，让无论身处何地的中国人产生共鸣，逐渐成为多民族共享的中华文化元素符号，促进了民族团结，增强了全国各族人民的中华民族凝聚力，为文化润疆工程提供了真实事例。

五、结　语

通过对马思聪新疆题材作品创作历程及文化张力的个案的挖掘与研究，让我们认识到多民族文化交流所具有渐润式、包容性、管道畅通性、互补性等特点，成为不同民族文化发展和创新的重要动力，逐渐成为各族群众共同的历史记忆、价值共识、情感共鸣，有助

---

[1]《马思聪全集》编委会：《马思聪全集》第7卷，北京：中央音乐学院出版社，2007年。

于铸牢中华民族共同体意识和推进文化润疆工程。为此，学界应该继续挖掘、整理和研究历史上新疆与内地文化名人交往交流交融的真实案例，尤其关注有影响力文化名人的新疆事迹和现代阐释，重塑中华民族共同体的历史记忆和文化认同。

在此基础上，我们还应紧紧把握时代使命，运用文化名人效应开展铸牢中华民族共同体意识和文化润疆工程的教育宣传工作。首先，文教结合。新疆与内地文化名人交往交流交融的真实案例进教材、进课堂。学校是培育、铸牢中华民族共同体意识教育的主阵地，将典型事例写进小学《语文》教材、中学历史教科书、铸牢大学生中华民族共同体意识课程中，让多民族文化交流事迹进入学生生活中，耳濡目染中接受教育，加深对多民族文化交流价值的认识和理解，形塑人们共同体的国家观、历史观、民族观、政治观、文化观。

其次，文宣结合。相比于一般的公众人物，文化名人是中华文化的继承者和创作者，具有广泛影响力和号召力，承担着传播文化的重要作用。新疆与内地文化名人交往交流交融的真实案例同样具有正能量、群众基础和传播价值，又因文化名人具有文艺性、娱乐性、关注度高等特点，借此相关部门应把握文化传播规律，利用新媒体和大众综艺平台制作宣传新疆与内地文化名人交往交流交融的真实案例的节目，走进人们的日常生活，增进内地和新疆民众的认识，形成强大的民族向心力和凝聚力。同时，这些文化名人自带全球化"光环"，如包尔汉、茅盾、马思聪、王洛宾、康巴尔汗等在国际上具有较大的影响力。为此，相关部门可以利用孔子学院、海外华人春晚、新媒体等平台，通过艺术包装和市场定位，向海外民众宣传新疆与内地文化名人交往交流交融的真实案例，展示中华民族团结形象。

中华民族共同体意识教育的大中小学一体化路径建构

侯馨茹

摘 要：中华民族共同体意识教育大中小学一体化是指在"小学—初中—高中—大学"之间建立纵向衔接、上下贯通、横向融通的中华民族共同体意识教育系统。中华民族共同体意识教育大中小学一体化以落实立德树人根本任务、增强"五个认同"、遵循学生身心发展规律为基本理念，以"顶层设计和落细落小落实相统一""构建全员全过程全方位教育格局"为基本要求。为此，中华民族共同体意识教育应从统筹教育共同体、优化教育内容、拓展教育形式、健全保障机制、建立评价体系入手，构建中华民族共同体意识教育大中小学一体化的实践路径。

关键词：中华民族共同体意识教育；大中小学一体化；立德树人；"五个认同"

党的二十大报告指出，"以铸牢中华民族共同体意识为主线……加强和改进党的民族工作"[1]。铸牢中华民族共同体意识是实现中华民族伟大复兴的必然要求，只有铸牢中华民族共同体意识，才能有效应对实现中华民族伟大复兴过程中民族领域可能发生的风险挑战。习近平总书记指出，要在各族干部群众中深入开展中华民族共同体意识教育，特别是从青少年教育抓起，以此汇聚起青少年学生蓬勃的力量。在青少年群体中铸牢中华民族共同体意识，需要全面深入推进中华民族共同体意识教育，努力构建大中小学一体贯穿、循序渐进的教育体系，以此增进青少年学生对中华民族的自觉认同，这既是处在世界百年未有之大变局和中华民族伟大复兴战略全局交汇的复杂形势下的中国教育方案，也是从国家统一和民族团结的高度着眼的教育建设，意义重大而深远。

---

* 本文系浙江省社科规划"习近平总书记考察浙江重要讲话精神研究阐释"专项课题"'浙江有礼'推进新时代省域精神文明建设的基本经验、现实短板和路径创新研究"（课题编号：23YJZX14YB）、浙江省社会科学界联合会研究课题成果（课题编号：2023B021）阶段性成果。

** 侯馨茹，浙江财经大学 马克思主义学院讲师，研究方向：中华民族共同体意识研究。

[1] 习近平：《高举中国特色社会主义伟大旗帜 为全面建设社会主义现代化国家而团结奋斗——在中国共产党第二十次全国代表大会上的报告》，北京：人民出版社，2022年，第39页。

一、中华民族共同体意识教育一体化建设的基本理念

大中小学中华民族共同体意识教育一体化的着眼点在于"一体化",其关涉的是学校中华民族共同体意识教育的系统构建。要提高教育实效,需要运用系统理念厘清"如何理解、把握大中小学中华民族共同体意识教育一体化的时代内涵",做到概念清晰、理念先行。习近平总书记强调,系统观念是具有基础性的思想和工作方法[①]。系统观念是以系统论作为基础的一种分析问题、解决问题的观点和方法。在新时代,推动大中小学中华民族共同体意识教育一体化,要坚持以系统论为前提,把握学校中华民族共同体意识教育系统的构成要素及结构层次,为推进中华民族共同体意识教育更深入的发展奠定扎实的基础。

(一)大中小学中华民族共同体意识教育一体化建设的基本内涵

中华民族共同体意识教育一体化是指在小学—初中—高中—大学各阶段之间建立纵向衔接、上下贯通、横向融通的中华民族共同体意识教育系统,使各阶段逐步在同一教育体系下彼此包容、相互合作。将一体化置于中华民族共同体意识教育领域,就是要立足落实立德树人这一根本任务,遵循学生成长成才的规律和中华民族共同体意识教育规律,具体分析大中小各学段学生特点,使各学段中华民族共同体意识教育课程在达成各自育人效果的前提下,统一于立德树人这一根本目标任务,形成大中小学一体化教学的链条。中华民族共同体意识教育一体化由教育主体、教育目标、教育内容、教学方式四个相互作用的要素构成。从教育主体来看,主要包括以教师、高校辅导员、党团干部等为主的教育人员,其作用一方面要发展基于"中华民族共同体意识教育一体化"的责任意识、理论素养和实践能力,另一方面要在中华民族共同体意识教育一体化过程中增强学生对中华民族共同体的认同意识,培养学生"五个认同""四个与共"情感。从教育对象来看,受教育主体包括小学、初中、高中、大学四个阶段学生。习近平总书记指出:"人的成长、成熟、成才不是一蹴而就的,而是一个渐进的过程,就跟人的生理发育一样,所以要把这几个阶段都铺陈好。"[②] 鉴于青少年学生各阶段认知、心理、情感方面的动态变化,中华民族共同体意识教育一体化必须按照中华民族共同体教育规律和学生认知发展规律,循序渐进设定目标、组织内容和活动,体现出连续性和进阶性。从教育目标来看,大中小学在遵循铸牢中华民族共同体意识主线基础上,基于增强"五个认同、四个与共、三个离不开"的总体目标,依据"理性认知—情感认同—信念坚定—行动意志"一体化逻辑厘清学段目标。从教育内容来看,中华民族共同体教育一体化要求各学段、各学科内容能够形成一个有机整体,围绕中华优秀文化、中华民族共同体发展历史、中华民族多元一体格局、民族交往交

---

① 习近平:《关于〈中共中央关于制定国民经济和社会发展第十四个五年规划和二〇三五年远景目标的建议〉的说明》,《人民日报》2020年11月4日。
② 习近平:《思政课是落实立德树人根本任务的关键课程》,《求是》2020年第17期。

流交融、民族团结进步等内容，探索建立纵向的学段课程体系和横向的思政课、课程思政、通识课、实践课在内的同心圆课程体系，同时兼顾大中小学中华民族共同体教育的学科体系、教学体系、教材体系和管理体系的一体化。从教育合力来看，中华民族共同体教育一体化既包括"纵向一体化"，也包括"横向一体化"，质言之，不仅要在校内形成育人合力，更要注重将家庭教育—社会教育纳入一体化教育中，协同推进中华民族共同体教育一体化建设。

(二) 中华民族共同体意识教育一体化建设的基本理念

中华民族共同体意识教育一体化是一项系统的教育工程，要以立德树人为根本遵循，以增强"五个认同"为价值目标，以各学段学生成长发展规律为教育走向，融于新时代中国特色社会主义伟大实践，统一于全面推进社会主义现代化强国建设、实现中华民族伟大复兴的历史进程中。

1. 以落实立德树人为根本遵循

党的二十大报告指出，"全面贯彻党的教育方针，落实立德树人根本任务"[①]，培养德智体美劳全面发展的社会主义建设者和接班人。立德树人既是教育的使命和任务，也是大中小学校的立身之本，落实立德树人根本任务的关键环节就是思政课一体化，中华民族共同体意识教育作为思政教育不可或缺的组成部分，必须将其渗透到立德树人的方方面面，融入到大中小学思政教育的教育目标、课程体系、教学方式、师资培训、校园文化中，用新时代中国特色社会主义民族理论成果铸魂育人，引导学生掌握中华民族发展史、中华民族传统文化、中华民族精神、中华民族多元一体格局理论等内容，并将"中华民族一家亲"的共同体理念根植于自己心中，成长为自觉维护国家统一、民族团结、社会稳定、捍卫中华民族共同体利益的时代新人。

中华民族共同体意识教育的大中小学一体化建设是对新时代"立德树人"思想的准确把握，将中华民族共同体意识贯穿于立德树人全过程就是为了培养与民族复兴同向同行、助力于全面建设社会主义现代化强国、维护祖国完全统一和民族团结进步的社会主义建设者和接班人。这既是新时代赋予大中小学的一项光荣而伟大的使命，也是对习近平总书记在思政课教师座谈会上提出的"在大中小学循序渐进、螺旋上升地开设思想政治理论课"[②]的积极回应。

2. 以增强"五个认同"为价值目标

在多元化背景下，各种社会思潮、国际反华势力、民族主义、种族主义、民粹主义等思想相互交织，频频出现在社会中。而大中小学生又处在价值观形成和确立的关键时期，加之社会经验不足，且接受信息快速，极易造成个体信仰危机和归属迷惘，在某种情况下

---

① 习近平：《高举中国特色社会主义伟大旗帜 为全面建设社会主义现代化国家而团结奋斗——在中国共产党第二十次全国代表大会上的报告》，北京：人民出版社，2022年，第34页。
② 张烁：《用新时代中国特色社会主义思想铸魂育人 贯彻党的教育方针落实立德树人根本任务》，《人民日报》2019年3月19日。

甚至会异化为一种对中华民族共同体的阻碍或破坏力量。因此，在大中小学生群体中开展中华民族共同体教育，培育学生的中华民族共同体意识、凝聚各族学生的意识共识十分重要。中办、国办印发的《关于全面深入持久开展民族团结进步创建工作铸牢中华民族共同体意识的意见》强调，要加强中华民族共同体教育，引导各族群众不断增强"五个认同"[①]。从这个角度出发，必须引导大中小学生树立正确国家观、民族观、历史观、文化观、政治观，坚决反对破坏民族团结、制造民族分裂的一切言行，以此来不断增强对伟大祖国的认同、对中华民族的认同、对中华文化的认同、对中国共产党的认同、对中国特色社会主义的认同，从而树立对中华民族共同体的归属感、信任感和自豪感，推动中华民族成为认同度更高、凝聚力更强的命运共同体。

中国特色社会主义进入新时代后，以中国式现代化全面推进中华民族伟大复兴成为鲜明的时代主题，以习近平同志为主要代表的中国共产党人强调，"新时代的中国青年要以实现中华民族伟大复兴为己任"。显然，大中小学生作为新时代中国青年，已然是实现中华民族伟大复兴的生力军和后备军，鉴于此，大中小学要紧密对接新时代学生的发展背景和成长需求，不断推动各族各学段学生坚定对伟大祖国、中华民族、中华文化、中国共产党、中国特色社会主义的高度认同，使"五个认同"成为大中小学生成长成才的精神支柱和精神信仰，逐渐引导学生将爱国情、强国志、报国行自觉融入实现中华民族伟大复兴的奋斗中。在中国日益走近世界舞台中央的今天，青少年学生不可避免地和国际社会接触、与世界青年对话，因此，青少年学生既要学习西方先进文化，又要在不断传播中华优秀传统文化过程中确认对国家、对中华民族的归属感和认同感。

3. 以尊重学生身心发展规律为教育走向

人的发展具有阶段性，大中小学生处在不同的年龄阶段，具有不同的认知特点。因此，推进中华民族共同体教育一体化建设要立足大中小学生各自的阶段特征，结合不同学段学生的身心发展规律和认知特征，有针对性地开展既有差异化又含共同性的教育教学活动。在小学阶段，小学生以具象形象思维为主，这一阶段的中华民族共同体意识教育主要是通过生动案例和多样活动让学生对中华民族有一个初步了解。初高中阶段的学生具备了抽象思维能力，认知水平也显著提升，这一阶段学生应在学习中华民族共同体的基本知识基础上，通过互动体验、实践活动深化对中华民族共同体的认识，不断提升思维水平。大学阶段是学生身心渐趋成熟的时期，抽象思维能力得到了充分发展，这一时期的中华民族共同体教育应在理论学习和研究中进一步铸牢中华民族共同体意识。与此同时，人的发展也具有连续性特征，质言之，大中小学不能囿于自己所在的学段和学科自说自化，而应加强纵向衔接和横向融通，将其视作一个有机整体有序推进。这就需要教育主体树立一体贯通、整体育人的理念，以不同学段学生特点为中心统筹规划，构建一个前后贯通、有机衔接、循序渐进、螺旋上升的中华民族共同体教育体系，促进大中小学教育主体、教育目

---

① 中共中央办公厅 国务院办公厅印发《关于全面深入持久开展民族团结进步创建工作铸牢中华民族共同意识的意见》，《中国民族》2019 年第 11 期。

标、教育内容、基本要求、实施路径等多个教育要素的内在统一，以此来实现中华民族共同体教育的阶梯递进。

二、中华民族共同体教育一体化建设的基本要求

当前，中华民族共同体意识教育的一体化建设面临着诸多问题。如育人理念碎片化，将一体化视为各个要素的简单叠加；教育主体分工不明确，主体衔接不畅影响教育质量；大中小学教育目标衔接不足；大中小各学段教育内容缺乏系统性和进阶性；教学组织形式枯燥乏味，囿于"以教为中心"课堂教学，缺乏以学生为主的实践活动。因此，中华民族共同体意识教育的一体化建设必须树立一体贯通的理念，将顶层设计和落细落小落实相统一，构建全员全过程全方位的中华民族共同体意识教育新格局。

(一)顶层设计和落细落小落实相统一

立德树人是一项长期且深入的重大工程，青少年的中华民族共同体意识的塑造是更加长期、渐进、复杂的过程，缺乏系统性思维和整体性教育观的中华民族共同体意识教育一体化将失去运行标准。大中小学一体化的中华民族共同体意识教育是由不同学段构成的有机整体，要在学校场域形成系统观念和科学思维，就要加强一体化的顶层设计和实践统筹。加强顶层设计首先要在党的统一领导下，政府和教育部门确立整体育人的"大教育观"，设立大中小学一体化建设专职部门，建立中华民族共同体意识教育一体化研究室，根据实际情况把从教学管理和科学研究结合起来。其次，根据马克思主义民族理论、中国共产党民族理论、习近平关于铸牢中华民族共同体意识的系列讲话精神，相关部门制定并出台关于建立中华民族共同体意识教育一体化的指导意见，进一步明确中华民族共同体意识教育一体化体系的重大意义、指导思想、目标任务、步骤措施、保障条件等。如可借鉴《深化新时代学校民族团结进步教育指导纲要》，确立"指导思想"为"全面加强中华民族共同体意识教育的大中小学一体化建设"；在"教育目标"中规定，要"通过扎实有效的中华民族共同体意识教育，引导各族师生切实铸牢中华民族共同体意识，树立正确的国家观、民族观、历史观、文化观、宗教观，不断增强对伟大祖国、中华民族、中华文化、中国共产党、中国特色社会主义的认同①。

上承国家总体规划和要求的同时，大中小学也要合力对中华民族共同体意识教育的一体化目标、内容、教学组织形式、教学资源整合、教师培训等进行全面细致的讨论，结合学校实际情况将国家总体要求转化为各级学校的具体行动，往实里抓、往细里做。在目标指向上，大中小学始终把增强"五个认同"、铸牢中华民族共同体意识作为总体目标，着眼于学生中华民族共同体教育素养的整体性提升；科学定位各学段教育目标和各门课程的

---

① 严庆：《提升学校铸牢中华民族共同体意识教育的信度与效度研究》，《西北师大学报(社会科学版)》2022年第5期。

具体教学目标，根据不同学段学生的身心发展规律有所侧重的同时，围绕着核心目标"螺旋上升"，保证中华民族共同体意识教育目标"分段不分体"。从教育内容来看，一方面中华民族共同体意识一体化教育内容要根据学生身心发展特征推进各学段内容之间的相互衔接，根据学科共性和差异推动各学科之间的相互融合；另一方面根据新时代发展背景和社会发展需要不断推进中华民族共同体意识内容的创新和创造性发展，增强中华民族共同体意识内容的"时代感"。从教学设计和组织方式来看，小学阶段主要通过实践活动丰富学生的情感体验；初中阶段以中华民族共同体基础知识为引导，实现情感和行动的互相转换；高中阶段的中华民族共同体教育，一方面引导学生自身经验与认识"上达"中华民族共同体理论知识，另一方面理论知识要求"下探"到学生生活经验，在学生认知和经验中找到对中华民族共同体的情感"着陆点"，实现经验和理论的双向互动和交融；大学阶段以理论认识的提升来引导学生的生活和铸牢中华民族共同体意识的行动。在教育资源整合上，聚焦于各级学校对育人资源的全面性挖掘，让中华民族共同体意识教育贯穿学生的日常生活。

（二）构建全员全过程全方位的中华民族共同体意识教育新格局

中华民族共同体意识教育一体化是一项系统的教育工程，必须要坚持系统化思维，重视教育主体、客体、载体、资源、方法等各个要素的协同作用，构建全员、全过程、全方位的中华民族共同体意识教育大格局。其一，坚持全员育人。全员育人要求每一位教育工作者都参与到教育过程中，地方政府、教育管理部门、大中小学校的管理者、组织者、教师和学生都是中华民族共同体意识教育的主体。在开展中华民族共同体意识教育时，要充分调动管理者、组织者和一线教师的积极性，引导其相互配合，形成地方教育管理部门牵头——大中小学深度合作的教育共同体。同时，中华民族共同体意识教育一体化是面向各学段学生的活动，因此要构建每个学生都参与的学习共同体和兴趣共同体。其二，坚持全过程育人。中华民族共同体意识教育一体化要持续发力，就要将其融入学校教育、学生成长的全过程，挖掘各科课程、各类活动所蕴含的中华民族共同体意识教育资源，同时在学科课程中植入中华民族共同体意识元素。在中小学，要把中华民族共同体教育融入道德与法治、语文、历史等教材编写和学科课程中。在高校，要把中华民族共同体意识教育与各专业课程有机融合起来，并将中华民族共同体意识充分融入到校园文化建设、社会实践中。其三，坚持全方位育人。全方位育人强调中华民族共同体意识育人空间的延展性和开放性。坚持全方位育人，就要将中华民族共同体意识融入学生学习、生活的各个角落，形成教书育人、科研育人、实践育人、管理育人、文化育人的长效机制。同时，要实现学校教育、社会教育、家庭教育的共同协作和线上线下教育的有机整合，构建学校引领——家庭奠基——社会保障的中华民族共同体教育一体化大格局。

三、新时代中华民族共同体意识教育一体化的实践理路

中华民族共同体意识教育一体化是一项系统工程，站在新时代历史方位，需要基于大中小学中华民族共同体意识一体化的基本理念和基本要求，从统筹教育共同体、优化教育内容、拓展教育形式、健全保障机制、建立评价体系入手，构建中华民族共同体意识教育一体化的实践路径。

(一) 以教育主体力量的协同及师资力量的统一为引领

教育主体在整个教育阶段和活动开展过程中发挥着主导性、能动性乃至决定作用。单一的教育主体和师资队伍不能较好地适应新时代所需的大教育格局，许多人协作，许多力量融合为一个总的力量，就产生"新力量"，这种力量和它的单个力量的总和有本质的差别，只有各个主体之间协同、联动、配合，才能发挥整体性效应。首先，在大中小学协同育人的整体框架下，搭建"管理主体—实施主体—接受主体—支持主体"四位一体全员育人机制和"一内（学校）—两外（家庭和社会）"全方位立体联动机制，明确各育人主体的角色和职责。地方政府和教育行政部门作为管理主体，在中华民族共同体意识教育一体化过程中起着组织规划、管理、协调的作用，保障具体政策和制度的监督、执行与落实；大中小学作为实施主体，充当着参与者、共建者角色，其中高校起着引领者和推动者作用；行政管理人员和后勤工作人员作为支持主体在中华民族共同体意识教育一体化过程中起着保障作用；学生作为接受主体，是中华民族共同体意识教育过程中的"主角"，育人效力的发挥离不开学生的主体性，因此在教育整体性过程中要充分发挥其主观能动性，彰显其主体性地位。学校并非"孤岛"，学校教育始终是与社会相联系的，并与社会发展同频共振。家庭和社会空间都具有中华民族共同体意识教育教育的条件和义务，为个体的价值认同形成提供了现实场域，只有将家庭场域和社会空间进行顺利对接才能保证中华民族共同体意识教育一体化深入开展。其次，以教师为主的教育主体是中华民族共同体意识的传播者，增强师资力量就成了中华民族共同体意识教育的重要一环。其一，将中华民族共同体意识教育纳入教师培训中，提升教师的思想认识。在目标衔接、内容分层、课程设计、组织方式以及评价体系等方面进行全面培训，比如建立学段衔接交流机制，针对教学内容、教学形式组织不同学段教师开展课程交流活动，充分发挥高校教师的智库作用，向中小学教师介绍中华民族共同体教育、铸牢中华民族共同体意识教育方面的前沿性成果，加强中小学教师的理论前沿素养。其二，鼓励不同学段教师组建一体化的教学团队，加强各学科教师之间的听课评课、教学研讨、集体备课、科学研究，在共同交流、探讨、合作、互动中提升教育水平，促进思政课教师、学科教师、专业课教师队伍的高校协同，构建师资队伍建设的一体化。其三，加强一线教师的在职培训，各级学校应聘请铸牢中华民族共同体意识方面的专家学者，通过定期举办讲座、座谈会的形式为学科教师、思政课教师提供理论和实践指导，帮助教师厘清开展中华民族共同体意识教育一体化的思路、内容、形式，

促进教师与时俱进地提升中华民族共同体意识的知识和能力。最后，政府、教育部门、国家民委等要多组织开展中华民族共同体意识教育的课题研究，划拨专项经费，设置"中华民族共同体意识教育研究"专项课题，鼓励大中小学教师结合教育教学实践开展行动研究和案例研究，推进中华民族共同体意识教育的深入实施和科学发展[1]，以此加强教育工作者的研究能力，反哺教育教学实践。

（二）以教育目标的衔接和教育内容的分层推进为主线

中华民族共同体意识教育不仅包含社会凝聚力、中华民族认同以及处理中华各民族关系的准则，而且包含通过教育目标、内容作用于学生的思想、情感和价值观，目标的衔接和内容的完整有助于保障中华民族共同体意识教育一体化顺利推进。具体而微，应以铸牢中华民族共同体意识和增强"五个认同"为主线，根据立德树人总目标、新时代社会发展需求、不同学段学生的身心发展特征，形成大中小学分层推进、整体衔接的目标序列和内容分层。

小学生的认知发展处于感性阶段，教育目标应以培养学生国家意识、涵养学生中华民族情感为重点。教育内容围绕"中华民族"具体形态和象征性态展开设计，从"中华民族全家福"照片入手让学生初步感知"我是中华民族大家庭一员"的共有身份；通过升国旗仪式、认识国徽、共唱国歌的活动，培养学生的国家观念；以中华民族传统节日、重大纪念日为依托，让小学生初步感知各民族共享的中华民族形象和中华文化符号，在此基础上再进行中华民族、中华民族大家庭、"五个认同"基本内涵的常识性介绍，引导学生形成爱党、爱国、爱中华民族的情感。

初中生具备了抽象思维能力，但还处于经验阶段。该阶段以开展体验式学习为主，通过亲身感受、场景模拟方式打牢初中生认知基础，教育目标旨在增强学生对中华民族共同体的理解力。相应内容要在小学阶段已经学习的基本常识基础上，进一步帮助初中生了解和掌握中华民族从自在到自觉的形成发展史，领悟"四个共同"内涵，准确把握中华民族是一个历史命运共同体的事实。以情景案例形式分享各民族几千年来在政治、经济、文化传及社会活动中相互交融的史实，尤其要展示各民族交融中的典型事件和中华各民族英雄人物，强调其在历史进程中对中华民族共同体发展的历史贡献。通过情景体验让学生深刻认识中华民族共同体是政治共同体、经济共同体、文化共同体、利益共同体，以此提升学生对中华民族共同体的认知力。

高中生认知发展水平较高，抽象思维能力较强，更加关注事实本质，该阶段教育目标重在通过理论学习培育对中华民族共同体的理性认同。教育内容要讲清楚中华民族大一统格局，了解基于"四个共同"形成的多民族国家国情。开展中华文化教育，内含中华民族共有文化、各民族优秀传统文化、中华民族历史革命文化、社会主义核心价值观等内容，引导学生全面深刻地体会中华文化是各民族共同创造的，从而在文化自觉基础上产生对中

---

[1] 陈立鹏、张珏：《关于深入推进中华民族共同体教育的几点思考》，《贵州民族研究》2020第4期。

华文化的高度认同感。挖掘中国共产党领导各族人民从站起来、富起来到强起来的中国叙事，生动展示中华民族交融演进的伟大实践。展现中华人民共和国成立后各民族共生共建共享的现实案例，如民族区域自治制度保障了各民族平等地位、全面建成小康社会缩小了各民族之间的发展差异，增强学生对中国共产党和中国特色社会主义的认同。将"疆独""藏独""港独""台独"分子制造民族矛盾以及对我国进行思想文化渗透等案例作为反面素材，提高学生对阻碍中华民族共同体建设行为批判反思能力，自觉加强维护国家统一和中华民族大团结的责任感。

大学阶段的中华民族共同体意识教育是中小学阶段的升华，是在中小学中华民族共同体意识教育所达到的中华民族情感和认知基础上，进一步认同中华民族共同体价值、内化"五个认同"、培育对中华民族信仰的教育。大学阶段教学目标在于学习中华民族共同体基本理论、提高理论素养，启迪学生发自内心地拥护中华民族，养成增强中华民族凝聚力的行为自觉。第一，教育内容要开展马克思主义民族理论教学，通过对中西民族理论及其源流探析，引导学生洞悉中华民族的源起、发展逻辑、本质特征以及中华民族多元一体的民族结构特征；第二，开展四史教育，凸显中华民族共同体意识在"四史"中的内容；第三，深入了解中国共产党的民族工作政策，特别是"五个认同""四个与共""三个离不开"等理论内容；第四，围绕习近平总书记关于中华民族、中华大家庭、中华民族共同体意识重要论述等内容讲深、讲透，为各族学生奠定扎实的理论基础。同时引导学生运用理论辩证分析国内外重大政治时事，牢固树立正确的国家观、历史观、民族观、文化观、宗教观，增进对中华民族政治共同体的认同，聚力建设中华民族共同体的行为。

(三) 以思政课程和课程思政的同向为行为手段

课程是人才培养的基本单元。现有的关于中华民族共同体意识内容分散在各级各类学校的道德与法治、历史、语文等课程中，同时又服务于各学科的课程目标，容易陷入"各自为政"的境地。即使是有相互合作的情况，也多以活动的开展为联结，伴随着活动的结束而分散，尚未真正形成相互融通的中华民族共同体意识课程体系，导致大中小学生无法系统、完整地掌握有关中华民族共同体的知识。习近平指出："坚持大中小学纵向主线贯穿、循序渐进，各类课程横向结构合理、功能互补的原则，确保教材的政治性、科学性、时代性、可读性。"① 基于系统论视角，必须根据总体目标和各学段目标要求，科学构建和合理优化各级各类学校课程体系，将不同类型课程进行相互整合。第一，将中华民族共同体意识贯穿于各界各类学校思政课体系。通过思政课教学引导学生掌握什么是中华民族共同体，了解各民族交往交流交融的历史，把握"四个共同"内容，树立"四个与共"理念。第二，注重各学科课程之间的分工配合。深度挖掘中小学各学科课程、高校各专业课程所蕴含的中华民族共同体思想及潜在的五个认同元素，积极寻找学科课程、专业课程与中华民族共同体意识的融合点，在课程建设过程中既要强调各学科课程目标的一致性，

---

① 习近平：《思政课是落实立德树人根本任务的关键课程》，《求是》2020年第17期。

又要彰显不同课程中关于中华民族共同体意识和思想的差异性，保障各门课程在横向结构上的相互衔接性和补充性，真正推进大中小学中华民族共同体意识教育一体化课程建设。第三，部分民族类高校已将铸牢中华民族共同体意识纳入教学体系之中，但大多没有专设课程，中小学更是缺少此类课程。鉴于此，可将中华民族作为统合单元构建大中小学有效衔接的中华民族共同体意识专题课程体系，打造中华民族共同体教育精品课程，以此增强教育的吸引力和感染力。在中小学开设"中华传统文化""中华民族大家庭"通识课供全校学生修读，在高等教育阶段开设"中华民族交往交流交融史""中华民族共同体概论""中华民族发展史"等公共课程课程，拓展学生的学术视野。目前部分民族高校已形成了"中华民族共同体概论"思政课为专门课程，中华民族共同体意识是各族学生都需铸牢的价值观念，教学对象理应关照各族学生，因此要加强其他高校的《中华民族共同体概论》课程建设，将其纳入思想政治理论课必修课。

（四）以增强学生主体意识的一体化教学形式为载体

中华民族共同体意识教育一体化教学形式要基于学校、基于教师、基于课堂、基于课程，但又要超越学校、超越课程、超越课堂。第一，秉持理论讲授、实践活动、环境营造相结合的理念，统筹各类教育资源，不断拓展中华民族共同体意识教育形式。在课堂教学中，将教师讲授和中华民族共同体虚拟仿真课程软件相融合，小学以故事性育人为主，注重活动化、游戏化、生活化教学方式，初中以情境教学法、体验教学法为主，增强学生参与感，高中以跨学科主题学习、项目式学习教学方式为主，关照学生批判性思维形成，大学以专题探究为主，推进学生泛在学习、高阶学习，逐步将中华民族共同体的基本理论、价值观念等纳入自身的认知结构体系之中。校园实践活动作为课堂教学的有力补充，是中华民族共同体教育的有效载体，大中小学可以共同开展常态化的"石榴籽"实践活动，如定期开展民族文化交流节，以各民族丰富多样的歌舞和音乐生动阐述"中华民族一家亲、同心共筑中国梦"的故事，在增加彼此接触交流基础上，逐渐建立起自身与他者、与社会、与国家、与世界的关联意义，提高学生对中华民族共同体的情感归属和认同[①]。校园文化作为学校发展的核心，是凝聚学生精神的重要体现，大中小学应该着手设计中华民族共同体文化墙，以各民族交往交流交融为核心理念积极营造民族平等、和谐、团结的育人环境。第二，构建一个包含学校、家庭、社会等在内的多元育人场域，汇聚各种教育主体力量、统筹各类教育资源形成育人合力，畅通学校、家庭与社会共同参与的中华民族共同体教育体系。家庭层面，父母要树立良好的家教家风，通过积极正向的言说培养学生的爱国热情，形成对伟大祖国的认同；通过积极爱国行动，引导孩子树立"各民族同胞都是中国人、都是中华民族共同体成员"的共有身份意识，形成对中华民族的认同。社会要与学校、家庭共享教育资源，学校创新利用民族文化博物馆、红色教育基地、民族团结教育基

---

① 张利国、郑文婧：《中华民族共同体教育的育人逻辑与实践理路》，《中南民族大学学报（人文社会科学版）》2022年第8期。

地、名人故居等社会实践基地,充分用好地方特色资源、挖掘地方民族文化历史,以此开展场景式、浸润式活动,促进中华民族共同体教育的深度发生,从根本上增强大中小学生的践行意识。第三,借助新媒体,构建"信息技术×中华民族共同体教育"的教育教学新模式。深度推进大中小学校园媒体聚焦中华民族共同体教育主题,制作推荐体现中华民族共同体意识和思想的短视频、网络文章、微电影等,不断"滴灌"中华民族优秀文化;同时大中小学要合作开展"微项目"化体验与践行研究,利用信息技术自主开展微理论、微电影、微辩论、微调查、微网文、微时评等活动实践,形成各类媒体活动联动的矩阵效应。此外,社会网络媒介建立促进民族团结进步、培育中华民族共同体意识的网络平台,创新融合学生为主的线上线下教育资源,以此提高学生的中华民族共同体意识和素养。

(五)以健全中华民族共同体意识教育一体化建设的保障机制为支撑

建立健全保障机制有助于大中小学中华民族共同体教育一体化建设提质增效。第一,中华民族共同体教育一体化建设在推进过程中需要人力和物力方面的支持,因此有必要设置专项资金,用于保障组织建设、科研经费、劳务经费的发放。第二,在专项资金的支持下,教育部门成立中华民族共同体教育研究室、成立领导小组和工作小组,负责大中小学中华民族共同体教育的教学活动、科研活动、实践活动,发挥其指导引领和督查评价作用。同时各省教育部门应协同各级学校成立校级中华民族共同体教育教研室,将相关教学科研工作落到实处,并建立完善的考核奖惩制度。第三,成立中华民族共同体教育教材读本编写小组,组织教学科研人员出版衔接大中小学各学段内容的教材,以满足各级学校开展中华民族共同体教育专题教学的需求。第四,创建中华民族共同体教育共享资源库,建立一体化信息交流平台,为教师提供开展中华民族共同体教育的"工具箱""资源库",为学生提供丰富的教育素材。各学段的中华民族共同体意识教育都有独特的教育资源,加强各学段教育资源的共享与优化,不仅可以弥补中华民族共同体意识教育资源短缺问题,还利于各学段教师快速获取不同学段的共同体教育素材案例,快捷掌握不同学段关于开展中华民族共同体意识教育的重难点。第五,开发中华民族共同体意识教育实践基地可以为大中小学提供公共性、普惠性的教育支撑。学校可以与社区、红色基地、传统文化村落、民族村落、文博馆联合建立一体化的教学实践基地,以此拓展中华民族共同体意识教育的教学空间,通过实践体验培养学生爱党、爱国、爱社会主义、爱中华民族的情感。

(六)以建立中华民族共同体意识教育的一体化评价体系为保障

教育评价是对教育效果的反馈,合理合规的教育评价机制是促进中华民族共同体教育发挥长效作用的重要手段。大中小学的评价目标具有一致性,各级学校应以树立中华民族共同体意识、增强"五个认同"为总目标。同时,由于学段差异性,大中小学的中华民族共同体教育评价又具有分层性和递进性。从评价主体来看,建立多主体考核评价机制,发挥学生、家长、行政领导、教师、教研员、管理人员等多个主体的作用,以便教育者能够及时了解中华民族共同体教育效果,从而更好地开展教育活动,防止中华民族共同体教育出现表面化、形式化等问题。从评价维度来看，一要考察各学段内所有学科课程、专业课程与中华民族共同体意识教育内容相融合的实施效果和各学科教师的作用发挥；二要考察各学段内道德与法治课程和思想政治理论课开展的有关中华民族共同体意识教育专题的实施效果和教师作用发挥；三要考察学校与家庭、社区合力育人的效果；四要考察不同学段衔接的效果。从评价方式来看，一方面注重结果评价，收集学生铸牢中华民族共同体意识、增强"五个认同"的测评结果，尤其是在价值理解、认同、行动方面有无积极变化，搜集评价主体对实施效果的满意度，以此反映大中小学中华民族共同体教育工作一体化的成效。另一方面，要坚持评价过程立体化，定期对各级学校各学段开展的中华民族共同体教育效果进行及时评估和反馈，从"总目标""不同学段目标""教育内容""教学组织方式""实践活动""预期表现与评价"等层面对取得积极效果的教师和学校进行肯定，定期总结经验，及时推广经验，以确保总目标和分目标在教育督查和评估中稳步达成，促进大中小学生的中华民族共同体意识在教育反馈中阶梯式发展。

四、结　语

中华民族共同体意识教育关涉国家长治久安、民族团结和社会稳定，可以说中华民族共同体意识教育一体化建设意义深远，且浩大的工程，任重道远，需要大中小学树立整体育人理念、协同推进。开展一体化中华民族共同体意识教育就是要把铸牢中华民族共同体意识、增强"五个认同"切实贯彻到学校教育的全过程，切实融入到教育教学的各方面，努力培养出一代又一代具有中华民族共同体意识、聚力中华民族共同体建设的时代新人。

关于地方师范院校建设"中华民族共同体概论"课程探析

袁娅琴[*]

摘　要：地方师范院校是培养基础教育人才的重要基地，也是铸牢中华民族共同体意识教育的重要阵地。加强《中华民族共同体概论》课程建设有利于推进师范生对伟大祖国、中华民族、中华文化、中国共产党、中国特色社会主义的认同，并做到维护社会主义民主、维护社会主义法制、维护人民群众根本利益、维护祖国统一、维护民族团结。当前，中华民族共同体理论、铸牢中华民族共同体意识等逐渐形成独立的理论体系，这为建设《中华民族共同体概论》课程提供了理论指导；高校与研究机构已经具备大规模的教学队伍，为建设《中华民族共同体概论》课程提供了人力基础；加之《中华民族共同体概论》教材出版，为课程建设提供了基础的基础。

关键词：地方师范院校；《中华民族共同体概论》；课程；建设

铸牢中华民族共同体意识，需要进一步构建"中华民族共同体"理论体系、学科体系、学术体系与话语体系。这就要注重人才的培养，不仅要激发广大专家学者的积极性和创造性，还要加强青年学者的培养，而青年人才的培养重要阵地在高校。当前，学界已经意识到铸牢中华民族共同体意识教育进高校的重要意义。洪雷、祖力亚提·司马义、包银山等多位学者都指出，学校是铸牢中华民族共同体意识教育的主阵地，高校在共同语言、共同交往空间、民族情感记忆、资源供给等方面为铸牢中华民族共同体意识赋能[①]，大学教育阶段可践行共同体意识、实现知行合一[②]，要构建以铸牢中华民族共同体意识为导向的人才培养体系[③]。更多学者对高校如何铸牢中华民族共同体意识教育的时间路径建言献

---

[*] 袁娅琴，长江师范学院中华民族共同体研究院讲师，主要从事民族社会与区域文化研究。
[①] 洪雷：《价值及其实学校教育在铸牢中华民族共同体意识中的价值及其实现》，《湖北民族大学学报（哲学社会科学版）》2024年第2期。
[②] 蒋文静、祖力亚提·司马义：《学校铸牢中华民族共同体意识的逻辑层次及实践路径》，《民族教育研究》2020年第1期。
[③] 包银山、王奇昌：《民族地区高校推进铸牢大学生中华民族共同体意识教育探析》，《民族教育研究》2019年第4期。

策。如青觉等学者认为，学校是进行系统化、专业化、知识化教育的社会化途径[1]，要做好系统思考、整体规划，坚持以教学为主线，以教师为主导，以学生为主体，以制度为保障[2]，从课程目标、课程内容、课程实施、课程评价四个维度探讨铸牢中华民族共同体意识课程建设[3]，并以政治意识、理论认知、行为导向和情感归属四个部分为主体[4]构建课程评价体系，《中华民族共同体概论》课程建设中各主体实现"跨圈合作、跨层联动"[5]。总的来说，学界已经意识到高校进行铸牢中华民族共同体教育的必要性和可行性。这也要求地方师范院校在进行课程建设时，要与铸牢中华民族共同体意识目标、人才培养目标相适应。基于此，本文拟从课程建设的战略需要、内在需求以及特殊使命，以及理论指导、平台建设、教学团队、教材使用等方面来回答建设《中华民族共同体概论》课程的必要性和可行性。

一、地方师范院校建设《中华民族共同体概论》课程的必要性

地方师范院校培养了一代又一代的基础教育人才，成为高校落实立德树人根本任务不可或缺的一环，为人才培养提供源源不断的动力，并以自身学识和素养影响着下一代的教育，对中小学教育有着举足轻重的作用。因此，在地方师范院校推进铸牢中华民族共同体教育具有重要意义。当前，地方师范院校教育体系中，铸牢中华民族共同体教育还未形成"完善全员、全程、全方位育人体制机制"，需进一步以夯实民族大团结为思想基础，推进铸牢中华民族共同体意识教育。建设《中华民族共同体概论》课程是重要途径之一，也是内在需要。

（一）铸牢中华民族共同体意识的战略需要

中国社会主义发展进入新时代，铸牢中华民族共同体意识是新时代党的民族工作的"纲"，国家建设和发展工作要以此为主线，所有工作要向此聚焦。党的十八大以来，以习近平同志为核心的党中央勇担历史重任，推动党和国家事业发生前所未有的大变革，取得历史性成就，为党和国家的发展推出了一系列新思想、新理念和新战略。铸牢中华民族共同体意识，既是维护各民族根本利益的必然要求，也是实现中华民族伟大复兴的必然要求，还是巩固和发展平等团结互助和谐社会主义民族关系的必然要求，更是党的民族工作开创新局面的必然要求。这就要求面向群众加强铸牢中华民族共同体意识教育，而推动"铸牢中华民族共同体意识大中小学课程一体化建设是推动学校铸牢中华民族共同体意识

---

[1] 青觉、赵超：《中华民族共同体意识的形成机理、功能与嬗变——一个系统论的分析框架》，《民族教育研究》2018年第4期。
[2] 冉春桃：《民族院校中华民族共同体意识培育的路径》，《中南民族大学学报（人文社会科学版）》2019年第4期。
[3] 张学敏、李雪婷：《铸牢中华民族共同体意识课程一体化建设的价值与路径》，《民族教育研究》2024年第1期。
[4] 刘毅等：《民族院校铸牢中华民族共同体意识教育评价框架构建》，《民族学刊》2024年第3期。
[5] 李永政、黄明元：《圈层共建：〈中华民族共同体概论〉课程建设的逻辑意蕴、框架模型和推进路径》，《民族学刊》2024年第1期。

教育的主要途径和重要抓手"[1]。党的二十大报告强调"强国必先强教",要"坚持以人民为中心发展教育,加快建设高质量教育体系"[2],要求"必须把铸牢中华民族共同体意识纳入办学治校、人才培养、教育教学、科学研究、文化传承创新、社会服务的全过程、全领域中,切实做到有形有感有效有质地践行'为党育人、为国育才'的初心使命"[3]。地方师范院校是培养优秀基础教育人才的基地和摇篮,也是铸牢中华民族共同体意识教育的重要阵地,推进《中华民族共同体概论》思政课教育是铸牢中华民族共同体意识的重要途径。加强《中华民族共同体概论》课程建设有利于推进师范生对伟大祖国、中华民族、中华文化、中国共产党、中国特色社会主义的认同,并做到维护社会主义民主、维护社会主义法制、维护人民群众根本利益、维护祖国统一、维护民族团结。

(二)建设《中华民族共同体概论》课程的内在需求

铸牢中华民族共同体意识,"需要进一步加强党的理论和路线方针政策教育,加强党史、新中国史、改革开放史、社会主义发展史、中华民族发展史宣传教育"[4],建设《中华民族共同体概论》课程则从地方各高校阵地进行中华民族发展史的宣传教育的重要方式。当前,部分地方师范院校对铸牢中华民族共同体教育认知存在偏差,重视程度不够,因而高校在制订人才培养计划时,未有效制订如何实现铸牢中华民共同体意识教育的目标的人才培养计划,部分地方师范院校在建设《中华民族共同体概论》课程较滞后,还未展开普及性课程教学。从学生角度来说,因铸牢中华民族共同体意识教育系统性的缺失,导致学生关于铸牢中华民族共同体意识的认知停留于名词层面,或更甚者未曾听说相关内容,大部分高校学生对铸牢中华民共同体意识内容缺乏深入了解。除此之外,在《中华民族共同体概论》课程建设过程中,部分高校教师因课程内容庞杂、理论知识深奥、配套指导机会少等因素,在课堂教学过程中出现照本宣科的情况,缺少理论与学生实际生活结合的引导式教学,难以实现"以学生为中心"的教学目的。《关于加快构建高校思想政治工作体系的意见》提出:"以建立完善全员、全程、全方位育人体制机制为关键,全面提升高校思想政治工作质量。"《中华民族共同体概论》作为贯彻新时代党的民族理论和民族政策的一门专业课程,是落实立德树人根本任务的一门思政课程。地方师范院校应以夯实民族大团结为思想基础,推进铸牢中华民族共同体意识,制订人才培养计划,进行课程建设。《中华民族共同体概论》课程是铸牢中华民族共同体意识,引导学生"爱国情·强国志·报国行"的培育和践行的一门必修课程,有助于夯实我国民族关系发展的思想基础,推动中华民族

---

[1] 张学敏、李雪婷:《铸牢中华民族共同体意识课程一体化建设的价值与路径》,《民族教育研究》2024年第1期。
[2] 习近平:《高举中国特色社会主义伟大旗帜 为全面建设社会主义现代化国家而团结奋斗——在中国共产党第二十次全国代表大会上的报告》,《人民日报》2022年10月26日。
[3] 刀波、杨小红:《新时代民族高校铸牢中华民族共同体意识的优势、原则和路径》,《民族学刊》2023年12月27日。
[4] 习近平:《习近平在中共中央政治局第九次集体学习时强调 铸牢中华民族共同体意识 推进新时代党的民族工作高质量发展》,《中国民族》2023年11月。

成为认同度更高、凝聚力更强的命运共同体①。

(三) 建设《中华民族共同体概论》课程的特殊使命

《中华民族共同体概论》课程遵循中国特色民族理论发展的历史逻辑和理论逻辑，系统展现中华民族共同体的理论体系，全面阐释了中华优秀传统文化和独特的思想价值和人文精神。当前，各领域学者专家正积极参与到构建科学完备的中华民族共同体理论体系之中。理论需要实践检验，《中华民族共同体概论》课程是集理论学习和实践运用于一体的课程，是将中华民族共同体理论进行实践检验的重要方式之一。一方面从民族发展历史角度使师范生树立正确的中华民族观，另一方面从实践角度促进师范生学以致用。

新时代国民教育要不断适应社会发展需要和满足学生自身成长需求，以铸牢中华民族共同体意识为新时代党和国家工作主线，把推动各民族为全面建设社会主义现代化国家共同奋斗作为新时代党的工作重点。《中华民族共同体概论》课程的教学内容以《中华民族共同体概论》教学为纲，坚持以史带论、论从史出，立足中华民族悠久历史，揭示中华民族形成和发展的哲理问题，集中体现了党和国家民族工作中的治国方略，全面把握当前的民族工作重要思想，促使师范生深刻理解核心要义、丰富内涵和精神实质。通过人才教育，增强师范生的中华民族身份认同，将"各民族共同团结奋斗、共同繁荣发展"潜移默化为其思想深处的认知，以马克思主义中国化民族理论为指导思想，正确树立师范生的马克思主义国家观、历史观、民族观、文化观、宗教观，牢固树立休戚与共、荣辱与共、生死与共、命运与共的共同体理念。

铸牢中华民族共同体意识，要构建宣传教育常态化机制，并纳入国民教育体系之中。习近平在中共中央政治局第九次集体学习时指出："铸牢中华民族共同体意识，需要构建科学完备的中华民族共同体理论体系。"② 要优化学科建设，加快形成中国自主的中华民族共同体史料体系、话语体系、理论体系，必须要注重人才的培养。地方师范院校培养着未来的人民教师，其将通过自身的学识、素养、思想潜移默化地影响学生，这就要求地方师范院校培养人才时更要重视起思政教育。《中华民族共同体概论》作为思政教育中重要课程之一，通过丰富的课堂教学和实践活动，深化"五个认同"，将身份认同、政治认同、文化认同等内容融入教学活动中，纠正师范生的认知偏差，引导师范生对党和国家的方针政策、民族工作、民族发展等问题进行理性思考，提升师范生的精神境界和认同意识，进一步推进"培养造就大批德才兼备的高素质人才"③ 进程。

---

① 来源于白松强关于《中华民族共同体概论》课程教学内容。
② 习近平：《习近平在中共中央政治局第九次集体学习时强调 铸牢中华民族共同体意识 推进新时代党的民族工作高质量发展》，《中国民族》2023 年 11 月。
③ 习近平：《高举中国特色社会主义伟大旗帜 为全面建设社会主义现代化国家而团结奋斗——在中国共产党第二十次全国代表大会上的报告》，《奋斗》2022 第 22 期。

二、地方师范院校建设《中华民族共同体概论》课程的可行性

《中华民族共同体概论》课程是推进铸牢中华民族共同体意识教育切实可行的实现方式之一。地方师范院校建设该课程依然具备了理论指导、教学力量和教材基础等条件，具有充分的可行性。从理论指导来说，中华民族共同体相关研究成果丰硕，并逐渐形成独立的理论体系，这为《中华民族共同体概论》课程建设提供了学理支持。从教学力量来说，当前已经形成了较大规模的科研机构和研究人员，而这些力量可转化为教学平台和教学队伍，为建设《中华民族共同概论》课程提供了强劲的教学力量。从教材基础来说，《中华民族共同体概论》教材已全面推广，其中蕴含了中华民族发展史、中华民族共同体理论等丰富内容，为课程建设提供了基础的基础。

(一) 中华民族共同体理论发展提供理论指导

2014年中央民族工作会上习近平总书记提出"中华民族共同体"概念之后，以其作为研究主题的著述如雨后春笋。这为地方师范院校开设《中华民族共同体概论》课程提供了坚实的理论基础，有助于进一步加强师范生关于中华民族发展史、深刻理解中华民族共同体的核心要义。

第一，中华民族共同体不仅是各族群在历史流变中不断交往交流交融的结果，而且是历史时期各种文化整合形成凝聚力的政治建构的产物。各民族及其文化在历史长河中不断交往交流交融，逐渐形成你中有我、我中有你的血肉相连、休戚相关的中华民族共同体[1]。而"近代以来的民族思潮，是中华民族共同体意识形成的时代必然"[2]。近代民族思潮、"五族共和"思想与"中华民族是一个"的民族观共同促使了中华民族共同体自觉共同体的形成。进入当代，充实了中华民族共同体理论的是"马克思主义民族理论"。第二，中华民族共同体作为既是经济社会文化共同体，又是政治共同体，更是命运共同体，本身具有多元属性。赵刚等专家学者认为，中华民族共同体意识的属性体现在两个方面：一是政治属性，"中华民族共同体意识的政治属性表现为对国家的认同、对族际关系的认同和对民族社会发展道路的认同"[3]，中华民族共同体是一种政治共同体，它与政治权力和政治生活密切相关的，中华民族共同体意识亦应具有的政治属性；二是时代属性，"在新中国成立初期、改革开放时期和中国特色社会主义新时代，中华民族共同体意识的时代属性不尽相同"[4]，"中华民族共同体"是在历史长河中不断演变、建构而成的概念，其本身就具有时代特性，这一特性也影响着中华民族共同体意识的属性。因此，"'中华民族共同体认

---

[1] 刘正寅：《中华民族共同体形成发展的历史思考》，《云南师范大学学报》2022年第1期。
[2] 刘再营：《中华民族共同体意识形成的历史趋势》，《西藏民族大学学报》2019第1期。
[3] 赵刚、王丽丽：《中华民族共同体意识的政治属性解读》，《湖湘论坛》2017第1期。
[4] 赵刚、李墨文：《中华民族共同体意识的时代属性》，《江苏大学学报》2019年第1期。

同'既是国家认同，也是民族认同，更是一种共同体认同"[①]。第三，铸牢中华民族共同体意识不仅是新时代民族工作的主题，而且是加强中华民族共同体建设的关键。一是由实体认知、价值认知和路径认知构成的中华民族共同体意识理论体系，能为铸牢中华民族共同体意识提供学理支持[②]；二是建构中华民族共同体认同意识需要从治理能力、历史记忆、政治认同、精神家园、民族关系等各方面协同构建中华民族共同体认同意识[③]；三是推进中华民族共同体建设，需将传统与现代结合、多元共存与同心圆结合、统筹全局与协同治理结合[④]。

由上可知，《中华民族共同体概论》课程有中华民族共同体理论、铸牢中华民族共同体意识等重要理论做支撑，为从课堂上构筑中华民族共有精神家园、加强党的理论和方针政策教育、讲好中华民族故事提供了理论指导。此外，当前研究成果涉及历史、文化、社会、政治、经济、生态等各个方面，以及民族学、历史学、文化学、教育学等不同学科和跨学科研究视角，逐渐形成了独立的学科，这为《中华民族共同体概论》课程建设提供了独立的、系统的、立体的理论、知识和研究方法。

(二)科研机构和科研队伍提供教学平台和教学群体

2020年3月20日，中国新闻网等媒体公布了由中央统战部、中央宣传部、教育部、国家民委联合设立的包括暨南大学、内蒙古大学、四川大学、广西民族大学等10个铸牢中华民族共同体意识研究基地，以及清华大学等5个培育基地；国家民委还管理一批"中华民族共同体研究院"，统一由国家民族协调推进司统筹开展铸牢中华民族共同体意识研究；在部分高校或地方民族研究机构，设置一定数量的研究院、研究中心、研究所。依托高等院校和科研机构，形成了立体的三级科研创新平台，一是进行铸牢中华民族共同体意识的相关研究，共同发力为构建具有中国特色的中华民族共同体研究学科体系、学术体系和话语体系，为中华民族共同体建设的理论内涵与推进路径、地方民族工作的重大理论和实践等问题，建言献策。二是结合中国各民族实际情况，深入认识民族问题，解决民族问题，应对国际国内意识形态危机，培养人才。

各高校与研究机构成为"中华民族共同体"学术研究的重要基地，这为《中华民族共同体概论》课程建设提供了条件和教学平台。地方师范院校及其科研机构可通过设立中华民族共同体相关的二级学科博士点、硕士点，或者招收本科生，基本形成以培养人才为目的的本科、研究生培养体系，为课程教学提供受众。此外，高校与研究机构已经具备大规模的科研队伍，这些科研队伍除负责科学研究外，还负责相关人才培养工作。当前已经有成熟的"导师+研究生"的科研团队，同时，部分高校业已开始面向本科生教授中华民族共同体理论知识的课程。这为地方师范院校建设《中华民族共同概论》课程提供了庞大的教

---

① 杨鹍飞：《中华民族共同体认同的理论与实践》，《新疆师范大学学报》2016年第1期。
② 于衍学：《基于三个认知维度的中华民族共同体意识理论体系建构》，《西南民族大学学报》2019年第12期。
③ 朱碧波：《论中华民族共同体的多维建构》，《青海民族大学学报》2016年第1期。
④ 常士訚：《中国民族共同体的现代多重建构及其逻辑》，《西南民族大学学报》2019年第3期。

学队伍和借鉴模版。而《中华民族共同体概论》课程是这一教育体系的基础的、核心的课程，培养具有较高理论造诣、较强实践能力的高层次人才，铸牢中华民族共同体意识，树立正确的中华民族观，强化师范生的认知情感与责任担当，练就服务家乡建设的本领与才干。

(三)《中华民族共同体概论》教材全面推广

在教育学原理中，学科建设的关键看专业，专业建设的关键看课程，课程建设的关键看教材[1]。2024年2月27日，国家民委在京举行《中华民族共同体概论》出版座谈会，《中华民族共同体概论》教材正式出版。该教材立足中华民族整体视角，囊括中华民族共同体基础理论、中华民族的起源与发展、中华民族共同体的演进历程、新时代中华民族共同体建设等丰富内容。该教材"超越传统王朝断代史与各族族别史，从政治经济社会文化等维度，展开跨学科论证，宣传阐释正确的中华民族历史观，推动中华民族现代文明建设，构建中华民族共同体史料体系、话语体系、理论体系，引导学生牢固树立休戚与共、荣辱与共、生死与共、命运与共的共同体理念"[2]。地方师范院校开设《中华民族共同体概论》课程可将教材内容转化教学实践，践行育人实效，把人才培养落实到教学实践之中，打好课程建设、教材效力、教师教学、科学方法等有机一体的牢固基础，课程有亮点，教师有水平，教学有方法，发挥"1+1>2"叠加效应和协同效应，培养一代又一代德智体美劳全面发展的人民教师。

三、结　语

地方师范院校作为人才培养教育不可或缺的一环，对于加强铸牢中华民族共同体意识具有重要作用，加强《中华民族共同体概论》课程建设则是推进铸牢中华民族共同体教育的重要抓手。《中华民族共同体概论》课程建设对于铸牢中华民族共同体意识、构建中华民族共同体理论体系和话语体系、培养大批德才兼备的高素质人才等提供了实现途径。因此，建设《中华民族共同体概论》课程具有十分重要的意义。

"中华民族共同体学"的学科建设逐渐成形，中华民族共同体理论体系和史料体系初具形态，《中华民族共同体概论》课程已在民族类院校、民族地区高校及其他部分高校试行，这对地方师范院校建设该课程或进一步推进该课程建设具有借鉴意义。从学理角度和实践角度来看，《中华民族共同体概论》课程建设依然具备基本条件。

《中华民族共同体概论》课程是新时代重要的思想政治课程，其建设也是"大思政课"的重要内容。而思政课建设是一项系统性工程，这需要重视各个环节。首先要做好顶层设计，坚持目标导向、效果导向、问题导向相统一，制订人才培养计划。其次要实现各主体

---

[1] 陈达运、赵九霞：《中华民族共同体学何以成为一级学科》，《中南民族大学学报(人文社会科学)》2023第1期。
[2] 潘岳：《〈中华民族共同体概论〉出版座谈会在京举行》，《中国民族》2024第2期。

的有机合作，学校、政府和社会协调治理，教师与学生协同教学，课堂教学与社会实践有机统一，创新教学方式，寓教于乐，共同推进课程建设，以达到铸牢中华民族共同体意识、讲好中华民族故事的目的。最后要健全和完善教学评价指标体系，深入推进课程教育评价改革的新视角，通过加强人才教育评价系统"联结"，进一步促进《中华民族共同体》课程的教学质量和教学效果等，激发其潜能与活力，确保课程建设能完成立德树人的根本任务，铸牢中华民族共同体意识。

铸牢中华民族共同体意识高校课堂教学创新模式探索与实践研究*

朱乌英嘎**

摘　要：党的二十大报告提出，教育、科技、人才是全面建设社会主义现代化国家的基础性、战略性支撑。在铸牢中华民族共同体意识的时代背景下，高校课程思政是建设教育强国的必然选择，其中探索高校课堂教学创新模式，是夯实拔尖、创新人才自主培养的基础。本研究基于 OBE 理念，介绍了"E+A"沉浸式课堂教学创新模式，分析了学前教育专业课"学前教育研究方法"课程思政教学现状及教学痛点，提出了教学创新理念中的凸显育人导向、解决育才难点和课程创新模式的效果与推广应用等方面，构建铸牢中华民族共同体意识高校课程思政创新模式。实践结果表明：运用此模式能够充分发挥课程育人的作用，实现立德树人的根本目标。

关键词：中华民族共同体意识；高校课堂教学；创新模式

2023 年 10 月 27 日，习近平总书记在中共中央政治局第九次集体学习时强调："讲清楚中国共产党领导和社会主义制度是我国各民族共同发展进步的可靠保障，讲清楚中华民族是具有强大认同度和凝聚力的命运共同体，讲清楚中国特色解决民族问题的正确道路所具有的明显优越性。"[①] 基于铸牢中华民族共同体意识的时代要求，学校始终坚持贯彻落实党的路线、方针、政策，以铸牢中华民族共同体意识为主线，将发展民族团结进步事业摆在突出位置，全面深入持久开展民族团结进步创建。身为一名民族高校教师，时刻积极探索课程之魂——课堂教学实践的结构与反思。我国全面推进课程思政建设工作，秉持落实立德树人根本任务的战略举措，是提高人才培养质量的重要任务。起初，我们对于"什么是课程思政""为什么要开展课程思政"和"如何推进课程思政"的认识依然模糊，从

---

* 本文系内蒙古自治区高等教育学会高等教育研究项目"课程思政视域下培育学前教育师范生核心素养的课堂教学研究"（NMGJXH-2022XB126）的研究成果。
** 朱乌英嘎，呼和浩特民族学院学前教育学院副教授。
① 《习近平在中共中央政治局第九次集体学习时强调：铸牢中华民族共同体意识 推进新时代党的民族工作高质量发展》，《人民日报》2023 年 10 月 29 日。

而导致形成专业教育与思想政治教育的简单认知。经过频繁地学习、交流，在教学实践中不断提升与模式创新，逐渐形成了铸牢中华民族共同体意识视域下课程思政建设的新模式。其中，"结合核心素养，挖掘'铸牢'元素。学科核心素养明确了学生学习该课程后应达成的正确价值观、必备品格和关键能力。学科核心素养的学习要求正是落实铸牢中华民族共同体意识的抓手和应有之义。因此，将学科素养提升和铸牢中华民族共同体意识教育的内容与维度相结合是挖掘学科中的中华民族共同体元素的基础。"[1] 本研究基于所教课程《学前教育研究方法》，具体研究内容如下。

该门课程理论性强、研究方法的概念解析较多，实践与理论难以同步配套，应用及研究性学习较少。为提高课程教学效果，教学团队进行了全面创新改革：实施了"E+A"（展示 Exhibition+分析 analysis）沉浸式（immersive）课堂教学创新模式，建立了课程任务的挑战度，挖掘了课程深度的高阶性以及整合了课程内容的思想性。将我国教育要闻与相关教育政策法规引入课堂，以学生为主体，以专业问题为牵引，通过线上线下混合式教学模式，开展沉浸式课堂活动；利用网络信息平台，建立全面的学生评价体系；将专业知识与课程思政元素有机结合，重新整合教学内容。《学前教育研究方法》的创新教学让学前教育专业的大三学生广泛受益，研究意识与研究能力显著提升；课程教学资源丰富，社会影响力逐步提升；教学质量获得同行高度认可，示范辐射作用日益显著。

一、课程教学改革的背景及存在的问题

《学前教育研究方法》是学前教育专业的核心基础课，是学生获取专业知识、提升研究意识、加强研究素养、培养创新能力的重要环节。学生已是大三的本科生，具有一定的理论积累，思维活跃，求知欲强。结合每学期短时期的教育见习，也具备一定的教育实践基础。但是由于本课程的特性，多数学生比较陌生。该课程理论性强，较为抽象，尤其是各类研究理论与方法解释枯燥，学生学习的兴趣不高、主动性不强，排斥纯理论、空说教。

(一) 教学模式单一，学生主体性地位不突出

受该课程特性的影响，教师多数以传统教学模式为主，师生间、生生间的互动局限于提问式，较难调动学生自主学习的积极性，课堂学习多数处于被动式接受学习。

(二) 课程理论性强，应用及研究性学习较少

课程内容偏重理论，讲解过程枯燥，学生的实际研究能力不足。由于受到时间、空间与现实环境影响，无法让配套的实践环节与理论内容同步进行。教学中，学生时常难以理解研究方法的实际运用，更是无法将自己所学的专业基础知识有效融合；难以发现专业领域的可研究现象与问题；无法完成研究方案的设计。

---

[1] 刘森、芦洋：《如何在课堂教学中铸牢中华民族共同体意识》，《中国民族教育》2023 年第 12 期。

(三)教学注重知识传授,课程思政价值引领不足

在传统教学观的影响下,学生的知识体系结构停留在课本,主观探索与高阶研究性学习较为罕见。局限的思考模式与研究视角,也有碍于学生的创新意识与探究能力的形成。高校作为育才的主要阵地,课程思政价值引领极为关键,然而在前期教学中,未能确定课程要承担的教育任务和价值引领内容,忽视了价值塑造目标的核心环节。

二、教学创新理念

《学前教育研究方法》课程教学在铸牢中华民族共同体意识背景下,以"课程思政"建设为指导,以学生为中心,以高阶能力培养为目标进行课程重建;结合我国高水平教育信息化引领教育信息化,在混合式教学中,有效利用教育数字化服务平台;创新运用现代信息技术手段,变革学习环境与方式,运用可视化教学素材,引入情境模拟、角色扮演、热点分析等新颖教学形式,打造沉浸式、体验式"智慧课堂",开展研究型、项目化、合作式学习[①]。

(一)凸显育人导向:"一以贯之"的课程思政为课程铸魂

该课程以习近平总书记提出的"四有好老师""四个引路人"和"四个相统一"为指导思想,落实立德树人根本任务,融合"课程思政"基本理念,培养幼儿教师良好的研究意识与研究能力,造就党和人民满意的高素质、专业化、创新型幼儿教师队伍。

培养学前教育人才的学前教育专业,每一节课程都应该是"思政课"。把马克思主义全面发展观和方法论贯穿理论与实践,深度挖掘课程专业知识体系中所蕴含的思政元素。

1. 立足课程思政,优化教学目标

以课程思政建设要求对应人才培养方案中的毕业要求,构建以能力为导向的"知·能·行"教学内容,以"明·思·究"为脉络的"研究思路"思政内容,搭建满足差异性、多元性、高阶性需求的教学资源。在学前教育专业人才培养的方案中,以课程教学立足课程思政,不断优化教学目标,为育人导向铸魂。

---

① 张琨:《课堂教学:铸牢中华民族共同体意识教育的主渠道》,《中国民族教育》2024年第1期。

新版教学大纲中的课程目标部分

课程目标	具体内容	与毕业要求的支撑度		
		素质要求	知识要求	能力要求
价值塑造目标	树立马克思主义全面发展观，正确认识和把握教育事实，判断教育价值，指导研究性活动，积极主动适应学习深度融合趋势，具有开阔视野、创新思维、团队协作意识。	H 高支撑		
知识传授目标	掌握学前教育研究方法的基本理论和实践，了解学前教育研究方法的运用方式，明确学前教育研究各阶段的具体任务，了解各种研究方法的使用规律。		M 中支撑	
能力培养目标	掌握学前教育研究的基本能力，正确、熟练地运用研究方法，掌握教育要闻、教育政策法规，结合各类学习资源，具有探究性学习能力。			H 高支撑

2. 依托教育平台，重构知识体系

2019年2月，《中国教育现代化2035》印发，指导思想中强调：坚定实施科教兴国战略、人才强国战略，紧紧围绕统筹推进"五位一体"总体布局和协调推进"四个全面"战略布局，坚定"四个自信"。2022年3月，国家智慧教育平台上线，是教育数字化战略行动的阶段性成果，有效推动实现教育数字化转型。

课程迅速依托教育平台重构知识体系，更新教案、资源、方法。本学期在教学知识体系中重点解答"学前教育研究视角、研究设计方案、学前教育研究方法、学前教育实践研究"的四个内涵，建立起全新的学前教育人才培养模式。课程传递学前教育研究的客观性，塑造严谨的科学素养。同时，在马克思主义全面发展观的指导下，成为一名政治坚定、业务精湛、师德优良、党和人民信赖的学前教育工作者。

3. 紧跟时代主题，更新课程内容

课程充分发挥教育学科的优势，让更多的教育新事件、新思想、新风尚及时进教案、进课堂、进头脑。通过知古鉴今、寻根溯源、着眼当下、放眼未来、加强横向对比和联系等方式，增加有关国家、国际、文化、社会等角度的案例，科学合理拓展了专业课程的广度、深度和温度，提升了课程引领性、开放性和时代性。本课程内容与时俱进，紧跟时代主题。

4. 改变教学方式，提高思政水平

通过创新教学方式，激发学生学习兴趣，引导学生深入思考，把思政元素有机融化在专业知识点中，没有独立存在，又无处不在。

(1) "家乡教育美"。强调学生的前期准备和口语表达，作为固定性任务贯穿全课程，通过每次课前5分钟左右的"教育播报"来完成。由学生自由选择"家乡教育美"的主题，教师进行补充点评。聚焦热点、点评教育事件，是教育观培育得以直观的体现。

(2) "E+A"沉浸式课堂。学生在根据上节课教师布置的学习研究内容，以团队合作的形式进行展示，师生一同根据团队展示的内容进行学前教育研究的分析。该创新教学模式，它是一种正向的、积极的心理体验，它会给个体参与活动时获得很大的愉悦感，从而促使个体反复进行同样的活动而不会厌倦。参与者没有意识到活动带来的挑战早已超过以往所能处理的程度，这种感受会让他们更加肯定自我，并促使个人更加努力学习新的技能，求得自我的提升和满足。

(3) "数字背后解密"。这是基于教育统计学特性的案例教学法，把真实的教育新闻案例引入课堂，为相对应的知识点提供了复杂的学习环境，为学前教育研究理论增加生动性和丰富性，利于学生的深入理解和独立判断。

如根据"中国教育报"刊登的一篇教育新闻，教师组织学生探究讨论数字解密，根据发现的问题针对性讲评。"数字背后解密"让课程内容反映出前沿性和时代性，学习结果具有探究性和拓展性。

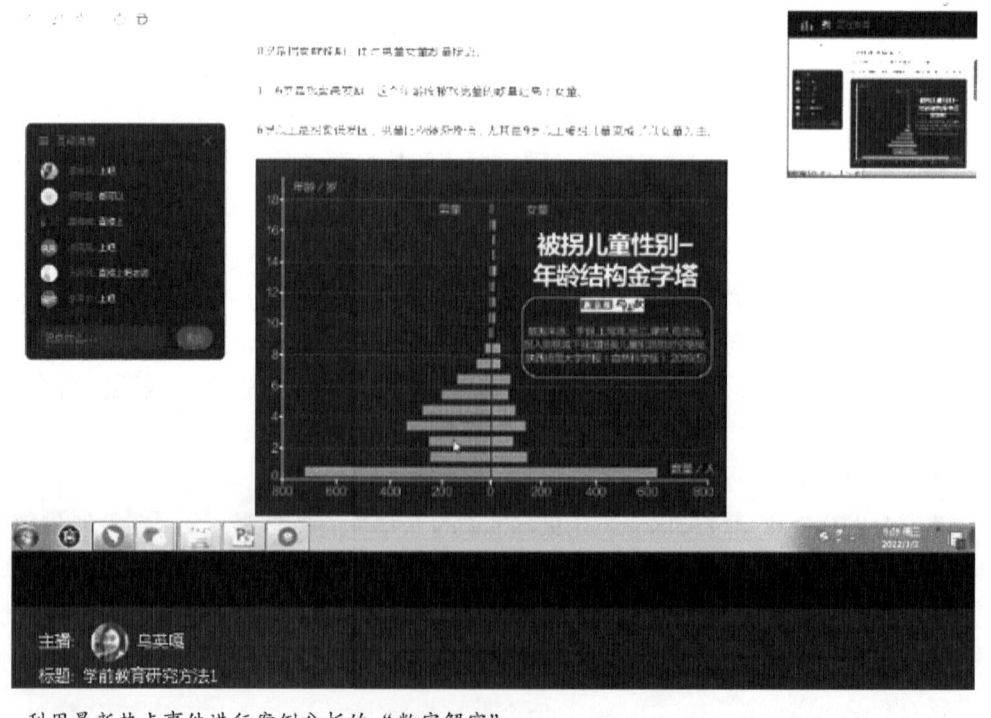

利用最新热点事件进行案例分析的"数字解密"

（4）"行业专家入课堂"。利用签约实习实践基地资源，邀请行业专家、资深教师等进入课堂与学生直接对话，加强业界交流，激发学生的专业学习兴趣，拓宽专业视野，了解业界的思维方式和工作要求。

5. 运用零碎时间，提升整体认知

作为未来社会生产力的主力军、社会主义教育事业的建设者和接班人，通过在大学本科阶段的学习，逐步形成"自我成长价值"。该课程在课堂教学中，基于"高效学习"的理念，让学生养成运用日常零碎时间，构建整体认知结构。试着让学生们从"学习的繁"到"学习的简"，从"学习的苦"到"学习的甜"，得以养成主动式学习。

从课程整体设计，到教学内容、教学方式、教师话语方式的创新，本课程让专业课讲出了浓浓的"思政味"，隐性的思政教育切入自然无痕而又重点突出，实现了"思政"与"专业"的有机融合。

(二)解决育才难点："E+A"的沉浸式教学新模式为课程强基

长期以来的学前教育研究方法教学不同程度存在着强调理论阐述、脱离学前教育实践的实际问题，导致学生的表达能力、思维能力、判断能力和运用能力锻炼不足，在实际研究方案设计过程中出现很多不足之处。

分析本课程的实施结构，教学目标达成度70%以上应该来自于实践。学生头脑中的马克思主义全面发展观与方法论，在缺少实践的情况下很难养成和提升。

本课程以高阶性要求为目标，培养学生解决研究问题的综合能力和高级思维，重新构建课程体系，充分运用现代教育信息技术手段搭建起"沉浸式课堂"，突破实践的难点。

以下则是"E+A"（展示 Exhibition+分析 analysis）沉浸式（immersive）课堂教学创新模式结构图：

"E+A"（展示 Exhibition+分析 analysis）沉浸式（immersive）课堂教学创新模式

内容\环节	展示 Exhibition	分析 analysis
课前准备	1. 依据主题作业，借助相关教育数字化平台、公众号、纪录片、影视剧作，收集有关主题的展示材料；2. 团队协作，任务分明；3. 展示形式与结构进行设计。	1. 依据主题作业，广泛收集相关教育要闻、教育政策法规；2. 结合热点与主题，提前选择适宜的学前教育研究方法；3. 登录相关数字平台，寻找论证主题内容的数字统计。

续表

环节\内容	展示 Exhibition	分析 analysis
课中进行	1. 根据前期设计的展示形式与环节，团队将主题内容展示完整；2. 采取形式：小品、舞台剧、汇报报告、儿歌表演等。	1. 观众组：根据展示小组呈现的内容，结合主题与前期收集的相关资料，提出学前教育研究内的问题，引起思考；2. 展示组：回答观众组提出的相关问题，对于本组不能回答的内容可求助"观众组"其他成员。3. 被求助者：针对问题进行详细进行阐述、论证。（有根有据）4. 有异议者：举手示意，说出疑问点，引起共同思考。
辅助环节	在展示前、中环节中，可向教师发出"辅助"邀请，教师根据存在的问题进行方法指导。	当集体讨论陷入"僵局"，进行适当的引导，帮助学生"打破僵局"，进入"头脑风暴"环节。
课后总结	1. 展示组：将本次活动的前期准备、过程性困难、团队优势与不足、可借鉴之处等所获经验进行分享。2. 教师对本组同学的过程性内容给予总结，让学生在他人的客观评价中，也提高自主学习的认知，促进自我体验与自我正向评价。	1. 观众组：将在本次活动上引起思考的内容进行整理、总结。对于争执性的问题，表述后，全班同学一同查询相关资料进行解决；2. 教师在分析的观点与分析方法的运用上进行指导。
心得体会	展示组成员根据本次展示活动中担任的任务、角色以及过程性所获心得以"思维导图"的形式体现出来。	观众组同学：从观看、体验的视角，将"心理图示"描绘出来，并对整场的分析环节的内心体验，进行概括性总结。

1. "E+A"沉浸式（immersive）课堂的创新之处

第一，传统的线下课堂的形式创新。通过教师的讲解答疑，实现学生专业基础知识的掌握，这是知识接受记忆层面。

第二，教育实践基地的资源整合。通过开展教育研究实践活动，增强对所学专业知识的理解运用，促进实践探究层面的能力。

建设"E+A"沉浸式(immersive)课堂是解决理论与实践脱节"痛点"的关键一环。学前教育研究需要真实的学前教育实践环境，使学生以参与者的身份融入环境，发现问题及现象，依据专业相关知识理论，尝试分析与探索。本课程通过混合式教学，为学生提供了良好的拟态学习环境。

第三，网络教学平台。通过预习、设计、成果展示等，培养学生的自主思考和自我学习能力，这是主动认知层面；借助网络教学平台，通过生生之间、师生之间的即时互动，在亲近、自然的交流分享中有更科学的自我认知，这是悦享和自我评价层面。

在教育信息化日益突出的"智慧教育平台"发展趋势中，学生对于知识的获取与整合，进行主动性选择。以信息化改造传统课堂，搭建主动式、探究式、协同式的教学空间，拓展了师生之间沟通交流的渠道，不仅丰富了教学资源，而且提高了学生的学习主动性和教学过程的参与度，推进了线上、线下相结合，课前、课中、课后一体化，全程互动的师生学习共同体。

2. "E+A"沉浸式(immersive)课堂的学习方式探索

学生在学习过程中：各有分工、共同发力，最终实现"线上线下+校内校外+课前课后"的多层次综合学习体系。除传统课堂学生被动接受知识的常规模式之外，又出现了两种新的学习方式：

（1）"E+A"沉浸式(immersive)课堂体验性学习。由网络教学平台的预习和线下课堂的讲授引发，经过展示运用，结合"展示组"与"观众组"间合作交流，达到验证性学习目的，强化对专业知识的理解应用。这种模式以教师为主导，学生为主体来设计，增加了教学的延展性。

（2）"E+A"沉浸式(immersive)课堂的探究式学习。这是由展示环节引发的，学生依据观察发现的问题，经过"头脑风暴"，小组间讨论反馈和前期辅助性材料的支撑，汇集成具有典型性和普及性的问题，在总结环节中进行梳理式解决。这种模式下，学生是发现问题的主体，教师的任务是及时汇总学生发现的问题，归类分析，做出解答和引导。

3. "E+A"沉浸式(immersive)课堂的学习效果分析

"E+A"沉浸式课堂提供了更多的学习空间，创造了更多交互可能，树立了更多的学习目标，作用于不同心理层面的课堂环节共同发力，形成了"发现学习"的前奏。

从知识获得，到能力转化、自主思考、成就激励的心理层次攀升，学生的学习兴趣被有效激发，他们在课前预习、课中展示和课后总结中发现了更多的问题，更期待线下课堂里教师的讲解指引。这样的良性循环，让学生从被动学习向主动学习、发现学习逐步转变。

4. "E+A"沉浸式(immersive)课堂的评价方式设定

为验证"四重课堂"的有效性，本课程制定综合评价体系，学生自评、小组互评、行业专家点评和教师综合评定相结合，四重课堂在考核评价中各有权重，课程成绩由过程考核与期末考试组成，期末考试加大对实践应用的考核比率，综合评价中实践应用占比达到80%。

(三) 课程创新模式的效果与推广应用

根据近三年我院课堂教学评价结果显示，随着"E+A"沉浸式课堂不断完善建设，学生的满意度逐年提升。课程综合满意度连续3年在95%以上，在单项调查中，97.62%的学生认为实践得到足够重视；90.41%的学生认为本课堂教学方法有很大的创新。

课堂教学创新，对于每一名教师来说，都是"永远在路上"的挑战。我们要靠内心的信仰，提供课程思政长足的动力，用创新的热情，点燃学生创新的火种。课程中课程思政教学是铸牢中华民族共同体意识的重要途径，也是民族高校秉承"为党育人、为国育才"历史使命的重要举措。民族高校在有形、有感、有效铸牢中华民族共同体意识的过程中，依循"思想引领"—"情感培育"—"行为自觉"的价值向度，促进各族师生交往、交流、交融，推动各族师生在教育教学中实现全方位嵌入[1]。因此，准确把握高校课堂中的课程思政教学目标，是增强受教育者的国家认同和中华民族认同、培育中华民族共同体意识的重中之重。

---

[1] 洪雷：《铸牢中华民族共同体意识融入民族高校教学的价值向度与实践路径》，《民族教育研究》2023年第11期。